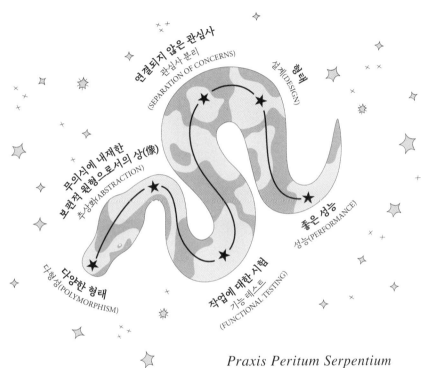

연결되지 않은 관심사
관심사 분리
(SEPARATION OF CONCERNS)

설계
설계(DESIGN)

무의식에 내재한
보편적 원형으로서의 상(像)
추상화(ABSTRACTION)

좋은 성능
성능(PERFORMANCE)

다양한 형태
다형성(POLYMORPHISM)

작업에 대한 시험
기능 테스트
(FUNCTIONAL TESTING)

Praxis Peritum Serpentium
PRACTICES OF THE PYTHON PRO

Practices *of the* Python Pro
프로그래머를 위한 파이썬

PRACTICE OF THE PYTHON PRO

프로그래머를 위한 파이썬

1쇄 발행 2020년 11월 13일

지은이 데인 힐라드
옮긴이 황반석
펴낸이 장성두
펴낸곳 주식회사 제이펍

출판신고 2009년 11월 10일 제406-2009-000087호
주소 경기도 파주시 회동길 159 3층 3-B호 / **전화** 070-8201-9010 / **팩스** 02-6280-0405
홈페이지 www.jpub.kr / **원고투고** submit@jpub.kr / **독자문의** help@jpub.kr / **교재문의** textbook@jpub.kr

편집팀 김정준, 이민숙, 최병찬, 이주원 / **소통·기획팀** 민지환, 송찬수, 강민철, 김수연 / **회계팀** 김유미
진행 장성두 / **교정·교열** 이미연 / **내지디자인** 이민숙
용지 에스에이치페이퍼 / **인쇄** 한승인쇄사 / **제본** 광우제책사

ISBN 979-11-90665-63-6 (93000)
값 25,000원

제이펍은 독자 여러분의 아이디어와 원고 투고를 기다리고 있습니다. 책으로 펴내고자 하는 아이디어나 원고가 있는
분께서는 책의 간단한 개요와 차례, 구성과 저(역)자 약력 등을 메일(submit@jpub.kr)로 보내 주세요.

Practices *of the* Python Pro
프로그래머를 위한 파이썬

데인 힐라드 지음
황반석 옮김

Jpub
제이펍

차례

PART I   모든 것이 중요한 이유   1

CHAPTER 1   더 큰 그림   3

PART II   설계의 기초   19

CHAPTER 2   관심사 분리   21

옮긴이 머리말

대부분의 사람은 자신이 하는 일을 소개할 때 마치 습관처럼 겸손하게 말하곤 합니다. 알고 보면 그 일을 제법 잘하는데도 말이죠. 아마도 천성이 착하여 남 앞에서 우쭐거리지 않으려 할 뿐만 아니라 자신의 부족함을 크게 보기에 그런가 봅니다. 여기서 한 가지 질문이 늘 남습니다. "그렇다면 대체 어느 정도까지가 겸손할 필요가 없는 정도일까요? 그 끝은 있는 것일까요?"

저는 컴퓨터 공학을 전공했지만, 컴퓨터 관련 학과를 전공하지 않아도 개발자가 될 수 있다고 믿는 한 사람입니다. 물론 관련 학과를 전공했다면 더 좋겠지만, 그렇지 않다고 해서 개발할 수 없는 건 아니라고 생각합니다. 예전부터 그리고 지금도 무지무지하게 많은 똑똑한 분들이 프로그래밍에 편리한 도구들을 잘 만들어 주기 때문입니다. 예를 들어, 아시는 분은 아시겠지만 요즘에는 웬만하면 메모리 관리를 하지 않아도 됩니다. 프로그래밍 언어가 대부분 알아서 해주고 있으니까요. 하지만 제가 사회 초년생이던 시절에는 '메모리를 할당했는지, 어디에 할당했는지, 메모리 오버플로우가 났는지, 언제 풀어줬는지' 이런 얘기가 가득했었습니다. 이처럼 시간이 지나고 기술이 발전하면서 어렵고 복잡한 전공 지식이 없어도 개발할 수 있고, 어려운 것도 뚝딱뚝딱 만들어 내는 훌륭한 개발자가 될 수 있는 요즘입니다.

하지만 어느 정도 경험이 쌓이고 전문가의 길에 들어서게 되면 전공 지식이 필요하게 됩니다. 더 잘 만들고 더 큰 프로젝트를 더 효과적으로 개발하려고 할 때부터 전공 지식이 요구됩니다. 개발하고 있는 프로젝트가 나에게 끝없이 질문하는 듯 느껴집니다. '나중에 데이터가 100만 건 정도 쌓이면 이 함수는 어떻게 될까?', '이 함수는 검증(테스트)된 거야?', '지금 만든 모델링이 맞아?' 컴퓨터 공학을 전공해도 당황스러운 질문일 수 있는데, 관련 지식이 없는 상태라면 더욱더 당황스러울 수 있습니다. 그렇다고 어느 세월에 전공 서적을 다 사다 읽을 수도 없고, 대학을 다시 갈 수 있는 것도 아니고요.

《프로그래머를 위한 파이썬》은 전문가가 되고자 하는 개발자를 위해 파이썬을 이용하여 전공 지식을 설명하고 실습으로 더 높은 수준의 소프트웨어를 개발할 수 있게 합니다. 컴퓨터 관련 전공을 하지 않은 독자들은 처음 보는, 관련 전공을 한 독자들은 학교에서 보았던 용어와 내용을 만나게 될 것입니다. 관심사 분리, 시간 복잡도, 느슨한 결합, 추상화, 캡슐화 등의 내용을 파이썬으로 구현해 가며 배우게 됩니다. 비전공자에게는 전공 지식을 핵심적으로 익힐 기회가 되며, 전공자에게는 예전에 학교에서 배운 내용을 다시 상기시킬 기회가 될 것이라고 확신합니다. 이 책에서 다루는 주제가 생소하게 다가오거나 처음 접하는 독자들은 내용이 낯설기 때문에 쉽게 이해되지 않을 수 있으나, 어찌 보면 그것은 매우 자연스러운 것입니다. 앞서 얘기했듯이, 이 책은 학교에서 여러 과목에 걸쳐 배우는 내용의 핵심을 모아 놓았기 때문입니다. 포기하지 말고 천천히 긴 호흡으로 읽다 보면 충분히 자신의 것으로 만들 수 있다고 믿습니다.

파트 I에서는 이 책에서 배울 전체 범위를 설명합니다. 파이썬에 대해 설명하고, 소프트웨어 설계 원칙과 중요성 등을 배우게 됩니다. 파트 II에서는 소프트웨어 설계에 대해 구체적으로 살펴봅니다. 관심사를 어떻게 분리할 것인지, 어떤 기준과 관점으로 나누게 되는지, 그 과정에서의 함수와 클래스, 모듈, 패키지를 어떻게 만들고 사용하는지를 배웁니다. 객체지향 프로그래밍에서 빠질 수 없는 추상화와 캡슐화에 대해 알아보고, 성능을 향상시키기 위해 시간 복잡도와 공간 복잡도를 계산하고 예측하는 방법도 배웁니다. 또한, 여러 테스팅 방법도 배우게 될 것입니다. 파트 III에서는 실제로 파이썬 프로젝트를 진행하면서 파트 II에서 배운 것들을 사용하게 됩니다. 상속, 경량화, 느슨한 결합을 설명하고 실습하게 됩니다. 모든 책이 그렇듯이 한 권의 책으로 모든 내용을 다 다룰 수는 없습니다. 지금까지 배우고 해봤던 것을 바탕으로 앞으로 나아갈 방향과 주제에 대해서는 파트 IV에서 보여줍니다.

《프로그래머를 위한 파이썬》과 함께 전문가의 길에 들어서는 여러분을 기대하겠습니다. 겸손할 필요 없는 그곳에서 함께 만나요!

옮긴이 **황반석**

머리말

파이썬은 필자와 같은 1989년 12월에 태어났다. 지난 30여 년간 필자 역시 많은 것을 이루며 살아왔지만, 파이썬이 거둔 성과는 더 엄청나다. 이전보다 훨씬 더 많은 사람이 데이터 사이언스와 머신러닝 등의 멋진 작업을 하기 위하여 파이썬을 선택하고 있다. '세상에서 두 번째로 좋은 언어는 파이썬'(_{옮긴이} 'Python is the second-best language for everything'이라는 말이 있다)이라고 하지만, 필자에게는 최고의 언어다.

필자는 미시간대학교 전기 공학 및 컴퓨터 공학과에서 프로그래밍 교육을 받았다. 당시 교과 과정은 C++와 MATLAB에 중점을 두었으며, 졸업 후 첫 직장에서 이들을 계속 사용하였다. 두 번째 직장에서는 바이오인포매틱스를 위한 빅데이터 처리 업무를 담당했으며, 셸 스크립트와 SQL로 개발했다. 또한, 워드프레스로 개인 사이트를 만들 때는 PHP를 사용하기도 했다.

각각의 업무에서 근사한 성과를 이루기도 했지만, 그 어떤 언어도 감동을 주지는 못했다. 프로그래밍 언어는 목적을 위한 수단일 뿐이며, 언어 자체의 재미는 없다고 생각했다. 그러던 무렵 한 친구가 루비 라이브러리 개발을 위한 해커톤 프로젝트를 함께하자고 했다.

흑백이던 세상이 형형색색의 빛깔로 가득 차고 잃었던 미각이 되살아나는 순간이었다. 인터프리터 언어의 용이함과 루비의 친숙한 구문 덕에 마치 예전부터 루비를 사용해 온 것 같았다. 루비를 사용한 시간은 그리 길지 않았지만, 필자의 개인 사이트를 파이썬과 장고 웹 프레임워크로 개발하기로 하였다. 파이썬과 장고 웹 프레임워크로 루비에서 본 것과 같은 즐거움과 학습 곡선을 경험할 수 있었고, 그 이후로 이 결정을 단 한 번도 후회하지 않았다.

이제 파이썬은 다양한 분야에서 선택받는 언어가 되었으며, 소프트웨어 개발 분야에 뛰어든 개발자들에게는 필자가 과거에 겪은 시행착오가 없어졌을 만큼 발전한 언어가 되었다. 소프트웨어 개발 직군 전체를 볼 때도 새롭고 흥미로운 길들이 활짝 열리고 있다. 분야별로 차이는 있겠지만, 필자는 파이썬으로 프로그래밍하면서 경험한 즐거움을 모두와 나누고 싶다. 이 책이 그 즐거움을 나누는 데 도움이 되길 바란다.

우연한 기회에 빠져든 이 멋진 파이썬을 여러분과 함께하고 싶다. 여러분이 파이썬으로 만든 것들(웹사이트나 데이터 파이프라인 또는 자동화된 급수 시스템 등)을 필자는 보고 싶다. 그게 무엇이든지 여러분이 만든 프로젝트에 대한 사진이나 코드 샘플을 *python-pro-projects@danehillard.com*으로 보내 주면 고맙겠다.

지은이 **데인 힐라드**

감사의 글

이 책은 필자 혼자만의 노력으로 된 것이 아닙니다. 단계마다 도와준 모든 분께 깊은 감사와 사랑을 전합니다.

책 출간에 관련한 분들은 여러분이 상상한 것보다 훨씬 더 많은 일을 한다는 점을 전하고 싶습니다. 출간 과정에서 일어나는 일들을 많이 들었지만, 실제로는 상상 이상으로 많았습니다. 그들이 개인 생활과 모든 추가 작업을 어떻게 균형 있게 처리했는지는 아직도 미스터리입니다.

파트너인 스테파니Stefanie에게, 당신의 지원과 격려, 인내심은 이 책을 만드는 데 가장 중요했어요. 필자의 소홀함을 가볍게 여기고 이 프로젝트에서의 힘든 시간을 헤쳐나갈 수 있게 해줘서 감사드려요. 당신이 없었다면 이 일을 끝내지 못했을 것입니다.

부모님인 킴Kim과 도나Donna에게 감사드립니다. 호기심과 창의력을 키워 주시고, 늘 격려해 주셔서 감사합니다.

필자 옆에서 코딩하느라 수많은 밤을 커피숍에서 함께 보내 준 사랑하는 친구 빈센트 장Vincent Zhang에게 감사합니다. 그는 이 책을 기획할 때도 도움을 주었을뿐더러 그의 조언은 이 책을 쓰는 데 많은 자극을 주었습니다.

개발자가 되기 위하여 자신의 길을 바꾸면서까지 인내해 준 제임스 응우옌James Nguyen에게 감사합니다. 그는 이 책의 독자가 되어 주었고, 그의 피드백은 매우 귀중했습니다. 그가 해낸 것들이 자랑스럽습니다.

ITHAKA의 모든 동료의 의견과 지원에 감사합니다. 필자의 신경이 날카로운 시기를 참고 견뎌 줘서 정말 고맙습니다.

편집자인 토니 아리톨라Toni Arritola에게, 더 높은 수준으로 이끌려는 그의 판단력에 감사합니다. 집필하면서 예상치 못한 일이 많았지만, 필자에게 일관성과 안정성을 갖도록 지원해 주셔서 감사합니다.

기술 편집자인 닉 왓츠Nick Watts에게, 그의 피드백은 중언부언하던 이 책을 멋진 소프트웨어 기술서로 만들어 주었습니다. 그의 솔직함과 통찰력에 깊은 감사를 드립니다.

필자의 아이디어를 믿어 준 매닝Manning의 마이크 스티븐스Mike Stephens와 마르잔 베이스Marjan Bace에게 감사합니다. 저자의 아이디어를 살리기 위하여 지칠 줄 모르고 일하는 매닝의 모든 분께 감사드립니다.

알 크링커Al Krinker, 보니 베일리Bonnie Bailey, 버크하르트 네스트만Burkhard Nestmann, 크리스 웨이먼Chris Wayman, 데이비드 커언스David Kerns, 다비데 카다무로Davide Cadamuro, 에릭 젤렝카Eriks Zelenka, 그레이엄 휠러Graham Wheeler, 그레고리 마투섹Gregory Matuszek, 장 프랑수아 모린Jean-François Morin, 젠스 크리스찬 브레달 매드슨Jens Christian Bredahl Madsen, 조셉 페레니아Joseph Perenia, 마크 토마스Mark Thomas, 마르쿠스 마우처Markus Maucher, 마이크 스티븐스Mike Stevens, 패트릭 레건Patrick Regan, 필 소렌센Phil Sorensen, 라파엘 카세미로 프레이로Rafael Cassemiro Freire, 리처드 필센드Richard Fieldsend, 로버트 월시Robert Walsh, 스티븐 파Steven Parr, 스벤 스텀프Sven Stumpf, 윌리스 햄튼Willis Hampton, 이 모든 리뷰어에게도 감사드립니다. 그들의 제안은 이 책을 더 좋게 만들어 주었습니다.

마지막으로, 이 책에 직접적이거나 의도적으로, 또는 다른 방법으로 긍정적인 영향을 준 모든 이에게 감사드립니다. 여기에 적지 못한 이름이 있을 것입니다. 그것은 필자 기억력의 한계일 뿐입니다. 마크 브레호브Mark Brehob, 앤드류 드오리오Andrew DeOrio 박사, 제시 실라프Jesse Sielaff, 트레크 글로와키Trek Glowacki, 필자의 작은 앤 아버Ann Arbor 사무실에 있는 SAIC, 컴펜디아 바이오사이언스Compendia Bioscience의 모든 분과 친구들, 브랜든 로즈Brandon Rhodes, 케네스 러브Kenneth Love, 트레이 허너Trey Hunner, 제프 트리플렛Jeff Triplett, 마리아타 위자야Mariatta Wijaya, 알리 스피텔Ali Spittel, 크리스 코이어Chris Coyier, 사라 드라스너Sarah Drasner, 데이비드 비즐리David Beazley, 드로르 아얄론Dror Ayalon, 팀 앨런Tim Allen, 산디 메츠Sandi Metz, 마틴 파울러Martin Fowler에게 감사드립니다.

지은이 **데인 힐라드**

이 책은 거의 모든 언어의 소프트웨어 개발자가 자신의 작업을 개선하는 데 사용할 수 있는 개념을 설명한다. 파이썬 언어의 기본을 익힌 후에 읽으면 더 좋다.

누가 읽어야 하나

이 책은 프로그래밍을 이제 막 시작한 모든 사람을 위한 책이다. 소프트웨어 업계에 있지는 않지만 소프트웨어를 사용하여 작업하는 사람들 역시 이 책을 통해 많은 것을 배울 수 있다. 이 책에 담긴 개념은 유지보수가 더 쉬운 소프트웨어를 만들 수 있도록 도와줄 것이며, 더 쉽게 협업하여 소프트웨어를 개발할 수 있게 할 것이다.

과학 분야에서 재현reproducibility과 증명provenance은 연구 과정에서 중요한 부분이다. 소프트웨어에 의존하는 연구가 더 많아지면서 사람이 이해할 수 있고, 업데이트가 가능하며, 개선할 수 있는 코드인지가 주요 고려 사항이 된다. 하지만 대학의 소프트웨어 교과 과정은 여전히 다른 분야와 겹치는 부분에만 집중하고 있다. 온전한 소프트웨어 개발 경험이 부족한 사람에게 이 책은 공유나 재사용할 수 있는 소프트웨어를 만드는 방법에 대한 안내서가 될 것이다.

만약 여러분이 객체지향 프로그래밍과 도메인 주도 설계Domain-Driven Design, DDD에 숙달된 사람이라면 이 책에서 많은 것을 얻지 못할 수 있겠다. 하지만 파이썬이나 소프트웨어 설계에 익숙하지 않다면 이 책을 읽어 보길 바란다. 여러분에게 필요한 것이 이 책에 있을 것이다.

이 책의 구성: 로드맵

이 책은 총 네 파트, 11개 장으로 구성되었다. 파트 I과 파트 II는 간단한 예제로 설명한다. 파트 III는 이전 장에서 배운 것을 바탕으로 다양한 예제를 다룬다. 파트 IV는 이 책을 읽은 후에 해볼 만한 것을 추천하고, 이후에 나아가야 할 방향에 대한 계획을 안내한다.

파트 I, '모든 것이 중요한 이유'에서는 파이썬의 높아진 명성을 소개하고, 소프트웨어 설계가 왜 중요한지를 설명한다.

- 1장은 파이썬의 최근 역사를 살펴보고, 파이썬 프로그램 개발을 필자가 좋아하는 이유를 설명한다. 그러면서 소프트웨어 설계를 설명하고 그것이 왜 중요한지, 일상 업무에 어떻게 적용되는지를 설명한다.

파트 II, '설계의 기초'에서는 소프트웨어 설계와 개발을 뒷받침하는 고급 개념을 다룬다.

- 2장은 관심사 분리separation of concerns를 다루는데, 이는 이 책에서 소개하는 다른 개념의 기본이 된다.
- 3장은 추상화abstraction와 캡슐화encapsulation를 설명한다. 정보를 감추는 방법과 복잡한 로직에 간단한 인터페이스를 적용하여 코드를 어떻게 처리하는지를 보여준다.
- 4장은 성능에 관해 설명한다. 여러분이 더 빠른 프로그램을 만들 수 있도록 도와주는 다양한 데이터 구조와 접근법, 그리고 도구들을 다룬다.
- 5장에서는 단위 테스트부터 통합 테스트까지 다양한 방법을 이용하여 소프트웨어를 테스트하는 방법을 설명한다.

파트 III, '대규모 시스템에 적용하기'에서는 지금까지 배운 개념을 바탕으로 실제 애플리케이션을 구축해 볼 것이다.

- 6장은 이 책에서 만들 애플리케이션을 소개하며 프로그램의 기반을 생성하는 연습을 한다.
- 7장은 확장성과 유연성에 대한 개념을 다루며 애플리케이션에 확장성을 추가하는 연습도 한다.
- 8장은 클래스 상속에 대한 이해를 돕는다. 클래스 상속을 언제 어디에 사용해야 하는지를 안내한다. 마찬가지로, 구축하는 애플리케이션에 상속을 적용하는 방법도 배운다.
- 9장은 코드가 너무 커지지 않도록 하기 위한 도구와 방법을 소개한다.
- 10장은 느슨한 결합loose coupling을 설명하며, 구축 중인 애플리케이션에서 결합도를 줄이는 연습을 마지막으로 한다.

파트 IV, '다음으로는?'에서는 이후 무엇을 어떻게 배워야 하는지를 추천한다.

- 11장은 새로운 교육 자료를 필자가 어떻게 세분화하는지를 보여주고, 소프트웨어 개발에 대해 더 자세히 알고 싶은 독자를 위해 공부해야 할 분야를 안내한다.

파트 I과 파트 II의 내용이 익숙하다면 몇몇 장을 건너뛸 수도 있겠지만, 필자는 이 책을 처음부터 끝까지 읽기를 권한다. 파트 III는 예제를 순차적으로 진행할 수 있으므로 처음부터 순서대로 읽어야 도움이 될 것이다.

부록에서는 파이썬 설치 방법을 설명한다.

- 어떤 버전의 파이썬을 설치해야 하는지와 함께 컴퓨터에 설치하는 가장 일반적인 방법을 설명한다.

코드에 대하여

깃헙GitHub에 있는 이 책의 저장소(*https://github.com/daneah/practices-of-the-python-pro*)에서 모든 예제에 대한 소스 코드 전체를 받을 수 있으며, 원서의 홈페이지(*https://www.manning.com/books/practices-of-the-python-pro*)에서도 Source Code 메뉴를 클릭하여 소스 코드를 다운로드할 수 있다.

이 책에는 예제 코드가 많다. 번호가 매겨진 코드 목록도 있으며, 일반 문장처럼 표기한 코드도 있다. 어떤 경우이든 소스 코드는 일반 텍스트와 구별하기 위하여 코드용 서체(code)로 표현한다.

책에서 표시하는 대부분의 소스 코드는 책의 페이지 영역에 맞도록 줄 바꿈을 한다든지 들여쓰기를 추가한다든지 하는 식으로 원래의 소스 코드를 재구성하였다. 드문 경우이지만, 소스코드를 재구성하는 것으로도 충분하지 않다면 줄 연속 표시(➡)를 추가하기도 했다. 코드를설명하는 문장에서는 소스 코드에 있는 주석을 생략하였지만, 코드 목록에 주석을 추가하여중요한 개념을 강조하기도 했다.

각 장의 코드는 파이썬 모듈로 구성된다. 대부분의 독자는 이 책을 보면서 자신만의 코드를작성하고 그 코드를 검사하기 위해서만 제공된 소스 코드를 사용하리라 생각된다. 파트 III에있는 각 장의 프로젝트는 이전 장의 코드를 기반으로 하지만, 각 장의 소스 코드는 그 자체로완벽하게 동작할 것이다.

이 책의 모든 코드는 파이썬 3로 작성하였다. 더 구체적으로 말하자면, 파이썬 3.7 이상에서동작한다. 대부분의 코드는 특별한 작업 없이도 이전 버전에서 동작하겠지만, 이 책을 읽고따라 할 때는 파이썬의 최신 버전을 설치하기 바란다.

저자 소개

데인 힐라드Dane Hillard

현재 비영리 고등교육 회사인 ITHAKA에서 웹 애플리케이션 수석 개발자로 일하고 있으며, 이전에는 바이오인포매틱스 애플리케이션을 위한 ETL 파이프라인과 원격 측정 데이터에 대한 추론 엔진을 개발하였다.

데인이 초기에 프로그래밍했던 것들은 그의 마이스페이스MySpace 페이지에 커스텀 스타일링을 생성한 것, 라이나서러스Rhinoceros 3D 모델링 애플리케이션의 스트립트를 작성한 것, MS-DOS 게임인 리에로Liero에 커스텀 스킨과 무기를 만든 것이었다. 그는 창의적인 코딩을 좋아하며, 그가 사랑하는 음악, 사진, 음식, 소프트웨어를 서로 어떻게 결합할지를 고민하고 있다.

데인은 국제 파이썬 장고 콘퍼런스에서 연설했으며, 누가 그만두라고 하기 전까지는 계속할 계획이다.

표지에 대하여

생 소뵈르 Saint-Sauveur

이 책의 표지 그림은 'Homme Finnois'(핀란드 남자)라는 이름을 가진 작품이다. 이 그림은 자크 그라세 드 생 소뵈르(Jacques Grasset de Saint-Sauveur, 1757~1810)가 여러 나라의 의상을 그린 'Costumes de Différents Pays'라는 제목으로 1797년 프랑스에서 출판된 의상 컬렉션 중 하나다. 이 컬렉션의 모든 그림은 작가가 손으로 정교하게 스케치하고 채색하였다. 자크 그라세 드 생 소뵈르의 컬렉션은 200년 전만 해도 전 세계의 도시와 지역이 문화적으로 얼마나 멀리 떨어져 있는지를 생생하게 보여준다. 서로 멀리 떨어져 있을 때 사람들은 서로 다른 언어와 방언을 사용했다. 길거리나 시골에서는 사람들이 입은 옷을 보면 어디에 사는지 어떤 일을 하는지 쉽게 파악할 수 있었다.

우리가 옷을 입는 방식이 변하면서 지역별로 구별되던 다양성이 사라졌다. 이제는 도시, 지역, 국가는 물론이고 대륙을 구분하기도 어려워졌다. 어쩌면 우리는 더 다양하고 빠른 기술 중심의 삶을 영위하고자 문화적 다양성을 버렸는지도 모르겠다.

비슷비슷한 컴퓨터 책이 가득한 요즘, 매닝은 그라세 드 생 소뵈르의 그림을 소환하여 200년 전 여러 지역의 다채로운 생활상을 책 표지에 담음으로써 IT 업계의 독창성과 진취성을 기념하고 있다.

베
타
리
더 후기

 김형빈(티맥스소프트)

파이썬을 사용하는 주니어 백엔드 개발자에게 정말 도움이 될 책이라고 생각합니다. 파이썬 중상급으로 발돋움하기 위해서 필요한 개념, 코드 리팩토링 시에 주의해야 할 사항과 프로젝트를 설계하는 원칙과 방법에 대해서 예제 코드와 함께 자세히 기술되어 있습니다. 한 번쯤 들어 봤을 법한 주요 개념과 파이썬 언어의 특성을 고려한 자세한 설명이 담겨 있어서 더 좋은 코드와 설계를 하는 데 이 책의 내용이 많은 도움이 되었습니다.

 양성모(현대오토에버)

큰 규모의 프로젝트를 개발할 때 파이썬으로는 어떻게 하면 될까 하는 단순한 궁금증으로 신청한 책이었지만, 필자의 말처럼 소프트웨어 개발 기술의 기반이 되는 개념을 쉬운 표현으로 전달하고 있습니다. 이 책을 읽으며 그동안 잊고 지냈던 중요한 기본기를 다시 날카롭게 가다듬을 수 있었습니다. 번역도 잘 되어 내용 이해가 더 쉬웠습니다.

 육용수

이 책은 파이썬을 이제 막 배우고 실전에 돌입하기 직전의 사람들에게 필요한 책입니다. 하나의 소프트웨어를 만드는 데 필요한 설계, 설계의 기초, 설계한 내용의 적용과 적용 이후의 해야 할 것들에 대해 상세하게 잘 설명하고 있습니다. 책에 나온 예제 코드를 따라 작성하다 보면 규모에 상관없이 탄탄한 소프트웨어를 만들어 낼 수 있을 것입니다. 번역의 퀄리티도 좋고 내용 또한 매우 좋아서 최근 파이썬으로 여러 코드를 만들고 있는 입장에서 많은 도움이 되었습니다.

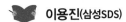 **이용진(삼성SDS)**

파이썬으로 프로그램에 처음 입문한 분들에게 정말 좋은 책입니다. 간단한 파이썬 사용 팁부터 테스트 코드 작성, 파이썬 코드 튜닝을 위한 프로파일링까지 모든 내용을 아주 쉽게 설명해 주고 있습니다. 소프트웨어를 설계할 때 고민해야 할 결함도, 복잡도 등의 개념도 쉽게 풀어서 이야기해 줍니다. 파이썬을 떠나 프로그래밍에 입문하려는 분들이 개념을 잡는 데 아주 좋은 책입니다. 최근에 본 책 중 가장 쉽고 재밌게 읽었네요.

 임혁(나일소프트)

파이썬을 활용한 소프트웨어 개발을 더욱 깊게 공부하기를 원하는 분들에게 아주 유용한 책입니다. 혼자 파이썬으로 소프트웨어를 개발하다 보면 놓치기 쉬운 것들이 있습니다. 이 책은 효율적인 방법으로 더욱 좋은 품질의 파이썬 프로그램을 개발하는 방법을 알려줍니다. 난이도는 중급 이상이지만 시간을 투자하여 공부할 만한 가치가 있는 책입니다.

 황도영(하이퍼커넥트)

파이썬에 어느 정도 자신감이 생긴 주니어 개발자에게 추천합니다. 파이썬의 기초를 다루기보다는 '복잡한 소프트웨어를 어떻게 개발하는가'라는 주제에 초점을 맞춰 소개합니다. 다양하게 소개되는 주제들을 길잡이 삼아 차례차례 정복해 가며 공부하기에 적합한 책입니다. 딱히 오탈자나 오류를 찾지 못한 책은 이번이 처음인 것 같습니다. 파이썬 책이지만 소프트웨어 개발 방법론을 충실히 설명하고 있는 책이어서 베타리뷰를 떠나 재밌게 읽었습니다. 중간중간 유명인의 말을 인용해서 글을 전개하는 구성도 좋았습니다.

제이펍은 책에 대한 애정과 기술에 대한 열정이 뜨거운 베타리더의 도움으로
출간되는 모든 IT 전문서에 사전 검증을 시행하고 있습니다.

모든 것이
중요한 이유

새로운 주제를 배울 때는 큰 그림을 바탕으로 생각을 쌓아가며 집중하는 것이 중요하다. 이 책의 첫 번째 파트에서는 현대 소프트웨어 개발에서 파이썬이 왜 중요한지를 설명하고 여러분의 프로그래밍 실력을 키워 줄 소프트웨어 설계 원칙을 이해하는 초석을 다진다.

프로그래밍이 처음이든 다른 언어를 배우고 싶어서 이 책을 보는 것이든, 큰 규모의 프로젝트를 처리하기 위하여 자신의 기술을 발전시키려는 것이든 파이썬이 훌륭한 선택임을 이번 파트에서 설명할 것이다.

PART I
Why it all matters

1

더 큰 그림

이 장에서 다루는 내용

- 복잡한 소프트웨어 프로젝트에 파이썬 사용하기
- 높은 수준의 소프트웨어 설계 절차에 익숙해지기
- 설계에 공들여야 할 시점 인식하기

필자는 여러분이 이 책을 선택하여 기쁘다. 여러분이 이 책을 선택했다는 것은 소프트웨어 개발을 통해 한 단계 발전하고 싶다는 의미일 것이다. 어쩌면 여러분은 소프트웨어 분야에 진출하고 싶거나 소프트웨어를 사용하여 업무를 보완하고 싶을지 모르겠다. 혹은 이미 소프트웨어 개발 분야에서 일하고 있을지도 모르겠다. 이 책을 골랐다는 것은 이미 전문가의 길에 들어섰다는 것이다. 축하한다! 전문가처럼 코딩한다는 것은 장기간에 걸쳐 대규모 소프트웨어를 개발하고 유지하는 데 도움이 되는 개념과 전략을 배운다는 의미다.

이 책을 계속 읽어가다 보면 유틸리티 스크립트를 작성하는 것부터 복잡한 소프트웨어를 작성하는 것까지 파이썬이 여러분의 생각을 얼마나 크게 키워 줄 수 있는지 배우게 될 것이다. 필자가 여러분이 소프트웨어 개발 역량을 갖출 수 있는 기반을 마련하도록 도울 것이다.

소프트웨어를 개발하다 보면 소프트웨어 복잡도가 점점 커질 수 있다. 그런 소프트웨어는 개발하는 시간이 훨씬 더 많이 필요하게 되거나 가장 바쁜 시간에 여러분에게 던져진 코드 더미가 될 수도 있다.

어떤 경우라도 여러분은 상황에 따라 자유롭게 사용할 수 있는 기술을 갖고 싶어 할 것이므로 이에 대해 준비해 보자.

이 책을 통하여 여러분은 복잡한 소프트웨어 시스템이 어떻게 동작하는지에 대해 익숙해질 것이며, 전문 지식을 사용하여 시스템을 개선할 수 있게 될 것이다. 복잡한 소프트웨어를 개발하는 과정에서 발생할 수 있는 위험 요소들을 최소화하기 위해 개발 전에 구상하는 방법을 배우게 될 것이다. 이 책을 끝까지 다 읽고 나면 지금까지 여러분을 괴롭혔던 일들에 새로운 열정으로 맞서게 될 것이다.

여러분의 복잡한 코드를 이해하기 쉽고 재사용할 수 있는 래퍼wrapper로 어떻게 만드는지 배우게 될 것이다. 또한, 여러분의 코드를 깔끔하게 정리하여 어떤 게 어떤 건지 알 수 있게 될 것이다. 이러한 기술은 여러분 자신을 도울 뿐만 아니라 신규 프로젝트부터 이전 프로젝트까지 여러분이 맡은 모든 프로젝트의 생산성을 높여 줄 것이다.

필자는 파이썬으로 이 책을 진행할 것이다. 파이썬은 지금까지 필자가 가장 좋아하는 프로그래밍 언어이며, 여러분도 그러하길 바란다. 혹시 파이썬에 대한 지식이 부족하다면 충분한 시간을 두고 나오미 세더Naomi Ceder의 《The Quick Python Book》(Manning, 2018)을 먼저 보기를 추천한다.

이 책의 모든 예제는 파이썬 3의 최신 버전으로 작성되었다. 이 책을 읽기 전에 파이썬 3를 먼저 설치할 것을 강력히 권장한다. 설치 과정에 대한 안내가 필요하다면 이 책의 부록을 참고하자.

> **거대한 분열**
>
> 여러분은 파이썬 2를 사용하는가? 아니면 파이썬 3를 사용하는가? 파이썬 3가 꽤 오래전인 2008년에 나왔지만, 상당수는 여전히 파이썬 2를 사용한다. 그리고 보니 그해의 음악 차트 상위권에 플로 라이다(Flo Rida)의 'Low'와 앨리샤 키스(Alicia Keys)의 'No One'이 있었다.
>
> 파이썬 3에는 파이썬 2와 호환되지 않는 변경 사항들이 있다. 하지만 많은 변경 사항을 파이썬 2의 최신 버전에 적용하여 파이썬 2 사용자들이 파이썬 3로 쉽게 전환하도록 유도했다. 파이썬 2를 사용하는 대형 프로젝트 개발자들이 파이썬 3로 바꾸기 위해서는 넘어야 할 장애물들이 있다. 하지만 파이썬 2를 사용하는 일부 개발자들은 파이썬 2를 무덤까지 가져가려는 듯하다.

만약 파이썬이 왜 좋은 선택인지 확신이 더 필요하다면 몇 장 더 읽어 보길 바란다.

1.1 파이썬은 엔터프라이즈 언어다

예로부터 파이썬은 스크립트 언어로 취급되었다. 개발자들은 파이썬의 성능과 적용성을 부정적으로 평가하여 엔터프라이즈 소프트웨어를 개발할 때는 다른 언어를 선택하였다. 파이썬은 작은 규모의 데이터 처리 작업이나 개인적인 도구를 만드는 데 사용되었고, 엔터프라이즈 소프트웨어 개발에는 자바, C, SAS 등이 계속 사용되었다.

1.1.1 시대의 변화

지난 몇 년 동안 파이썬을 기업용으로 사용할 수 없다는 생각이 크게 바뀌었다. 이제 파이썬은 로봇 공학에서부터 머신러닝에 이르기까지 거의 모든 분야에 사용된다. 지난 10년 동안 성공한 인터넷 회사들은 파이썬을 도입하고 있으며, 그 추세가 줄어들지 않고 있다.

1.1.2 필자가 파이썬을 좋아하는 점

파이썬은 신선한 공기와 같다. 필자의 많은 친구, 동료들이 그랬듯 학교에서는 C++를 주로 배웠으며, MATLAB, Perl, PHP 등도 조금 배웠다. 필자가 처음 만든 웹사이트는 PHP로 구축했고, 자바 스프링으로 해 보기도 했다. 많은 회사의 프로젝트에서 증명하듯, PHP와 자바는 완벽한 능력을 보여주는 언어이지만 어떤 이유인지 필자에겐 끌리지 않았다.

그러다 파이썬의 문법이 뛰어나다는 것을 알게 되었다. 파이썬의 문법이 뛰어나다는 점은 파이썬의 인기가 올라가는 이유 중 하나로 꼽힌다. 파이썬의 문법은 다른 프로그래밍 언어보다 영어 문법에 무척 가깝다. 이 덕분에 프로그래밍을 처음 시작하는 사람뿐만 아니라 다른 언어에서의 장황한 구문을 좋아하지 않는 사람에게도 더 쉽게 다가갔다. 필자는 파이썬으로 print('Hello world!') 명령 결과를 보고 무척 기뻐하는 사람들을 많이 봐 왔다. 필자는 지금도, 몰랐던 표준 라이브러리 모듈을 발견하면 그들과 같은 감정을 느낀다.

파이썬은 가독성이 좋다. 이 말은 경험 많은 개발자가 더 빨리 개발할 수 있다는 의미이기도 하다. 인스타그램의 개발자인 후이 딩Hui Ding은 "빠른 성능은 더 이상 주된 관심사가 아니다. 시장의 속도가 중요하다[1](이 글은 인스타그램이 파이썬 2에서 파이썬 3로 전환한 것에 대한 훌륭한 글이다)."라고 했다. 나중에 보겠지만, 파이썬은 프로토타이핑을 빠르게 해 주며, 소프트웨어를 견고하고 유지보수할 수 있는 코드로 만들어 주는 능력을 제공한다. 이것이 바로 필자가 파이썬을 좋아하는 점이다.

---

1   The New Stack에서 Michelle Gienow의 'Instagram Makes a Smooth Move to Python 3'(*https://bit.ly/3a5tw0t*) 참고

1.2 파이썬은 교육용 언어다

2017년, 스택 오버플로우Stack Overflow는 전체 질문 중에 파이썬 관련 질문이 10% 이상을 차지하였고 다른 주요 언어들을 능가했음을 발표했다.[2] 오늘날 파이썬은 가장 빠르게 성장하는 프로그래밍 언어다. 이것은 파이썬이 왜 편리한 교육 도구인지 말해 주며, 점점 늘어나는 파이썬 개발자 커뮤니티와 온라인에서의 풍성한 정보는 향후 몇 년 동안 안심하고 파이썬을 선택할 수 있음을 의미한다.

이 책에서 필자는 여러분이 파이썬 구문과 데이터 타입, 클래스에 기본 지식이 있다고 가정한다. 전문가의 수준이 필요한 것은 아니다. 프로그래밍 경험이 조금 있으며 잠시라도 파이썬을 배우고 사용해 봤다면 이 책의 코드가 그렇게 어렵지 않을 것이다. 이 책은 파이썬으로 더 크고 좋은 소프트웨어를 설계하기 위한 통로가 될 것이다. 다시 말하자면, 이 책에서 배운 것은 다른 모든 언어에 적용할 수 있다. 여러분은 소프트웨어 설계에 대한 여러 개념이 어떤 특정 기술보다 중요하다는 것을 배우게 될 것이다.

1.3 설계는 과정이다

설계design라는 단어는 종종 가시적인 결과물이라고 하지만 설계의 진정한 가치는 어떤 결과에 도달하는 **과정**process에 있다. 패션 디자이너를 생각해 보자. 그들의 목표는 궁극적으로 사람들이 입는 옷을 만드는 것이다. 디자이너가 차세대 트렌드로 고객에게 다가가려면 다른 많은 사람과 함께 여러 과정에 참여하게 된다(그림 1.1 참고).

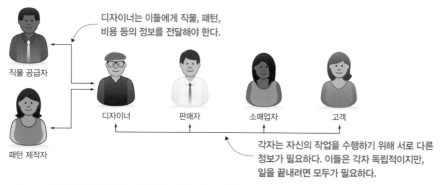

그림 1.1 패션 디자이너의 워크플로우. 디자이너는 일을 끝내기 위해서 여러 사람들과 함께 작업한다.

---

2   스택 오버플로우 블로그, 'The Incredible Growth of Python'(*https://bit.ly/2PE719P*) 참고.

일반적으로 디자이너는 원하는 모양과 질감에 맞는 재료를 직물 공급자에게 공급받으며, 다양한 크기를 만들기 위해 패턴 제작자와 협업한다. 이렇게 만들어진 옷은 판매자를 통해 소매상에 전달되며, 고객은 마침내 옷을 살 수 있게 된다. 이 과정은 몇 달이 걸리곤 한다.

패션, 예술, 건축 분야와 마찬가지로 소프트웨어 분야에서의 설계도 최대한 효과적으로 수행하는 시스템을 위한 계획을 스케치하는 과정이다. 소프트웨어에서 이러한 계획은 데이터의 흐름과 데이터로 동작하는 시스템 요소를 이해하는 데 도움이 된다. 그림 1.2는 전자상거래 워크플로우에 대한 다이어그램이며, 단계마다 어떻게 처리하는지를 설명한다.

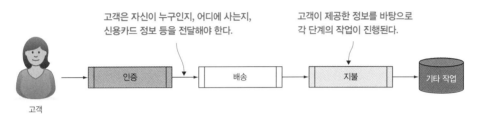

그림 1.2 **전자상거래 웹사이트에 대한 워크플로우. 이 시스템은 어떤 작업을 완료하기 위해 많은 단위 작업을 한다.**

온라인으로 물건을 사려는 고객은 대게 로그인을 먼저 하고, 배송 정보를 입력한 후에 비용을 지급한다. 이 정보로 전자상거래 회사가 정보를 처리하여 배송할 수 있는 주문을 생성하게 된다. 이러한 워크플로우를 만들려면 설계가 필요하다. 이런 시스템을 운영하는 소프트웨어는 복잡한 규칙과 오류 검사 등을 처리한다. 사용자는 오류에 민감하기 때문에 아주 작은 것도 놓치지 않고 모든 것을 처리해야 한다. 사용자는 제대로 동작하지 않는 주문을 취소하거나 적극적으로 컴플레인할 수도 있다.

1.3.1 사용자 경험

간결하고 명확한 워크플로우를 만들 때는 종종 **많은 작업**이 필요하다. 모든 사용자에게 원활하게 동작하는 소프트웨어를 만들기 위해서는 시장 조사, 사용자 테스트, 강력한 설계가 필요하다. 어떤 소프트웨어는 **의도한 대로** 잘 동작했지만, 출시 후에 사용자가 전혀 예상치 못한 동작을 할 수도 있다. 해당 작업에 동작하지만 **최적화**되지 않았을 수도 있다. 즉, 더 고려해야 할 사항이 설계상에 있을 수 있다는 의미이다.

소프트웨어가 잘 동작한다면 알아차리기 어려울 수 있다. 소프트웨어를 사용하는 사람들은 **특별한 문제 없이** 이용하길 원하며 개발자도 마찬가지다. 유지보수되지 않은 코드로 작업하면 짜증이 나기도 하고, 어떻게 고쳐야 하는지 모를 때면 화가 나기도 한다. 그럴 때는 심호흡하자.

여러분이 회사의 보고용 소프트웨어를 업데이트하는 작업을 맡았다고 가정하자. 현재는 익스포트 파일로, 쉼표로 값을 구분하는 데이터Comma-Separated Values, CSV를 사용한다. 하지만 사용자는 탭으로 값을 구분하는 데이터Tab-Separated Values, TSV가 좋다고 말한다. 그래서 여러분은 '쉼표 대신 탭으로 구분하도록 업데이트해야지.'라고 마음먹었다. 그런데 출력하는 코드를 열어 보니 다음과 같다.

```
print(col1_name + ',' + col2_name + ',' + col3_name + ',' + col4_name)
print(first_val + ',' + second_val + ',' + third_val + ',' + fourth_val)
```

CSV를 TSV로 바꾸기 위해서 6곳의 쉼표를 탭으로 바꿔야 한다. 사람인지라 실수할 수도 있을 것이다. 예를 들어, 첫 번째 줄의 헤더를 출력하는 부분을 봤지만 놓치고 지나칠 수도 있다. 이를 방지하려면 이 코드를 사용하게 될 다른 개발자를 위해 구분 값을 상수에 저장하여 필요할 때 사용할 수 있게 만들 수 있다. 또한, 파이썬 함수를 사용하여 문자열을 더 쉽게 만들 수 있다. 이렇게 하면 사용자가 탭보다 쉼표를 더 좋아한다고 최종 결정되더라도 한 곳만 수정하면 된다.

```
DELIMITER = '\t'
print(DELIMITER.join([col1_name, col2_name, col3_name, col4_name]))
print(DELIMITER.join([first_val, second_val, third_val, fourth_val]))
```

작업을 멈추고 시스템을 조금 더 깊이 생각해 보면, 이전에는 생각지도 못한 투박한 부분이 보이거나 어떤 가정이 정밀하지 않다는 것을 깨닫게 된다. 이런 과정에서 스스로 놀라게 될 것이며 이러한 발견은 여러분에게 작업을 계속할 수 있는 동기부여가 될 것이다. 반복되는 패턴과 일반적인 실수를 발견하기 시작하면, 어디를 고쳐야 하는지 알게 된다. 이것은 상당히 효과적일 것이다.

1.3.2 여러분은 이미 설계를 해 봤다

여러분이 인식했든 인식하지 못했든, 예전에 설계를 해 봤을 것이다. 완료해야 하는 어떤 작업의 목표를 다시 생각하기 위하여 잠시 코딩을 중단한 때를 떠올려 보라. 개발 방향을 변경해야 하는 사항을 발견한 경험이 있지 않은가? 아니면 지금보다 더 효율적인 방법을 떠올리진 않았는가?

그 작은 순간들 자체가 바로 설계 과정이다. 개발하는 소프트웨어의 목표와 현재 상태를 파악하여 다음에 무슨 일을 할지를 정한다. 개발 과정에서 이런 순간을 의도적으로, 그리고 개발 초기에 갖게 되면 장단기적인 이점을 모두 얻게 될 것이다.

1.4 설계는 더 좋은 소프트웨어를 만든다

솔직하게 말해서 좋은 설계를 하려면 시간과 노력이 필요하다. 공짜로 얻을 수 있는 게 아니다. 매번 개발 작업 전에 설계하는 시간을 두는 것은 비현실적이라고 하겠지만, 코딩하기 전에 별도의 설계 과정을 두는 것은 매우 중요하다.

소프트웨어 시스템을 설계하면 잠재된 위험 요소를 찾는 데 도움이 된다. 민감한 사용자 정보가 노출되는 취약점을 발견할 수도 있다. 또한, 시스템의 어떤 부분이 병목 현상을 일으키는지, 어떤 부분에서 에러가 발생하는지도 확인할 수 있다.

시스템의 부분 요소들을 단순화하거나 결합 또는 분할하는 시간과 비용을 절약할 수 있다. 시스템의 다른 요소들이 동일한 작업을 하는지가 명확하지 않기 때문에 시스템의 각 부분을 구별해 내기가 어렵다. 하지만 시스템 전체로 보면 시스템 요소들을 어떻게 재편성할 수 있는지, 또 어떻게 진행할지를 결정할 수 있게 한다.

1.4.1 소프트웨어 설계의 고려 사항

우리는 종종 '사용자'를 위한 소프트웨어를 만든다고 생각한다. 하지만 소프트웨어는 우리가 생각한 '사용자'보다 여러 사람에게 서비스되곤 한다. 소프트웨어에 포함된 제품을 사용하는 사람이 '사용자'일 때도 있고, 소프트웨어의 추가 기능을 개발하려는 사람이 '사용자'일 때도 있다. 또한, 자신만을 위한 소프트웨어를 만들었다면 자신이 유일한 사용자일 수도 있다. 이렇듯 다양한 관점으로 소프트웨어를 보면 개발하는 소프트웨어의 품질을 더 잘 판단할 수 있다.

일반적으로 사용자에 따라 소프트웨어를 평가하는 데 다음과 같은 내용을 사용한다.

- **속도**speed — 작업을 최대한 빠르게 수행함.
- **무결성**integrity — 소프트웨어가 사용하거나 생성한 데이터가 손상되지 않고 보호됨.
- **자원**resources — 디스크 공간과 네트워크 대역폭을 효율적으로 사용함.
- **보안**security — 소프트웨어의 사용자는 인증된 데이터만 읽고 씀.

추가로, 다음은 개발자인 여러분에게 필요한 몇 가지다.

- **느슨한 결합**loose coupling — 소프트웨어의 요소들이 서로 복잡하게 의존하지 않음.
- **직관성**intuitability — 다른 개발자가 소프트웨어를 보고 특성이 무엇인지, 어떻게 동작하는지 알 수 있음.
- **유연성**flexibility — 관련되거나 유사한 작업에 적용할 수 있음.
- **확장성**extensibility — 소프트웨어의 다른 부분에 영향을 주지 않고 기능을 추가하거나 확장할 수 있음.

이런 결과를 내려면 비용이 든다. 예를 들어, 소프트웨어의 보안을 강화한다는 것은 개발에 더 많은 시간을 써야 한다는 의미다. 개발 시간이 늘어나면 자연스럽게 개발 비용이 증가하므로 소프트웨어 판매 가격도 더 오른다. 따라서 효과적인 설계와 상충 관계를 잘 알아야 여러분과 여러분의 사용자가 치러야 하는 비용을 최소화할 수 있다.

프로그래밍 언어 자체는 이러한 고려 사항을 대부분 해결하지 못한다. 그저 개발자가 처리할 수 있도록 도구를 제공할 뿐이다. 예를 들어, 기계어가 아닌 인간이 사용하는 언어처럼 코딩하도록 해 주는 고급 언어(예를 들어, 파이썬)는 메모리 손상을 방지하게 해 준다. 파이썬은 구문에 효율적인 데이터 타입을 사용하도록 권장한다. 이는 4장에서 자세히 배울 것이다.

파이썬도 개발자가 문제를 해결하는 방법을 모두 예측할 수 없기 때문에 개발자인 우리가 직접 해야 할 것이 여전히 많다. 이 점이 바로 시스템을 신중하게 생각하고 설계해야 하는 이유다.

1.4.2 유기적으로 성장한 소프트웨어

시장에서 파는 농산물과는 달리, 유기적인 소프트웨어는 좋지 않다. 시간이 지남에 따라 유기적으로 성장한 시스템은 **리팩토링**refactoring이 필요한 시스템일 뿐이다. 리팩토링 코드는 코드를 업데이트하는 작업이므로, 더 좋은 구조를 가지며 가장 좋은 최신의 상태가 되게 한다. 코드의 성능이나 유지보수성, 또는 가독성을 향상시키는 작업이 될 것이다.

단어에서 유추할 수 있듯이, 유기적인 소프트웨어라는 것은 소프트웨어의 개념과 신경계라 할 수 있는 기능들이 서로 완벽하게 연결된 유기체가 되었다는 것이다. 소프트웨어의 일부는 여러 번 덧붙인 코드가 있거나 몇 년 동안 한 번도 사용하지 않은 함수들이 소프트웨어 한구석에서 썩고 있을 수도 있고, 작업의 150%를 수행하는 함수가 있을 수도 있다. 이와 같은 시스템을 언제 리팩토링할지 정하는 것은 어려운 일이다. 하지만 그때는 '이걸 살려야 해!'라고 외칠 때쯤이 될 것이다.

이러한 현상을 보여주는 예시인 그림 1.3은 전자상거래 사이트에서의 결제 과정을 보여준다. 여기에는 몇 가지 중요한 절차가 포함된다.

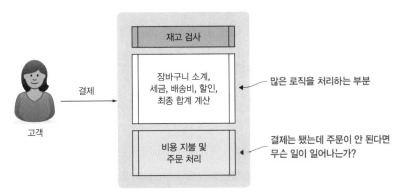

그림 1.3 **유기적으로 된 전자상거래 시스템**

1 재고가 있는지 확인한다.

2 제품 가격을 가지고 소계를 계산한다.

3 구매 지역에 따라 다음을 계산한다.

   a 세금

   b 배송비

4 행사 중인지에 따라 할인한다.

5 최종 합계를 계산한다.

6 결제를 처리한다.

7 주문을 수행한다.

이 시스템에서 일부 단계는 명확하게 분리된다. 나쁘지 않다! 하지만 중간에 어려운 부분이 있다. 가격 관련 모든 로직을 하나의 큰 덩어리로 만들 수도 있다. 이런 경우, 가격 처리 로직에 버그가 있을 때 정확하게 어느 단계에 버그가 있는지를 찾기 어렵다. 최종 가격이 잘못되었음을 발견하면 왜 그렇게 되었는지를 알아내기 위해 많은 코드를 조사해야 할 것이다. 결제를 처리하면 주문도 함께 처리해야 하는데, 중간에 오류가 발생한다면 결제는 되었는데 주문 처리가 안 될 수 있다. 이렇게 된다면 고객의 불만이 폭발할 것이다.

이러한 워크플로우를 더욱 강력하게 만드는 첫 과정은 논리적 단계를 그림 1.4와 같이 나누는 것이다. 각 단계가 자신만의 서비스를 처리하게 한다면, 하나의 작업에는 그것을 처리하는 단계만 살펴보면 된다. 재고 서비스는 제품의 재고가 얼마나 있는지를 추적한다. 가격 서비스는 각 제품의 가격과 세금 정보를 제공한다. 이런 식으로 각 단계를 서로 분리하면 버그가 발생할 가능성이 줄어든다.

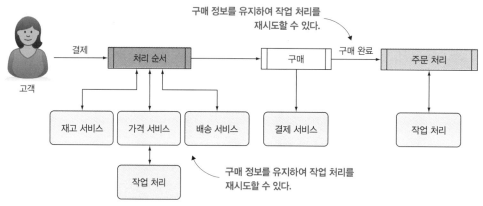

그림 1.4 **심도 있게 계획된 전자상거래 시스템의 모습**

소프트웨어 설계를 하면 기존 시스템을 더 간단한 부분으로 나눌 수 있다. 이러한 **분해** 개념은 계속 이어지는 장들에서 자세히 살펴볼 여러 개념 중 하나일 뿐이다. 나누는 작업에서 끝이란 없다. 코드를 리팩토링하고 재설계하는 작업은 계속 발생할 것이기 때문이다. 하지만 이 책에서 배울 기술을 자신의 것으로 만든다면, 시간이 갈수록 이런 작업을 프로젝트에 적용하는 시간이 더 줄어들며 쉬워질 것이다. 민감함을 유지하여 기존 코드를 개선할 기회를 찾도록 하자!

1.5 설계에 투자할 시점

일반적으로, 새로운 소프트웨어를 만들 때면 모든 노력과 정신을 집중하게 된다. 하지만 프로젝트를 하다 보면 문제가 발생하기 전까지 작업 중인 코드에 구현되지 않은 게 있음을 모를 때가 많다. 어떤 코드는 너무 많은 문제를 만들기도 한다. 이런 경우 추가로 작업해야 해서 전체 프로젝트에 영향을 끼친다.

엉뚱한 코드가 자꾸 문제를 발생시키는 상황에서 그것을 처리하기가 더 어렵게 되었다면, 엉망이 된 코드를 해결하기 위해서는 훨씬 더 많은 시간을 써야 한다. 이런 문제는 시스템을 구축한 후에 감각적으로 발견할 수도 있겠지만, 그냥 어렵지 않게 발견될 수도 있다.

사전에 계획적으로 소프트웨어 설계를 하면 프로젝트 과정에서의 시간과 고민을 줄일 수 있다. 소프트웨어가 유연하여 새로운 요구 사항에 맞게 확장할 수 있다면, 코드를 작성하기 전에 시스템을 충분히 생각하는 것이 생산성을 높이는 좋은 방법이다. 이것은 기술적 투자다. 왜냐하면 나중에 돌아올 혜택을 위한 선행 작업이기 때문이다.

이러한 투자를 해야 할 곳 중 하나는 **프레임워크**framework다. 프레임워크는 어떤 목표를 위해 안내 역할을 하는 거대한 코드 라이브러리다. 프레임워크를 사용하면 웹사이트를 멋지게 보이도록 하거나 영상에서 얼굴을 감지하는 신경망을 구축할 수도 있다. 이런 기능 외에도 프레임워크는 자신만의 무언가를 만드는 데 사용되는 코드 블록을 만들 수 있게 해 준다. 프레임워크가 유용하려면 다양한 요구 사항을 처리할 수 있도록 유연해야 하며, 처음에는 생각하지 못한 새로운 기능을 추가할 수 있는 확장성이 있어야 한다. 파이썬 개발자들은 수많은 프레임워크를 만들어 왔다. 예를 들어, HTTP 호출을 위한 Requests, 웹 개발을 위한 플라스크Flask와 장고Django, 데이터 분석을 위한 판다스Pandas가 있다. 어떻게 보면 여러분이 만든 많은 코드 역시 프레임워크다. 반복적으로 자주 사용하거나 특별한 목적이 있는 유용한 기능을 제공하기 때문이다. 이러한 사실을 염두에 두고 코드를 작성하면 자신의 방식으로 문제를 해결할 수 있게 될 것이다.

기존 프로젝트를 개선하든 새로운 프로젝트를 시작하든, 소프트웨어를 설계하는 작업은 투자다. 이 투자에 대한 보상은 작업의 오버헤드나 충돌 없이 개발자와 고객의 요구에 맞는 코드가 될 것이라는 점이다. 몇몇 코드의 상태가 좋지 않아 얼마나 작업해야 하는지, 그 작업이 얼마나 걸릴지 알 수 없는 경우에 좋은 설계가 필요하다. 코드를 얼마나 자주 사용하거나 개선하는지도 중요한 고려 사항이다. 평생 한두 번 사용하는 코드를 개선하기 위하여 몇 주를 소비하는 것은 경제적이지 않기 때문이다.

1.6 새로운 시작

설계를 항상 염두에 두면 아주 많은 것들이 바뀌고 개선된다. 그러나 설계는 배울 것이 너무 많아서 전부를 한 번에 하려고 하면 고통스러울 수 있다. 설계에 대한 개념이 여러분에게 안착할 수 있도록 조금씩 배워 가는 것이 더 적절한 방법이다. 이 책은 각 장에서 설계에 대한 작은 부분을 설명한다. 따라서 자신에게 부족한 부분이 있다면 언제든지 해당 장으로 돌아가서 보완할 수 있다.

1.7 설계는 민주적이다

어쩌면 지금까지 여러분은 대부분의 프로젝트를 혼자 수행했을 것이다. 어떤 클래스의 한 부분을 코딩하려 했는데 전체 코드를 모두 직접 코딩해야 했던 경험도 있을 것이다. 실제로 대규모 프로젝트에서는 이런 일이 자주 일어나지는 않는다. 업무용 소프트웨어를 개발하는 회사에는 수십 명의 개발자가 단일 제품을 개발한다. 모든 개발자는 각자의 작업 방식에 영향을 준 고유한 경험이 있으며, 이러한 다양함은 더 강력한 시스템으로 이끌 수 있다. 이전에 겪은 버그, 실패, 성공에 대한 모든 경험은 앞으로의 작업을 어떤 방향으로 진행해야 하는지 알려 주기 때문이다.

다른 개발자에게 정보를 얻는 것은 도움이 되며, 프로젝트 초기 단계일 때는 특히 더욱 그렇다. 어떤 작업을 수행하는 방법이 한 가지뿐인 경우는 거의 없다. 따라서 여러 방법을 배우면서 각 방법의 장단점을 알게 되면, 배운 방법을 선택할 수도 있고, 무엇을 해도 비슷한 결과를 얻게 되는 상황이라면 적어도 자신이 좋아하는 것을 선택할 수 있게 된다. 몇몇 방법은 어떤 경우에는 적합하지만 다른 경우에는 그렇지 않을 수 있으므로 여러 방법을 알고 있으면 여러분의 생산성이 향상될 것이다.

만약 여러분이 프로젝트를 진행하는 개발 부서(또는 개발자 모임)에 들어갈 수 없다면, 오픈 소스 프로젝트에 참여하여 소프트웨어를 같이 개발해 보는 것도 고려해 볼 만하다. 아니면 어떤 작업을 수행하는 방법을 토론할 곳을 찾아 어떤 이유로 서로 생각이 다른지 살펴보자. 개발자들이 어떤 해결책을 선택했는지보다는 어떤 생각 때문에 그것을 선택했는지가 더 중요하다. 사실, 이런 식의 토론과 사고방식을 이해하는 것은 어떤 특정 알고리즘을 배우는 것보다 더 어려울 수 있다.

1.7.1 마음의 존재

소프트웨어를 개발할 때는 흥분하기가 쉽다. 어떤 것을 완료하여 기뻤던 순간을 기억해 보자. 여러분의 코드가 동작하는 것을 무척 보고 싶어 했을 것이다. 이런 상황에서 완벽한 코드를 만들기 위해 가만히 자리에 앉아 심사숙고하기란 무척 어렵다.

간단한 스크립트 작업이나 실험적인 작업을 할 때는 빠른 피드백을 받는 것이 생산성을 유지하는 데 유용하다. 필자는 이런 작업을 파이썬의 **Read-Eval-Print Loop**(REPL)에서 하곤 한다.

리스트 1.1의 예제는 데이터 딕셔너리를 변환하는 작업을 어떻게 하는지 보여준다. 미국의 주와 수도가 매핑된 딕셔너리를 알파벳순으로 모든 수도를 나열한다. 이것은 다음과 같이 한다.

1 딕셔너리에서 도시 값을 가져온다.

2 도시 값을 정렬한다.

리스트 1.1 **미국 주의 수도를 알파벳순으로 정렬하기**

```
>>> us_capitals_by_state = {      ◀────  주 이름과 주의 수도 이름을
    'Alabama': 'Montgomery',             매핑한 딕셔너리
    'Alaska': 'Juneau',
    ...
}
>>> capitals = us_capitals_by_state.values()    ◀──── 주 수도 이름만 가져오기
dict_values(['Montgomery', 'Juneau'])
>>> capitals.sort()                   이런! 이것은 '리스트'가 아니므로
Traceback (most recent call last):    'sort' 메서드를 쓸 수 없다.
  File "<stdin>", line 1, in <module>
AttributeError: 'dict_values' object has no attribute 'sort'
>>> sorted(capitals)           반복되는 값을 받는 'sorted' 메서드를
['Albany', 'Annapolis', ...]   사용하여 새롭게 정렬된 목록
```

이 작업은 그리 나쁘지 않았다. 그저 어떻게 동작하는지 하나씩 해 봤을 뿐이다. 하지만 프로젝트가 커지고 변경해야 할 범위가 커지면, 한 걸음 물러서서 앞으로 어떻게 할지 계획을 세우는 것이 큰 도움이 된다.

신중하게 계획을 세운다면 프로젝트를 하면서 두 걸음 진행했다가 한 걸음 돌아오는 일이 없어질 것이므로 장기적으로 보면 시간을 절약하게 될 것이다. 이렇게 앞선 설계 작업을 하다 보면 프로젝트 진행 중에 리팩토링해야 할 순간을 인지하게 되는 좋은 습관도 얻게 된다. 필자는 이런 방식을 통해 아주 짧은 스크립트라 해도 따로 코드를 작성한 이후에 실제 파이썬

모듈로 전환하곤 한다. 이런 방식은 개발 속도를 약간 늦추게 하지만 프로젝트의 목표가 무엇인지를 항상 기억하게 해 준다.

주의 수도를 정렬하는 코드의 경우, 프로젝트의 여러 곳에서 주 수도에 대한 목록이 필요하다고 가정하자. 주 수도를 등록하는 양식이나 배송 양식, 또는 지급 양식에서 필요할 수 있다. 동일한 작업을 계속해서 반복하지 않기 위해 다음과 같이 해당 작업을 함수로 만들고 필요할 때마다 함수를 호출하도록 할 수 있다.

리스트 1.2 **주의 수도를 함수로 만들기**

```
def get_united_states_capitals():
    us_capitals_by_state = {'Alabama': ...}      ◄── 함수에 포함된 코드는
    capitals = us_capitals_by_state.values()          리스트 1.1과 동일하다
    return sorted(capitals)
```

이제 재사용 가능한 함수를 갖게 되었다. 하지만 함수를 살펴보면 상수 데이터로 작업하지만 호출될 때마다 약간의 연산만 한다. 만약 이 함수가 프로그램 내에서 자주 호출된다면 성능이 향상되도록 리팩토링할 수 있다.

사실, 이런 함수는 전혀 필요하지 않다. 다음과 같이 나중에 사용하도록 단 한 번의 계산만 하여 정렬된 결과를 상수로 저장하여 재사용성을 확보할 수 있다.

리스트 1.3 **리팩토링된 코드는 더욱 간결한 해결책을 보여준다**

```
US_CAPITALS_BY_STATE = {'Alabama': 'Montgomery', ...}      ◄── 한 번 정의된
US_CAPITALS = sorted(US_CAPITALS_BY_STATE.values())    ◄──      상수 데이터
```
함수가 아닌 또 하나의 상수로
참조될 'US_CAPITALS'

이 코드는 가독성을 해치지 않으면서 코드 라인 수를 반으로 줄인다.

이번 절에서 살펴본, 어떤 문제부터 시작하여 최종 해결책을 도출할 때까지의 과정이 바로 설계 과정이다. 이 과정을 통해 이전보다, 그리고 그 이전보다 더 개선할 영역을 알 수 있게 된다. 결국, 어떤 코드를 작성하기 전에 기회와 위험을 예측하는 다이어그램을 사용하기 위하여 소프트웨어의 여러 복잡한 부분을 나타내는 고급 다이어그램을 그리기 시작하게 될 것이다. 물론, 모든 사람이 이렇게 일하는 것은 아니므로 여러분은 이 책에서 배운 내용을 최대한 활용해야 할 것이다.

어쩌면 지금 여러분은 모든 것을 폐기하고 프로젝트를 새롭게 시작하려는 충동을 느낄지 모르겠다. 하지만 조금만 기다리자! 이 책을 더 읽다 보면 알게 될 것이다. 소프트웨어 설계와 리팩

토링은 서로 관련 있을 뿐만 아니라 동전의 양면이다. 둘 중 하나를 한다는 것은 다른 하나를 한다는 말이기도 하다. 따라서 프로젝트를 하는 동안 두 가지 모두 지속하는 작업이다. 둘 중 어떤 것도 완벽한 것은 없다. 작업하면서 불편할 때마다 해당 코드를 자주 살펴보는 것이 중요하다.

이를 염두에 두고 심호흡하며 여유를 갖자. 앞으로 더 많은 것을 배울 것이다.

1.8 이 책을 어떻게 활용할 것인가?

일반적으로 말해서 이 책은 처음부터 끝까지 풍부한 내용을 담고 있다. 이 책은 여러 파트로 나뉘어 있으며, 이전 파트의 개념을 다음 파트에 사용한다. 파트 III의 각 장은 6장에서 시작할 소프트웨어 프로젝트를 가지고 진행한다. 여러분이 이미 알고 있는 내용을 다루는 장은 훑어보거나 건너뛰어도 좋다. 이전 장의 내용을 알아야 하는 부분이 생길 때마다 알려 줄 것이다.

대부분의 장은 여러분의 소프트웨어 개발 과정에 통합할 수 있는 좋은 개념 또는 연습이 될 것이다. 여러분에게 특별히 가치를 주는 개념을 발견한다면 완전히 자기 것이 될 때까지 여러분의 프로젝트에 적용해 보는 것이 좋다. 그 개념에 내해 편안해진나면 다시 잭으로 돌아와서 다음 장을 읽는 것도 방법이다.

이 책에 나오는 예제와 연습 문제 코드는 이 책의 깃허브 저장소(*https://github.com/daneah/practices-of-the-python-pro*)에 있다. 소스 코드는 연습 문제를 끝낸 후에 자신의 작업을 체크하는 방법으로 사용하기 바란다. 만약 문제를 푸는 과정에서 막혔거나 자신이 해결한 방법을 비교하고 싶을 때 제공된 코드를 사용하고, 각 연습 문제는 여러분의 힘으로 먼저 풀어 보도록 하자.

즐거운 코딩이 되길 바란다!

요약

- 다른 메이저 프로그래밍 언어들처럼 파이썬은 복잡한 기업용 프로젝트에 많이 사용한다.
- 파이썬은 사용자층이 가장 빠르게 성장하는 프로그래밍 언어다.
- 설계는 단지 종이에 그리는 작업이 아니라 과정이다.
- 프로젝트에 설계를 선행하는 것은 훗날 깨끗하고 유연한 코드를 만들기 위한 투자다.
- 다양한 사용자가 있음을 염두에 두고 소프트웨어를 구축해야 한다.

II

설계의 기초

좋은 소프트웨어의 기본은 계획적인 설계다. 소프트웨어 설계 작업을 하다 보면 동일한 개념이 자꾸 반복된다는 것을 알게 될 것이다. 파트 II에서는 소프트웨어 설계의 기초를 다뤄 대규모 소프트웨어 프로젝트의 복잡함을 대비할 수 있게 할 것이다. 여러분은 코드를 구조화하는 방법과 효과적으로 만드는 방법, 기대한 것처럼 동작하는지를 테스트하는 방법을 배울 것이다.

이번 파트에 나오는 개념은 이 책에서 반복적으로 나온다. 여러분이 이전에 알고 있던 개념과 여기서 배운 개념이 연관 있는지도 살펴보자. 소프트웨어 설계의 기초를 반복하다 보면 매일 반복되는 업무에 포함하게 될 것이며, 최상의 효과를 얻을 것이다.

PART II
Foundations of design

## CHAPTER 2

관심사 분리

이 장에서 다루는 내용
- 코드의 구성과 분리를 위해 파이썬 기능을 사용하기
- 코드를 별개의 조각으로 부리하는 방법과 시점 선택하기
- 코드를 얼마나 세분화할지 알아보기

명확한 코드의 초석은 여러 기능을 관리할 수 있는 작은 조각으로 나누는 것이다. 명확한 코드는 어느 시점이 되면 머리를 쓰지 않아도 쉽게 이해되는 코드다. 명확한 의도를 가진 짧은 코드를 만드는 것은 매우 중요하지만, 임의의 기준으로 코드를 분할해서는 안 된다. 관심사에 따라 나누는 것이 효과적이다.

 관심사란 소프트웨어가 다루는 독립적인 행동이나 정보다. 관심사는 제곱근을 계산하는 방법부터 전자상거래 시스템에서 결제를 처리하는 방법에 이르기까지 그 범위가 넓다.

이번 장에서는 코드에서 관심사를 분리하기 위해 파이썬에 내장된 도구를 설명할 것이다. 또한, 관심사 분리를 언제 어떻게 사용할지를 결정하는 철학도 설명한다.

 아직 컴퓨터에 파이썬을 설치하지 않았다면, 파이썬 설치 방법이 부록에 있으니, 진도를 더 나가기 전에 부록의 내용에 따라 파이썬을 설치하고 여기로 돌아오자. 다시금 말하지만, 이 책의 예제와 연습 문제에 대한 모든 소스 코드는 깃허브 저장소(*https://github.com/daneah/practices-of-the-python-pro*)에서 얻을 수 있다.

2.1 네임스페이스

다른 프로그래밍 언어처럼, 파이썬은 **네임스페이스** 개념으로 코드를 분리한다. 프로그램을 실행할 때, 알고 있는 모든 네임스페이스와 해당 네임스페이스에서 사용할 수 있는 정보를 추적한다.

네임스페이스는 다음과 같은 도움을 준다.

- 소프트웨어의 규모가 커지면 비슷하거나 동일한 이름들이 소프트웨어 곳곳에 필요하게 된다. 네임스페이스는 충돌을 최소화하여 어떤 이름이 어떤 것을 나타내는지 분명하게 해 준다.
- 소프트웨어가 커지면 어떤 코드가 이미 존재하는지 파악하는 게 기하급수적으로 어려워진다. 네임스페이스는 존재하는 코드가 어디에 있는지를 정확히 추측할 수 있게 해 준다.
- 거대한 기존 코드에 새로운 코드를 추가할 때, 이미 만들어진 네임스페이스는 새로운 코드가 어디에 위치해야 하는지를 안내한다. 명확하게 결정할 수 없다면, 새로운 네임스페이스를 만드는 게 적합할 수 있다.

네임스페이스는 매우 중요하다. 사실 'The Zen of Python'의 마지막 문장에서 네임스페이스를 말하고 있다. 'The Zen of Python'이 익숙하지 않다면, 파이썬 인터프리터를 실행하고 import this라고 입력해 보자.

> 네임스페이스는 매우 훌륭한 아이디어다. — 많이 사용하자!
>
> – The Zen of Python

파이썬에서 사용하는 모든 변수, 함수, 클래스의 이름은 하나의 네임스페이스 또는 다른 네임스페이스에 있는 이름이다. x, total, 또는 EssentialBusiness-DomainObject 같은 이름은 무언가에 대한 참조체다. x = 3이라는 파이썬 코드는 '3이라는 값을 x라는 이름에 할당한다'는 의미이며, 다른 코드에서 x를 참조할 수도 있다. '변수'는 값을 가리키는 이름이지만 파이썬에서의 이름은 함수, 클래스 등을 가리킨다.

2.1.1 네임스페이스와 임포트 구문

파이썬 인터프리터를 처음 실행하면, 내장된 네임스페이스는 파이썬에 내장된 모든 것들로 채워진다. 이 네임스페이스에는 print() 또는 open()과 같은 내장 함수를 포함한다. 이러한 함수들은 접두어가 없으며, 특별한 작업 없이 사용할 수 있다. 여러분의 코드 어디에서나 사용할 수 있기 때문에, 그 유명한 print('Hello world!')를 입력하면 파이썬에서는 바로 동작한다.

몇몇 언어와는 달리, 여러분의 파이썬 코드에 네임스페이스를 명시적으로 만들지 않을 수 있다. 하지만 이렇게 하면 여러분의 코드 구조는 생성된 네임스페이스들과, 그들이 상호작용하는 방식에 영향을 미칠 것이다. 예를 들어, 파이썬 모듈을 생성하면 그 모듈에 해당 네임스페이스를 추가로 자동 생성한다. 간략하게 말하자면, 파이썬 모듈은 코드를 가진 .py 파일이다. 예를 들어, sales_tax.py라는 파일은 'sales_tax 모듈'이다.

```
# sales_tax.py

def add_sales_tax(total, tax_rate):
    return total * tax_rate
```

각 모듈은 그 모듈에 있는 코드를 자유롭게 접근하도록 **전역**global 네임스페이스를 갖는다. 어떤 것 내에 중첩되지 않은 모든 함수, 클래스, 변수는 그 모듈의 전역 네임스페이스에 있다.

```
# sales_tax.py

TAX_RATES_BY_STATE = {
    'MI': 1.06,
    # ...
}

def add_sales_tax(total, state):
    return total * TAX_RATES_BY_STATE[state]
```

TAX_RATES_BY_STATE는
이 모듈의 전역 네임스페이스에 있다.

이 모듈에 있는 코드는
TAX_RATES_BY_STATE를
아무런 문제 없이 사용할 수 있다.

모듈에 있는 함수와 클래스는 자신들만 접근할 수 있는 **로컬**local 네임스페이스도 갖는다.

```
# sales_tax.py

TAX_RATES_BY_STATE = {
    'MI': 1.06,
    ...
}

def add_sales_tax(total, state):
    tax_rate = TAX_RATES_BY_STATE[state]
    return total * tax_rate
```

tax_rate는 add_sales_tax()의
로컬 영역에만 있다.

add_sales_tax()에 있는 코드는
아무런 문제 없이 tax_rate를
사용할 수 있다.

다른 모듈의 변수나 함수, 또는 클래스를 사용하려는 모듈은 해당 모듈을 전역 네임스페이스로 **임포트**import해야 한다. 임포트는 다른 곳에 있는 이름을 원하는 네임스페이스로 가져오는 방법이다(옮긴이 파이썬에서 문자열을 만드는 방법 중에 하나인 'f-strings'는 파이썬 3.6부터 지원한다. 대소문자 상관없이 f를 쓰고 홑따옴표 또는 쌍따옴표로 만들려는 문자열을 구성하고 변수에 해당하는 부분은 중괄호로 묶어서 사용한다.).

```
# receipt.py

from sales_tax import add_sales_tax    ◄───┐ add_sales_tax 함수는 receipt 전역
                                            네임스페이스에 추가된다.


def print_receipt():
    total = ...                              add_sales_tax는 자신의
    state = ...                              네임스페이스에 있는
    print(f'TOTAL: {total}')                 TAX_RATES_BY_STATE와
    print(f'AFTER TAX: {add_sales_tax(total, state)}')  ◄── tax_rate를 알고 있다.
```

즉, 파이썬의 변수, 함수, 클래스를 참조하려면 다음 중 하나에 해당해야 한다.

- 그 이름이 파이썬 내장 네임스페이스에 있다.
- 그 이름이 현재 모듈의 전역 네임스페이스에 있다.
- 그 이름이 현재 코드의 로컬 네임스페이스에 있다.

이름이 충돌할 때 우선순위는 위 순서의 역순이다. 전역 네임스페이스에 있는 이름과 동일한
이름을 로컬에 만들어 재정의하면 로컬 이름을 우선한다. 일반적으로 현재 코드에 맞도록 특
정하기 때문에 로컬에 재정의한 것을 사용한다고 기억하면 된다. 그림 2.1은 이것을 보여준다.

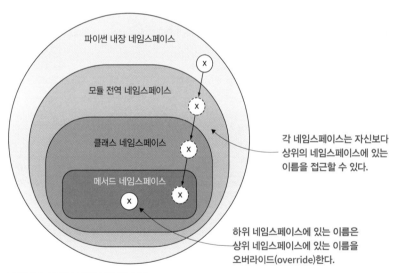

그림 2.1 네임스페이스의 특수성

파이썬으로 작업하면 여러분의 코드에 'NameError: name 'my_var' is not defined'라는
에러를 볼 수도 있다. 이것은 my_var라는 이름을 그 코드에 있는 네임스페이스에서 찾지 못했
음을 의미한다. 일반적으로 my_var에 값을 할당하지 않았거나 이 이름을 다른 곳에 해 놓고
임포트하지 않은 경우다.

모듈은 코드를 분할하는 좋은 방법이다. 만약 script.py 파일이 있는데 그것과 관련 없는 함수를 많이 포함한다면, 그러한 함수들을 다른 모듈로 분리하는 것을 고려하자.

2.1.2 다양한 임포트 방법

파이썬의 임포트 구문은 일견 간단해 보인다. 하지만 임포트하는 방법이 몇 가지가 있으며, 네임스페이스로 가져온 정보는 방법마다 미묘한 차이가 있다. 앞에서 우리는 sales_tax 모듈의 add_sales_tax() 함수를 receipt 모듈로 가져왔다.

```
# receipt.py

from sales_tax import add_sales_tax
```

이렇게 하면, add_sales_tax() 함수가 receipt 모듈의 전역 네임스페이스에 추가된다. 이것으로 충분하다. 만약 sales_tax 모듈에 함수를 10개 이상 추가하고 그것들 전부를 receipt에서 사용하고 싶다고 가정하자. 앞에서와 같은 방식으로 한다면 다음과 같이 하게 될 것이다.

```
# receipt.py

from sales_tax import add_sales_tax, add_state_tax, add_city_tax,
➥ add_local_millage_tax, ...
```

다음과 같이 이 방법을 약간 개선할 수도 있다.

```
# receipt.py

from sales_tax import (
    add_sales_tax,
    add_state_tax,
    add_city_tax,
    add_local_millage_tax,
    ...
)
```

이 역시 그리 멋지진 않다. 다른 모듈에 있는 많은 기능들을 가져오고 싶다면, 해당 모듈 전부를 임포트할 수도 있다.

```
# receipt.py

import sales_tax
```

이렇게 하면, sales_tax 모듈 전체가 현재의 네임스페이스에 추가되며 함수들은 sales_tax.을 접두어로 하여 호출할 수 있다.

```
# receipt.py

import sales_tax


def print_receipt():
    total = ...
    locale = ...
    ...
    print(f'AFTER MILLAGE: {sales_tax.add_local_millage_tax(total, locale)}')
```

이 방법은 import 구문이 길어지는 것을 막아준다. 다음 절에서 다시 설명하겠지만 접두어 사용으로 네임스페이스 충돌을 막아준다.

 파이썬에서는 from 모듈명 import *를 사용하면 모듈에 있는 모든 이름을 임포트할 수 있게 해준다. 이렇게 하면 코드에서 '모듈명.' 식의 접두어를 쓰지 않아도 되기 때문에, 이렇게 하고 싶은 유혹이 생기겠지만 절대로 이렇게 하지 마라! 와일드카드를 사용하는 임포트는 이름 충돌을 일으킬 수 있으며, 임포트된 이름을 명시적으로 볼 수 없기 때문에 디버깅하기도 어렵다. 항상 명시적으로 임포트하자!

2.1.3 네임스페이스는 충돌을 방지한다

만약 파이썬 프로그램에서 현재 시각을 얻고 싶으면 time 모듈의 time() 함수를 임포트하면 된다.

```
from time import time
print(time())
```

결과는 다음과 같이 나온다.

```
1546021709.3412101
```

time()은 현재 시각으로 유닉스 시간[1]을 반환한다. datetime 모듈 또한 time이라는 이름의 함수를 포함하고 있지만, 이것은 조금 다르게 동작한다.

---

1   유닉스 시간에 대한 설명은 위키피디아(*https://ko.wikipedia.org/wiki/유닉스_시간*)를 참고하자.

```
from datetime import time
print(time())
```

결과는 다음과 같이 나온다.

```
00:00:00
```

여기에서 time은 사실 클래스이며 이것은 자정(0시 0분 0초)을 디폴트로 하는 datetime.time 인스턴스를 반환한다. Time과 datetime 모두를 임포트하면 어떻게 될까?

```
from time import time
from datetime import time
print(time())                    ◀─── 현재 시각은?
```

여기에서 time은 어떤 걸 의미할까?

애매할 경우, 파이썬은 자신이 아는 가장 최신의 정의를 사용한다. 만약 어떤 모듈의 time을 임포트한 다음에 다른 모듈에 time을 임포트한다면, 파이썬은 후자만 알게 된다. 네임스페이스를 사용하지 않으면 코드에서 참조하는 time()이 어떤 것을 말하는지 어려울 것이며 실수로 잘못된 것을 사용할 수도 있다. 따라서 어떤 모듈의 것인지 명확하게 알 수 있도록 모듈명을 접두어로 사용해야 한다.

```
import time
import datetime              어떤 time을 의미하는지
now = time.time()    ◀──    명확하다.
midnight = datetime.time()   이 time도 고유하게
                        ◀─── 참조된다.
```

때로는 지금까지 배운 방법으로도 이름 충돌을 피하기 어려울 때가 있다. 만약 파이썬에 내장된 모듈이나 서드-파티 라이브러리의 모듈과 같은 이름으로 모듈을 생성했는데 어떤 모듈에서 내장된 모듈이나 서드-파티 라이브러리의 모듈과 함께 새롭게 만든 모듈을 같이 사용해야 한다면, 더 강력한 방법이 필요하다. 그 방법은 다행히도 단 하나의 파이썬 키워드인 as를 사용하는 것이다. as 키워드를 임포트할 때 사용하면 원하는 다른 이름으로 바꿀 수 있다.

```
import datetime
from mycoollibrary import datetime as cooldatetime
```

이제 datetime은 그대로 사용할 수 있고 서드-파티의 datetime은 cooldatetime으로 사용할 수 있다.

확실한 이유가 없다면 파이썬의 내장 함수를 오버라이드하지 말자. 다시 말해, 오버라이드하지 않을 것이라면 내장 함수와 같은 이름을 사용하지 않는 것이 최선이다. 하지만 파이썬의 모든 표준 라이브러리를 다 모른다면(필자는 확실히 다 모른다), 본인도 모르게 내장 함수와 같은 이름을 사용하게 될 가능성은 여전히 존재한다. 여러분이 만든 모듈을 다른 모듈에서 임포트시킬 때 새로운 이름(alias)을 주는 방법도 있다. 하지만 여러분이 만든 모듈의 이름을 바꾸고(rename) 전체 코드에서 그 모듈을 참조하는 부분을 찾아 바뀐 이름으로 업데이트하는 것을 권장한다. 이렇게 하면 임포트에 사용하는 이름과 실제 모듈의 이름에 대한 일관성을 유지할 수 있다.

 여러분이 파이썬에 내장된 이름을 오버라이드하게 되면 대부분의 **통합개발환경**(Integrated Develop--ment Environment, IDE)은 경고를 표시하기 때문에 실수로라도 그렇게 하지 않도록 알려 줄 것이다.

이러한 임포트 방법을 사용하면 필요한 것들을 문제없이 가져올 수 있다. time. 또는 datetime.처럼 모듈명을 접두어로 사용하면 네임스페이스의 충돌 없이 작업할 수 있게 도와줄 것이다. 충돌이 발생하면, 크게 한번 심호흡하고 임포트 구문을 재작성하거나 새로운 이름(alias)를 생성하자!

2.2 파이썬에서 관심사 분리의 계층구조

관심사 분리를 잘하는 한 가지 방법은 '하나의 작업을 하되 그것을 잘하는 프로그램을 만들어라'라는 유닉스 철학[2]을 따르는 것이다. 코드상 특정 함수나 클래스가 단일 동작과 관련되었다면, 그것을 사용하는 코드와는 상관없이 해당 함수 또는 클래스를 개선할 수 있다. 반대로, 어떤 동작들이 전체 코드 내에서 복제되었거나 동작들끼리 혼합되었다면, 연관된 다른 동작을 고려하지 않고서는 개선하기 힘들 것이다. 최악의 경우, 완전히 분해해서 다시 만들어야 할 수도 있다. 예를 들어, 웹사이트상의 많은 함수가 현재 인증된 사용자 정보에 의존한다고 해 보자. 그 함수들 모두는 인증을 확인하고 해당 사용자의 정보를 가져온다면 사용자 인증에 대한 세부 사항이 변경될 때마다 모두 업데이트되어야 할 것이다. 이것은 정말 많은 작업이며 하나의 함수라도 업데이트하지 않는다면 예상치 못한 일이 발생하거나 심각할 경우 프로그램 전체가 작동하지 않게 될 수도 있다.

---

2 유닉스 철학에 대한 위키피디아를 참고하자. *https://ko.wikipedia.org/wiki/유닉스_철학*

파이썬에서 네임스페이스가 세분화된 계층구조를 갖는 것처럼, 관심사 분리에 대한 광범위한 접근 방식도 그러하다. 이 계층구조를 얼마나 깊게 또는 얕게 해야 하는지 불변의 규칙이 있는 건 아니다. 어떤 경우에는 함수를 호출하는 함수를 만들고, 그 함수를 다시 호출하는 함수를 만들고, 또다시 그 함수를 호출하는 함수를 만드는 게 좋을 수도 있다. 기억해야 할 것은, 관심사 분리의 목표는 비슷한 동작을 함께 묶으며 서로 다른 동작은 독립적으로 격리하는 것이다.

다음 절은 관심사 분리를 구성하고 유지하기 위하여 사용하는 구조적 도구인 파이썬 프로그램을 설명한다. 만약 여러분이 함수와 클래스를 잘 알고 있다면 2.2.3절로 건너뛰어도 좋다.

2.2.1 함수

함수가 익숙하지 않다면 수학 수업을 받던 때를 생각해 보자. 수학에서의 함수는 입력값을 결괏값으로 매핑하는 $f(x) = x^2 + 3$과 같은 수식이다. $x = 5$를 입력하면 $f(5) = 5^2 + 3 = 28$을 반환한다. 소프트웨어에서의 함수도 동일한 역할을 한다. 입력 변수들이 주어지면 함수는 어떤 계산이나 변환을 수행한 결과를 반환한다.

함수에 대한 이런 사고방식은 소프트웨어에서의 함수가 최대한 짧아야 한다는 개념으로 자연스럽게 이어진다. 함수가 지나치게 길거나 너무 많은 작업을 한다면 그 함수가 무슨 일을 하는지 규정하기도 어렵게 되어 이름 짓기도 힘들게 된다. $f(x) = x^2 + 3$은 x의 2차 함수이지만, $f(x) = x^5 + 17x^9 - 2x + 7$은 이름 짓기 더 까다롭다. 소프트웨어에서 너무 많은 개념을 혼합하면 엄청난 양의 코드가 생성되며 이름을 지정하기가 쉽지 않다.

코드를 나누려고 할 때 가장 먼저 생각나는 도구는 간단한 함수다. 몇 줄의 코드로 된 함수를 만들고 나중에 참조될 수 있도록 명확한 이름을 부여한다. 함수를 생성하는 것은 어떤 작업을 하는지 더 명확하게 하며 필요할 때 재사용할 수 있게 한다. 파이썬이 제공하는 함수 역시 그러하다. open()은 파일을 읽을 때 사용하며 len()은 리스트의 길이를 얻게 해 준다. 여러분은 파이썬이 이름을 붙이고 하나의 함수로 만들기 충분하다고 할 만큼 중요한 기능을 사용하게 될 것이다.

어떤 문제를 관리하기 쉬운 작은 조각으로 나누는 과정을 **분해**decomposition라고 한다. 떨어진 나무를 분해하는 버섯을 상상해 보자. 버섯은 복잡한 분자로 된 나무를 질소와 이산화탄소처럼 더 근본적인 물질로 만든다. 이들은 다시 생태계로 반환되어 재활용된다. 여러분의 코드도 그림 2.2와 같이 여러분의 소프트웨어 생태계에서 재사용되도록 함수로 분해될 수 있다.

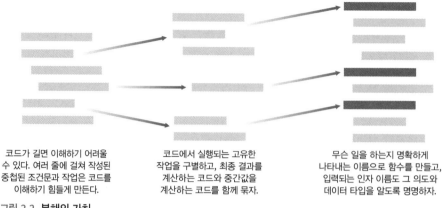

| 코드가 길면 이해하기 어려울 수 있다. 여러 줄에 걸쳐 작성된 중첩된 조건문과 작업은 코드를 이해하기 힘들게 만든다. | 코드에서 실행되는 고유한 작업을 구별하고, 최종 결과를 계산하는 코드와 중간값을 계산하는 코드를 함께 묶자. | 무슨 일을 하는지 명확하게 나타내는 이름으로 함수를 만들고, 입력되는 인자 이름도 그 의도와 데이터 타입을 알도록 명명하자. |

그림 2.2 **분해의 가치**

미국 코미디 극단인 Three Stooges[3]의 팬 사이트를 여러분이 만든다고 가정하자. 홈페이지를 만들려면, 멤버인 Larry, Curly, Moe를 소개해야 한다. 멤버 이름과 극단 이름을 입력받아 'The Three Stooges: Larry, Curly, and Moe'라는 문자열을 생성하는 코드는 다음과 같이 시작할 것이다.

```
names = ['Larry', 'Curly', 'Moe']
message = 'The Three Stooges: '
for index, name in enumerate(names):
    if index > 0:
        message += ', '
    if index == len(names) - 1:
        message += 'and '
    message += name
print(message)
```

알아보니, 이들의 원래 라인업과 다르다. 각 라인업에 맞는 정확한 페이지를 만들고 싶어졌다. 원래 라인업에 동일하게 작업하는 코드를 추가하고 싶은 유혹이 가장 먼저 생길 것이다.

```
names = ['Moe', 'Larry', 'Shemp']
message = 'The Three Stooges: '
for index, name in enumerate(names):
    if index > 0:
        message += ', '
    if index == len(names) - 1:
        message += 'and '
    message += name
```

---

3 *https://ko.wikipedia.org/wiki/스리_스투지스*

```
print(message)

names = ['Larry', 'Curly', 'Moe']
message = 'The Three Stooges: '
for index, name in enumerate(names):
    if index > 0:
        message += ', '
    if index == len(names) - 1:
        message += 'and '
    message += name
print(message)
```

이 코드 역시 잘 동작한다. 하지만 코드가 처음보다 명확하지 않게 되었고 이제는 동일한 게 두 개나 있다! 함수에서 멤버를 소개하는 로직을 추출하면, 중복을 줄여 주며 어떤 일을 하는지 명확히 알 수 있도록 이름을 줄 수 있다.

```
def introduce_stooges(names):       ◄── 추출한 함수는 매개변수로
    message = 'The Three Stooges: '     이름을 받는다.
    for index, name in enumerate(names):
        if index > 0:
            message += ', '
        if index == len(names) - 1:
            message += 'and '
        message += name
    print(message)


introduce_stooges(['Moe', 'Larry', 'Shemp'])    ◄── 여러 이름을 동일한 함수에
introduce_stooges(['Larry', 'Curly', 'Moe'])        사용할 수 있다.
```

함수의 이름이 명확해졌다. 이 코드를 더 명확하게 만들고 싶다면 이제는 introduce_stooges 함수의 본문에만 집중하면 된다. 이 함수가 이름들의 리스트를 받아서 여러분이 원하는 소개 문구를 계속 출력하는 한, 이 코드가 잘 동작한다고 믿고 사용할 수 있다[4].

여러분이 만든 Three Stooges 팬 페이지에 만족한 후, 다른 유명 그룹으로 확장하기로 했다고 하자. 이번에는 닌자 거북이[5]다. 그런데 닌자 거북이 작업을 하면서 문제가 생겼다. 예상했겠지만 introduce_stooges 함수는 Stooges만 소개한다. 결론적으로 이 함수는 두 가지 관심사가 있다.

---

4   함수 추출 및 기타 유용한 방법을 자세히 알고 싶다면 마틴 파울러(Martin Fowler)와 켄트 백(Kent Beck)이 쓴 《리팩터링 2판》(한빛미디어, 2020)을 살펴보길 권한다.

5   *https://ko.wikipedia.org/wiki/닌자_거북이*

- Three Stooges를 소개한다.

- stooges 멤버 이름을 소개한다.

이걸 어떻게 해결할 수 있을까? 함수를 일반화하고 그룹명("The Three Stooges", "Teenage Mutant Ninja Turtles" 등)을 함수에 다른 인자로 추출하여 첫 번째 관심사를 분리하자.

```
def introduce(title, names):          ◄──  함수 이름에서 _stooges를 버렸고
    message = f'{title}: '                  인자로 title을 받는다.
    for index, name in enumerate(names):
        if index > 0:
            message += ', '
        if index == len(names) - 1:
            message += 'and '
        message += name
    print(message)
                                        ◄──  함수가 호출되면
                                             그룹명을 전달받는다.
introduce('The Three Stooges', ['Moe', 'Larry', 'Shemp'])
introduce('The Three Stooges', ['Larry', 'Curly', 'Moe'])

introduce( 'Teenage Mutant Ninja Turtles',    ◄──
    ['Donatello', 'Raphael', 'Michelangelo', 'Leonardo']       하나의 함수로
)                                                              여러 그룹을
                                                               소개할 수 있다.
introduce('The Chipmunks', ['Alvin', 'Simon', 'Theodore'])  ◄──
```

이제 여러분의 팬 사이트 요구 사항을 만족하게 되었다. 그룹명과 멤버 이름들만 있으면 해당 정보를 사용하여 작업을 수행한다. 사이트를 확장할 경우에도 쉽게 새로운 그룹을 수용할 수 있다. 만약 어느 시점에서 그룹을 소개하는 방법을 수정해야 하면, introduce() 함수를 살펴보면 된다.

코드를 분해하여 함수로 만들 때, 원래 코드보다 길어지는 경우가 생길 것이다. 하지만 관심사에 따라 코드를 신중하게 분해하고 수행하는 작업에 맞게 명시적으로 이름을 주었다면, 코드의 가독성이 향상되었음을 알 것이다. 코드 전체 길이는 그리 중요하지 않다. 함수와 메서드의 길이는 해당 작업에 따라 차이가 나기 때문이다.

introduce 함수에서 해야 할 작업이 아직 남았다. 그룹명과 멤버들의 이름으로 소개 문구를 구성해야 한다. 콤마와 옥스퍼드 콤마(옮긴이 Oxford comma, 영어에서 3개 이상의 단어를 나열할 때 마지막 단어 앞에 콤마를 붙이는 표기법으로 Serial comma라고도 불린다)를 사용하여 이름들을 어떻게 결합하고 표시하는지는 꼭 알 필요가 없다. 이제 introduce 함수에서 이 부분을 추출해 보자.

```
def join_names(names):          ←── 이 함수는 이름을 어떻게
    name_string = ''                 결합하는지만 담당한다.

    for index, name in enumerate(names):
        if index > 0 and len(names) > 2:
            name_string += ','
        if index > 0:
            name_string += ' '
        if index == len(names) - 1 and len(names) > 1:
            name_string += 'and '
        name_string += name
    return name_string
                                    이제 이 함수는 그룹명 뒤에
                                    결합된 이름들을 붙여서
                                    소개 문구를 출력한다.
def introduce(title, names):    ←──
    print(f'{title}: {join_names(names)}')
```

introduce 함수는 그렇게 많은 작업을 하지 않기 때문에 이 코드는 과도한 것처럼 보인다. 하지만 각 관심사를 함수로 분리하는 이런 식의 분해는 나중에 버그를 수정하거나 기능을 추가하고 코드를 테스트할 때 도움을 준다. 만약 멤버들의 이름을 결합하는 방식에 버그가 생겼다면, join_names 함수를 만들기 이전의 introduce 함수 속에서 버그를 찾기보다, 지금처럼 만든 join_names 함수에서 수정할 코드를 찾기가 더 쉽다.

일반적으로 함수로 관심사를 분리하는 것은 외형적 변화를 가능하게 한다. 즉, 코드를 수정하여 더 정밀하게 하며 주변 코드에 미치는 영향을 최소화하므로 프로젝트를 진행하는 데 시간을 많이 절약해 준다.

설계, 리팩토링, 분해, 관심사 분리는 반복되는 개발 과정을 건강하게 한다. 어쩌면 코딩하지 않고 제자리에서 맴돌고 있는 것처럼 느껴질 수 있다. 하지만 대규모 소프트웨어 개발을 하다 보면 이러한 작업을 정기적으로 활용하는 자신을 발견하게 될 것이다. 많은 프로젝트의 수명과 성공은 코드의 품질에 영향을 받으며, 코드의 품질은 코드를 생성할 때 얼마나 주의를 기울였는가에 영향을 받는다. 개발 프로세스 초기부터 이러한 방법들을 음식의 양념처럼 사용해 보자. 그러면 머지않아 이것들이 단순한 양념이 아닌 주재료라는 것을 알게 될 것이다.

TRY IT OUT

함수로 추출하는 것을 배웠으니, (아마도 조잡하게 구현된) 리스트 2.1의 '가위, 바위, 보' 코드에 어떤 함수가 숨어 있는지 살펴보자. 작업의 일관성을 유지하기 위하여, 작업할 때는 코드를 자주 실행하는 것이 좋다. 필자가 함수로 추출한 예제는 리스트 2.2다. 필자는 원래 코드를 6개 함수로 분해했다. 방법은 다양할 수 있다. 하지만 기억해야 할 것은 단 하나의 관심사만 가진 함수로 만들어야 한다는 점이다.

리스트 2.1 **조잡한 절차적 코드**

```python
import random

options = ['rock', 'paper', 'scissors']
print('(1) Rock\n(2) Paper\n(3) Scissors')
human_choice = options[int(input('Enter the number of your choice: ')) - 1]
print(f'You chose {human_choice}')
computer_choice = random.choice(options)
print(f'The computer chose {computer_choice}')
if human_choice == 'rock':
    if computer_choice == 'paper':
        print('Sorry, paper beat rock')
    elif computer_choice == 'scissors':
        print('Yes, rock beat scissors!')
    else:
        print('Draw!')
elif human_choice == 'paper':
    if computer_choice == 'scissors':
        print('Sorry, scissors beat paper')
    elif computer_choice == 'rock':
        print('Yes, paper beat rock!')
    else:
        print('Draw!')
elif human_choice == 'scissors':
    if computer_choice == 'rock':
        print('Sorry, rock beat scissors')
    elif computer_choice == 'paper':
        print('Yes, scissors beat paper!')
    else:
        print('Draw!')
```

리스트 2.2 **함수로 추출된 코드**

```python
import random

OPTIONS = ['rock', 'paper', 'scissors']


def get_computer_choice():
    return random.choice(OPTIONS)


def get_human_choice():
    choice_number = int(input('Enter the number of your choice: '))
    return OPTIONS[choice_number - 1]


def print_options():
    print('\n'.join(f'({i}) {option.title()}' for i, option in enumerate(OPTIONS, 1)))
```

```python
def print_choices(human_choice, computer_choice):
    print(f'You chose {human_choice}')
    print(f'The computer chose {computer_choice}')


def print_win_lose(human_choice, computer_choice, human_beats, human_loses_to):
    if computer_choice == human_loses_to:
        print(f'Sorry, {computer_choice} beats {human_choice}')
    elif computer_choice == human_beats:
        print(f'Yes, {human_choice} beats {computer_choice}!')


def print_result(human_choice, computer_choice):
    if human_choice == computer_choice:
        print('Draw!')

    if human_choice == 'rock':
        print_win_lose('rock', computer_choice, 'scissors', 'paper')
    elif human_choice == 'paper':
        print_win_lose('paper', computer_choice, 'rock', 'scissors')
    elif human_choice == 'scissors':
        print_win_lose('scissors', computer_choice, 'paper', 'rock')


print_options()
human_choice = get_human_choice()
computer_choice = get_computer_choice()
print_choices(human_choice, computer_choice)
print_result(human_choice, computer_choice)
```

2.2.2 클래스

코드는 시간이 지나며 누적되는 동작과 데이터로 구성된다. 지금까지 우리는 입력 데이터를 받아서 결과를 반환하는 함수로 추출하는 방법을 배웠다. 시간이 지나면서 몇몇 함수들이 함께 동작하는 일이 빈번하게 발생함을 느꼈을 것이다. 만약 어떤 함수의 결과를 다른 함수로 전달하거나 몇몇 함수들이 동일한 입력 데이터를 받고 있다면, 코드에서 **클래스**가 추출될 시점일 수 있다.

클래스는 밀접하게 연관된 동작과 데이터의 템플릿이다. 클래스는 **객체**를 생성하거나 클래스에 정의된 데이터와 동작을 갖는 클래스의 인스턴스를 생성하기 위해 사용한다. 데이터는 객체의 **상태**가 된다. 파이썬에서는 데이터가 해당 객체에 귀속되기 때문에 데이터가 객체의 속성을 구성한다. 동작은 self라는 추가 인자를 객체 인스턴스로 받게 되는 특별한 함수인 **메서드**가 된다. 이를 통해 인스턴스의 상태를 접근하거나 변경할 수 있다. 속성과 메서드는 모두 클래스의 **멤버**다.

많은 언어에서 클래스는 클래스의 인스턴스를 생성할 때 사용되는 특별한 메서드인 생성자를 가진다. 파이썬에서는 __init__ 메서드(초기자, initializer)가 일반적으로 사용된다. __init__이 호출되면 클래스의 인스턴스는 이미 생성되며, 생성된 인스턴스의 초기 상태가 설정된다. __init__은 적어도 하나의 인자를 받는다. 대부분 파이썬 개발자들은 self라는 인자를 사용하며, 이는 생성된 인스턴스에 대한 참조체다. 이 메서드는 초기 상태를 설정하는 데 사용될 임의의 인수를 추가로 받을 수 있다. 파이썬에서 클래스 인스턴스를 생성하는 구문은 함수를 호출하는 것과 매우 비슷하다. 클래스 인스턴스를 생성할 때, 함수 이름 대신 클래스 이름을 사용하며 self를 제외한 인자들이 __init__에 전달된다.

여러분이 분해한 '가위, 바위, 보'의 함수를 다시 살펴보자(리스트 2.3). 무엇이 보이는가? 모든 동작과 데이터는 세 가지 옵션을 기반으로 하며 플레이어가 어떤 것을 선택했는지에 따라 처리된다. 어떤 함수는 동일한 데이터를 사용한다. 이것은 서로 밀접한 관계가 있음을 나타낸다. 이 게임에 대한 클래스가 필요할 때다.

리스트 2.3 '가위, 바위, 보' 코드 다시 보기

```python
import random

OPTIONS = ['rock', 'paper', 'scissors']


def get_computer_choice():            # 함수들은 사용자가 선택한
    return random.choice(OPTIONS)     #   것을 판단하기 위하여
                                      #   OPTIONS를 사용한다.

def get_human_choice():
    choice_number = int(input('Enter the number of your choice: '))
    return OPTIONS[choice_number - 1]


def print_options():
    print('\n'.join(f'({i}) {option.title()}' for i, option in enumerate(OPTIONS)))


def print_choices(human_choice, computer_choice):    # 몇몇 함수는 시뮬레이션을 위하
    print(f'You chose {human_choice}')               #   여 사람이 선택한 것과 컴퓨터가
    print(f'The computer chose {computer_choice}')    #   선택한 것을 사용한다.


def print_win_lose(human_choice, computer_choice, human_beats, human_loses_to):
    if computer_choice == human_loses_to:
        print(f'Sorry, {computer_choice} beats {human_choice}')
    elif computer_choice == human_beats:
        print(f'Yes, {human_choice} beats {computer_choice}!')
```

```
def print_result(human_choice, computer_choice):
    if human_choice == computer_choice:
        print('Draw!')

    if human_choice == 'rock':
        print_win_lose('rock', computer_choice, 'scissors', 'paper')
    elif human_choice == 'paper':
        print_win_lose('paper', computer_choice, 'rock', 'scissors')
    elif human_choice == 'scissors':
        print_win_lose('scissors', computer_choice, 'paper', 'rock')
```

사람과 컴퓨터가 선택한 것이
빈번하게 전달된다.

시뮬레이션으로 서로 다른 부분을 수집하고 출력하는 관심사를 함수로 잘 분리하였으니, 이제는 더 상위의 관심사 분리도 할 수 있다. '가위, 바위, 보' 코드를 그림으로 표현하면, 그림 2.3과 같이 클래스를 사용하여 나타낼 수 있다. 다른 모든 메서드를 호출하는 코드를 담게 될 새로운 simulate() 메서드에 주목하자.

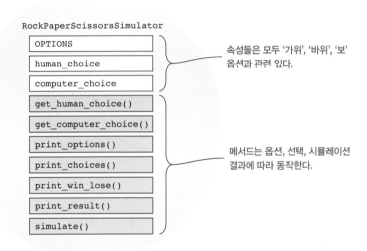

속성들은 모두 '가위', '바위', '보'
옵션과 관련 있다.

메서드는 옵션, 선택, 시뮬레이션
결과에 따라 동작한다.

그림 2.3 **관련된 동작과 데이터를 클래스로 래핑하기**

리스트 2.4와 같이, 클래스 정의를 생성하고 함수를 메서드로 옮기는 것부터 시작하자. 메서드는 첫 번째 인자로 self를 받는다.

리스트 2.4 **함수를 클래스의 메서드로 옮기기**

```
import random

OPTIONS = ['rock', 'paper', 'scissors']
```

```
class RockPaperScissorsSimulator:
    def get_computer_choice(self):            ◀──  메서드는 'self'를
        return random.choice(OPTIONS)              인자로 받는다.

    def get_human_choice(self):
        choice_number = int(input('Enter the number of your choice: '))
        return OPTIONS[choice_number - 1]

    def print_options(self):
        print('\n'.join(f'({i}) {option.title()}' for i, option in enumerate(OPTIONS)))

    def print_choices(self, human_choice, computer_choice):   ◀──  메서드는 기존 인자와 함께
        print(f'You chose {human_choice}')                         'self'가 필요하다.
        print(f'The computer chose {computer_choice}')

    def print_win_lose(self, human_choice, computer_choice, human_beats, human_loses_to):
        if computer_choice == human_loses_to:
            print(f'Sorry, {computer_choice} beats {human_choice}')
        elif computer_choice == human_beats:
            print(f'Yes, {human_choice} beats {computer_choice}!')

    def print_result(self, human_choice, computer_choice):
        if human_choice == computer_choice:
            print('Draw!')

        if human_choice == 'rock':
            self.print_win_lose('rock', computer_choice, 'scissors', 'paper')
        elif human_choice == 'paper':
            self.print_win_lose('paper', computer_choice, 'rock', 'scissors')
        elif human_choice == 'scissors':
            self.print_win_lose('scissors', computer_choice, 'paper', 'rock')
```

함수를 옮겼다면, 이 모든 함수를 호출하는 새로운 simulate 메서드를 생성한다. 클래스 내에서 self.some_method()라고 작성하면 클래스의 some_method 메서드를 호출하고 싶다는 것을 나타낸다. some_method 메서드가 self 인자를 받도록 정의되었지만, 메서드를 호출할 때 self를 전달하지는 않는다. 파이썬은 자동으로 메서드에 self를 전달한다. 이제 시뮬레이션할 수 있도록 모든 함수를 호출하는 simulate 메서드를 만들자.

```
    ...

    def simulate(self):
        self.print_options()
        human_choice = self.get_human_choice()
        computer_choice = self.get_computer_choice()
        self.print_choices(human_choice, computer_choice)
        self.print_result(human_choice, computer_choice)
```

이제 모든 것이 클래스에 포함되었지만, 여전히 데이터가 모두에게 전달되고 있다. 하지만 이 젠 모든 것이 구조화되었기 때문에 추가로 변경하기는 용이해졌다. 클래스에 필요한 속성들(디폴트 값은 None)을 human_choice와 computer_choice라는 이름으로 설정하도록 생성자를 생성할 수 있다.

```
...

    def __init__(self):
        self.computer_choice = None
        self.human_choice = None
```

이제 메서드는 속성을 전달받는 대신에 self 인자를 사용하여 접근할 수 있다. 결과적으로, 메서드 내의 코드에서 human_choice 대신에 self.human_choice를 사용하고, human_choice 인자를 모두 제거한다. computer_choice도 동일하게 처리한다.

이제 이 코드는 다음과 같이 요약된다.

리스트 2.5 속성에 접근하기 위해 self 사용하기

```
import random

OPTIONS = ['rock', 'paper', 'scissors']


class RockPaperScissorsSimulator:
    def __init__(self):
        self.computer_choice = None
        self.human_choice = None

    def get_computer_choice(self):          ◀── 메서드는 self의 속성을
        self.computer_choice = random.choice(OPTIONS)    설정할 수 있다.

    def get_human_choice(self):
        choice_number = int(input('Enter the number of your choice: '))
        self.human_choice = OPTIONS[choice_number - 1]

    def print_options(self):
        print('\n'.join(f'({i}) {option.title()}' for i,
➡ option in enumerate(OPTIONS)))
                                          메서드는 매개변수로
    def print_choices(self):     ◀──      속성을 받을 필요가 없다.
        print(f'You chose {self.human_choice}')
        print(f'The computer chose {self.computer_choice}')  ◀──  메서드는 self를 이용하여
                                                                  속성을 읽어올 수 있다.
    def print_win_lose(self, human_beats, human_loses_to):
        if self.computer_choice == human_loses_to:
```

```
            print(f'Sorry, {self.computer_choice} beats {self.human_choice}')
        elif self.computer_choice == human_beats:
            print(f'Yes, {self.human_choice} beats {self.computer_choice}!')

    def print_result(self):
        if self.human_choice == self.computer_choice:
        print('Draw!')

    if self.human_choice == 'rock':
        self.print_win_lose('scissors', 'paper')
    elif self.human_choice == 'paper':
        self.print_win_lose('rock', 'scissors')
    elif self.human_choice == 'scissors':
        self.print_win_lose('paper', 'rock')

    def simulate(self):
        self.print_options()
        self.get_human_choice()
        self.get_computer_choice()
        self.print_choices()
        self.print_result()
```

클래스 전체에 속성을 참조하는 곳마다 self.을 추가하는 작업이 필요하지만, 클래스는 훨씬 단순해졌다. 특히, 메서드는 인수를 거의 취하지 않으며, simulate 메서드는 다른 메서드들을 붙이는 것 이상의 역할을 한다. 이제 '가위, 바위, 보' 게임을 시뮬레이션하는 코드는 다음과 같다.

```
RPS = RockPaperScissorsSimulator()
RPS.simulate()
```

꽤 간결하지 않은가? 여러분은 먼저 몇몇 관심사를 분리하기 위하여 한 묶음의 코드를 함수로 분해하였다. 그런 다음, 상위 관심사를 분리하기 위하여 함수들을 클래스로 묶었다. 이제는 어려운 모든 뒷작업을 짧은 표현식으로 호출할 수 있다. 이것은 관련된 데이터와 동작을 신중하게 선택하고 그룹화했기 때문이다.

클래스의 메서드와 속성이 밀접하게 관련되면 코드의 **응집력**cohesion이 높다고 말한다. 클래스의 내용이 전체적으로 하나로 뭉쳐지면 응집력이 생긴다. 클래스의 모든 것이 밀접하게 관련되면 관심사를 잘 분리하였다는 것이므로, 클래스가 높은 응집력을 갖는 게 좋다. 너무 많은 관심사를 가진 클래스는 응집력이 낮아진다. 왜냐하면 클래스의 의도가 명확하지 않기 때문이다. 보통 필자는 응집력이 충분하다고 판단될 때 비로소 클래스를 생성한다. 일부 코드는 클래스에 포함된 데이터와 동작을 통해 이미 관련성이 있음을 보여준다.

어떤 클래스가 다른 클래스에 의존적인 경우, 이들 클래스는 **결합되었다**coupled고 말한다. 만약 어떤 클래스가 다른 클래스의 세부 사항에 많이 의존한다면, 한쪽을 수정하면 다른 쪽도 수정 해야 하므로 이들 클래스는 서로 **강하게**tightly 결합된 것이다. 강한 결합은 변경에 대한 파급 효 과를 관리하는 데 더 많은 시간을 소비하게 만들기 때문에 비용이 많이 든다. 우리는 **느슨한** loose 결합을 원한다. 10장에서 느슨한 결합을 만드는 여러 전략을 배울 것이다.

응집력이 높은 클래스는 명확한 함수들의 묶음처럼 사용된다. 응집력이 높은 클래스는 의도 를 명확하게 하고, 이미 작성된 코드를 탐색하는 데 도움을 주며, 새로운 코드를 추가하기 용 이하도록 안내한다. 이 모든 것은 우리가 만든 소프트웨어라는 동굴에서 헤매느라 시간 낭비 하는 일이 없이 원하는 기능을 더 빠르게 만들 수 있도록 해 준다.

2.2.3 모듈

파이썬에서 모듈을 만드는 기초를 이미 배웠다. 유효한 파이썬 코드를 담은 .py 파일은 이미 모 듈이다! 모듈을 언제 만들지 앞에서 설명했지만 다시 그 부분으로 돌아가 이야기를 이어가 보자.

이번 장을 시작할 때 대부분의 코드가 하나의 거대한 절차적 덩어리로 script.py 파일 안에 있 었다. 하지만 각 절을 진행하면서 수많은 함수와 클래스를 추출해 왔다.

이제는 코드가 잘 분리되어 명확한 이름을 가진 함수, 클래스, 메서드로 나뉘었지만, 여전히 이 모든 것이 script.py 파일에 있다. 결국, 파일 단 하나로 제공하는 최소한의 구조로는 전체 코드를 효과적으로 담기에는 충분하지 않다. 예를 들어, 여러분이 찾는 함수가 5번째 줄에 있 는지 205번째 줄에 있는지를 기억할 순 없다. 이제 우리가 할 일은, 동작을 기억할 수 있는 카 테고리로 분류하는 것이다.

구별된 관심사는 새롭게 생성할 모듈에 매핑될 것이다. 이러한 범주가 무엇인지를 추측하는 일은 보수적으로 조심스럽게 하자. 왜냐하면 개발 초기에는 여러분이 예측한 시스템의 모델은 계속 진화하고 개선됨에 따라 자주 변경될 것이기 때문이다. 여러분이 필요하리라 생각하는 것을 스케치하는 데 드는 시간은 조금만 쓰고, 다른 여러 구조가 나중에 더 적합할 가능성에 열린 마음을 갖자. 가장 깔끔한 코드는 작성하지 않은 코드다. 모든 코드에는 추가적인 인지 부하(옮긴이)학습이나 과제 해결 과정에서의 인지적 요구량)가 있다. 가장 깔끔한 코드가 아무것도 작 성하지 않은 코드라면, 두 번째로 깔끔한 코드는 잘 구조화된 코드다.

모듈은 안에 있는 코드(예를 들어, '여기에 있는 코드는 모두 통계에 관한 것이야!'라고 알려 주는 코드) 에 추가 구조를 만든다. 만약 통계와 관련하여 작업해야 한다면, import statistics라고 임포트해서 원하는 것을 사용하면 된다. 필요한 기능이 거기에 없다면, 그 기능을 어디에 추가해야 하는지 알 수 있을 것이다. 그 기능을 500줄 정도 되는 script.py 파일에 추가하는 것과는 비교할 수 있겠는가? 억지로 추가할 수는 있겠지만, 그런 식으로는 계속할 수 없다.

2.2.4 패키지

코드를 깔끔하게 정리할 수 있는 모듈을 사용하는 게 좋다고 말했는데, 그렇다면 다른 게 왜 필요할까?

관심사 분리는 계층구조라고 했던 것과 이름이 충돌할 수 있다고 했던 것을 기억하자. 예를 들어, 여러분이 만든 팬 사이트가 인기를 얻어, 이제는 데이터베이스와 검색 페이지가 필요한 상황이다. 그래서 데이터베이스 레코드를 생성하는 모듈로 record.py 파일을 만들었고 데이터베이스 쿼리를 위한 모듈로 query.py를 만들었다고 하자.

```
.
├ query.py
└ record.py
```

이제 검색 쿼리를 생성하기 위한 모듈을 작성해야 한다. 그 이름을 뭐라고 지을 것인가? search_query.py가 괜찮아 보이며, 이렇게 한다면 query.py는 database_query.py라고 이름을 바꾸는 게 더 명확해 보인다.

```
.
├ database_query.py
├ record.py
└ search_query.py
```

이렇게 두 모듈의 이름이나 개념이 충돌하게 되면, 기존의 구조는 맞지 않게 된다. 패키지는 관련 있는 모듈들을 그룹으로 분할하여 추가 구조를 만든다. 파이썬에서 패키지는 모듈들(.py 파일들)과 특별한 파일 하나를 포함하는 디렉터리에 불과하며, 이 파일(__init__.py)은 해당 디렉터리를 패키지처럼 취급하라고 파이썬에게 알려주는 파일이다. 이 파일은 보통 비어 있지만 임포트의 더 복잡한 관리를 위해 사용된다. 예를 들어, sales_tax.py 파일이 'sales_tax 모듈'이 되는 것처럼, ecommerce/ 디렉터리는 'ecommerce 패키지'가 된다.

 "패키지"라는 용어는 Python Package Index(PyPI)로부터 설치할 수 있는 서드-파티 파이썬 라이브러리를 가리키기도 한다. 이 책에서 애매함을 없애기 위해 최선을 다했지만, 명확하게 구분되지 않은 부분이 있을 수 있다.

데이터베이스 모듈과 검색 모듈은 데이터베이스 패키지와 검색 패키지가 더 적합할 것이다. 따라서 모듈의 접두어인 database_와 search_는 중복이라 제거할 수 있다.

코드 계층구조를 패키지로 확장할 수 있으며, 궁극적으로는 찾기 쉽고 내용을 쉽게 이해할 수 있는 훌륭한 구조를 만든다. 각 패키지는 상위 개념의 관심사를 해결하며 패키지에 포함된 각 모듈은 그보다는 작은 관심사를 관리한다. 각 모듈에 있는 클래스, 메서드, 함수는 애플리케이션의 각 부분을 더욱 명확하게 해 준다.

```
.
├ database
│ ├ __init__.py
│ ├ query.py
│ └ record.py
└ search
  ├ __init__.py
  └ query.py
```

앞에서는 데이터베이스 쿼리 모듈을 사용하기 위하여 그냥 import query를 했지만, 이제는 데이터베이스 패키지로부터 임포트해야 한다. import database.query라고 쓸 수 있으며, 이렇게 했다면 모듈의 이름 앞에 database.query.을 붙여야 한다. 다른 방법으로는 from database import query라고 쓸 수도 있다. 만약 특정 모듈의 데이터베이스 코드만 사용하는 경우라면 후자가 더 좋다. 그러나 새로운 검색 쿼리 코드와 어떤 모듈의 데이터베이스 코드를 사용해야 한다면, 이름을 명확히 해야 하므로 접두어를 사용하는 것이 도움이 될 것이다.

```
import database.query
import search.query
```

from 구문과 함께 각 모듈에 별칭(앨리어스, alias)을 사용할 수도 있다.

```
from database import query as db_query
from search import query as search_query
```

별칭이 장황할 수 있으므로 이름을 잘못 지정하면 오히려 혼란스러울 수 있으니, 이름 충돌을 피하기 위해서만 드물게 사용하자.

초기 패키지를 생성하는 것과 비슷하게 패키지 중첩을 할 수 있다. __init__.py 파일을 사용하여 디렉터리를 생성하고 그 안에 모듈이나 패키지를 두면 된다.

```
└ math
  ├ __init__.py
  ├ statistics
  │ ├ __init__.py
  │ ├ std.py
  │ └ cdf.py
  ├ calculus
  │ ├ __init__.py
  │ └ integral.py
  └ ...
```

이 예제에서 모든 math 코드는 math 패키지에 있으며, 각 하위 필드는 모듈을 포함하는 자신만의 하위 패키지를 갖는다. 만약 적분 계산 코드를 보고 싶다면 그 코드는 math/calculus/integral.py에 있다고 예측할 수 있다. 찾으려는 코드가 있는 곳을 예측할 수 있다는 것은 프로젝트의 규모가 커질수록 혜택이 크다.

관심 있는 모듈을 가져오기 위하여 접두어를 추가로 붙이는 방식으로, 적분 모듈을 임포트할 수 있다.

```
from math.calculus import integral
import math.calculus.integral
```

주의해야 할 점은 from math import calculus.integral은 동작하지 않는다는 것이다. import ...를 사용하여 점으로 구분된 전체 경로를 가져오거나 from ... import ...를 사용하여 단일 이름만 가져올 수 있다.

요약

- 관심사 분리는 이해할 수 있는 코드를 만드는 핵심이다. 다른 많은 설계 개념이 이 원리로부터 파생된다.
- 함수는 절차적 코드에서 명명된 개념을 추출한다. 추출의 주요 목표는 명확성과 분리이며, 재사용성은 2차적인 혜택이다.
- 클래스는 밀접하게 관련한 동작과 데이터를 객체로 그룹화한다.
- 모듈은 독립적인 관심사 분리를 유지하면서 관련 클래스, 함수, 데이터를 그룹화한다. 다른 모듈의 코드를 명시적으로 임포트하면 무엇이 어디에서 사용되는지 명확하게 한다.
- 모듈의 계층구조는 모듈의 이름을 짓거나 해당 코드를 쉽게 발견하는 데 도움을 주며, 패키지는 모듈의 계층구조를 생성하는 데 도움을 준다.

3

추상화와 캡슐화

이 장에서 다루는 내용

- 대규모 시스템에서 추상화의 가치를 이해하기
- 관련 코드를 클래스로 캡슐화하기
- 파이썬에서 캡슐화, 상속, 조합 사용하기
- 파이썬의 프로그래밍 스타일 이해하기

앞에서 코드를 함수, 클래스, 모듈로 구성하는 것이 관심사를 분리하는 최고의 방법이라는 것을 배웠다. 하지만 이 기술을 사용하면 코드의 복잡성을 분리할 수도 있다. 개발하는 소프트웨어에 대한 모든 세부 사항을 항상 기억하기는 어렵다. 이번 장에서는 코드를 작은 단위로 만들기 위하여 추상화와 캡슐화를 어떻게 사용하는지 배울 것이다. 이렇게 하면 해당 코드가 필요할 때 그 세부 사항만 살펴보면 된다.

3.1 추상화란?

'추상'이라는 단어를 들으면 무엇이 떠오르는가? 필자는 잭슨 폴락Jackson Pollock의 그림이나 콜더Calder의 조각상이 떠오른다. 추상 미술은 구체적인 형태로부터 자유로움을 나타내며, 특정 주제를 암시하는 형태를 취하곤 한다. 그렇다면 **추상화**abstraction는 구체적인 어떤 것을 가져다 그것이 가진 구체성을 제거하는 과정일 것이다. 소프트웨어에서 추상화라는 말이 바로 이것이다.

3.1.1 블랙박스

소프트웨어를 개발할 때, 소프트웨어의 부분들이 전체의 개념을 표현하게 된다. 예를 들어, 특정 함수를 개발하면 그 함수가 어떻게 동작하는지 생각할 필요 없이 함수의 목적에 맞는 곳마다 반복하여 사용할 수 있다. 이 시점에서 함수는 **블랙박스**가 된다. 블랙박스는 정상적으로 작동하는 계산 또는 동작이며, 해당 함수가 필요할 때마다 함수를 열어서 코드를 검사할 필요가 없다(그림 3.1 참고).

그림 3.1 **동작하는 소프트웨어를 블랙박스로 취급함**

상품 리뷰가 긍정적인지, 부정적인지, 아니면 중립적인지 판단하는 자연어 처리 시스템을 구축한다고 가정하자. 이러한 시스템은 그림 3.2와 같이 여러 단계가 있다.

1 리뷰를 문장으로 나눈다.

2 각 문장을 단어 또는 구문으로 나눈다. 보통 이것을 **토큰**token이라고 부른다.

3 단어의 변형을 원형으로 단순화한다. 이것을 **표제어 추출**lemmatization이라고 부른다.

4 문장의 문법 구조를 알아낸다.

5 문장을 학습된 데이터와 비교하여 리뷰 내용이 어느 쪽인지 계산한다.

6 전체적인 리뷰의 강도를 계산한다.

7 최종적으로 긍정적인지, 부정적인지, 아니면 중립적인지 판단한다.

감정 분석 워크플로우의 각 단계는 여러 줄의 코드로 구성된다. '문장으로 나누기'와 '문법 구조 판단하기' 등의 개념으로 해당 코드를 묶으면, 한 번에 전체 코드를 이해하려고 할 때보다 쉽게 전체 워크플로우를 따라갈 수 있다. 만약 어떤 사람이 특정 단계를 자세히 알고 싶어 할 경우, 해당 부분을 더 깊게 살펴볼 수 있다. 구현체를 추상화한다는 개념은 사람들의 이해를 돕는 데도 유용하지만, 더 안정적인 결과를 얻기 위하여 코드로 형식화하는 것이기도 하다.

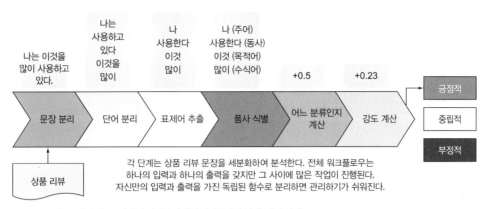

각 단계는 상품 리뷰 문장을 세분화하여 분석한다. 전체 워크플로우는 하나의 입력과 하나의 출력을 갖지만 그 사이에 많은 작업이 진행된다. 자신만의 입력과 출력을 가진 독립된 함수로 분리하면 관리하기가 쉬워진다.

그림 3.2 **상품 리뷰가 긍정적인지, 부정적인지, 중립적인지 판단하기**

2장에서 관심사를 식별하는 방법과 그것을 함수로 추출하는 방법을 배웠다. 동작을 함수로 추상화하면, 입력 데이터와 반환 데이터의 타입이 변하지 않는 한, 그 함수가 결과를 계산하는 방식을 변경하는 게 어렵지 않다. 다시 말해, 함수의 버그를 수정하거나 계산을 더 빠르고 정확하게 하고자 할 경우, 다른 코드를 변경하지 않고도 해당 동작을 바꿀 수 있다. 이것은 소프트웨어를 개발하는 과정에 유연성을 준다.

3.1.2 추상화는 양파와 같다

그림 3.2에서 봤듯이, 워크플로우의 각 단계는 일반적으로 하위 개념의 코드를 나타낸다. 하지만 문장의 문법적 구조를 판단하는 등의 작업도 꽤 존재한다. 이와 같은 복잡한 코드는 추상화 **계층**의 도움을 받으며, 간단한 동작을 지원하는 하위 개념의 함수는 점차 상위 개념의 동작을 지원한다. 이 때문에 대규모 시스템의 코드를 작성하고 읽는 것은 마치 양파 벗기기와 같아서 매우 작고 핵심적인 코드 부분이 가장 마지막에 드러난다.

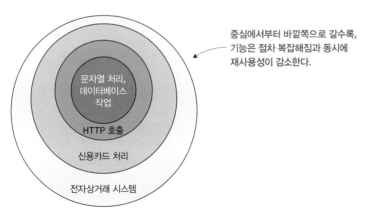

중심에서부터 바깥쪽으로 갈수록, 기능은 점차 복잡해짐과 동시에 재사용성이 감소한다.

그림 3.3 **추상화는 복잡한 계층에서 역할을 한다.**

계속해서 반복적으로 사용되는 작고 집약된 동작을 하위 계층에 두며 거의 변경되지 않게 한다. 이보다 더 큰 개념이나 비즈니스 로직, 또는 복잡하게 움직이는 부분을 비교적 바깥쪽에 둔다. 이것들은 요구 사항에 따라 빈번하게 변경될 수 있지만, 계속해서 작은 단위의 동작을 이용하게 된다.

처음 시작할 때는 완성된 프로그램이 하나의 긴 절차적 코드로 되는 게 일반적이다. 프로토타입을 만드는 거라면 이것도 괜찮지만, 뭐 하나 수정하거나 버그를 고치기 위해 100줄 이상의 코드를 모두 읽어야 한다면 유지보수 측면에서 좋은 게 아니다. 프로그래밍 언어의 기능인 추상화를 도입하면 관련 코드를 더 쉽게 찾을 수 있다. 파이썬에서 함수, 클래스, 모듈과 같은 기능은 추상화를 도와준다. 파이썬에서 함수를 사용하면 리뷰 분석 워크플로우의 처음 두 단계에 어떤 도움이 되는지 살펴보자.

리스트 3.1의 코드를 보면, 비슷한 작업을 두 번 수행한다. 문장에서 문자열을 분리하는 것과 각 문장에서 단어를 분리하는 것은 매우 유사한 작업이다. 각 단계는 서로 다른 입력을 가지고 동일한 작업을 수행한다. 보통 이런 경우는 해당 작업을 함수로 만들지를 고려해야 할 타이밍이다.

리스트 3.1 **문단을 문장과 토큰으로 나누는 과정**

```
import re

product_review = '''This is a fine milk, but the product
line appears to be limited in available colors. I
could only find white.'''        ◀─── 문자열인 상품 리뷰

                                                          마침표로 끝나는
                                                          문장 매칭
sentence_pattern = re.compile(r'(.*?\.)(\s|$)', re.DOTALL)  ◀──
matches = sentence_pattern.findall(product_review)  ◀──      리뷰에서
sentences = [match[0] for match in matches]  ◀──             모든 문장 찾기
                                        Findall은 문장, 공백
                                        쌍의 리스트를 반환함
word_pattern = re.compile(r"([\w\-']+)([\s,.])?")
for sentence in sentences:                    한 단어와 매칭
    matches = word_pattern.findall(sentence)
    words = [match[0] for match in matches]  ◀── 각 문장에서 모든
    print(words)                                 단어를 가져옴
```

sentences와 words를 찾는 작업이 비슷하다. 특정 표현식과 매칭하는 패턴을 사용한다. 코드를 복잡하게 만드는 findall의 결과를 처리하는 작업 등의 코드도 처리해야 한다. 언뜻 보면, 이 코드의 의도가 명확해 보이지 않는다.

실제 자연어 처리 과정에서 문장과 단어를 분리하는 것이 어렵다. 매우 어렵다. 실제로, 문장과 단어를 파싱하는 소프트웨어는 일반적으로 **확률 모델링**(probabilistic modeling)을 사용하여 결과를 결정한다. 확률 모델링은 대량의 테스트 데이터를 사용하여 특정 결과의 정확성을 판단한다. 결과가 항상 같은 건 아니다! 자연어는 복잡하다. 컴퓨터가 자연어를 이해하길 원할 때, 대량의 테스트 데이터가 사용된다.

추상화가 문장을 파싱하는 작업을 어떻게 개선할 수 있을까? 파이썬 함수들로부터 약간 도움을 받으면 조금은 단순해진다. 다음 코드는 패턴 매칭을 get_matches_for_pattern 함수로 추상화된다.

리스트 3.2 **리팩토링된 문장 파싱**

```
import re


def get_matches_for_pattern(pattern, string):        ◀─── 패턴 매칭을 위한
    matches = pattern.findall(string)                      새로운 함수
    return [match[0] for match in matches]


product_review = '...'

sentence_pattern = re.compile(r'(.*?\.)(\s|$)', re.DOTALL)
sentences = get_matches_for_pattern(                 ◀─── 이제, 함수에 어려운
    sentence_pattern,                                      작업을 시킬 수 있다.
    product_review,
)

word_pattern = re.compile(r"([\w\-']+)([\s,.])?")
for sentence in sentences:
    words = get_matches_for_pattern(                 ◀─── 필요할 때마다 함수를
        word_pattern,                                      재사용할 수 있다.
        sentence
    )
    print(words)
```

개선된 파싱 코드를 보면, 리뷰 내용이 조각들로 분리되었음이 더 분명해졌다. 잘 지은 이름의 변수와 명확하고 짧은 for 루프를 사용하여 2단계의 처리 구조도 명확해졌다. 나중에 이 코드를 살펴보는 사람은 메인 코드를 읽을 것이며, get_matches_for_pattern이 궁금하거나 변경하고 싶어질 때만 get_matches_for_pattern이 어떻게 동작하는지 살펴볼 것이다. 추상화는 명확성과 코드 재사용성을 프로그램에 더해 준다.

3.1.3 추상화는 단순화하는 것이다

추상화는 코드를 이해하기 쉽게 만드는 데 유용하다. 추상화는 자세히 알고자 하기 전까지 해당 기능의 복잡성을 숨겨둔다. 이것은 기술 문서를 작성하는 것뿐만 아니라, 코드 라이브러리와 상호작용하는 인터페이스를 설계하는 데 사용되는 기술이다.

코드를 이해하는 것은 어떤 책의 한 단락을 이해하는 것과 매우 비슷하다. 단락은 몇 줄의 코드처럼 많은 문장으로 이루어진다. 그 문장에는 익숙하지 않은 단어가 있을 수 있다. 소프트웨어로 말하자면, 어떤 새로운 작업을 하는 코드이거나 여러분이 사용한 것과는 다른 코드가 있을 수 있다. 모르는 단어가 나오면 사전에서 찾아보듯, 소프트웨어에서는 긴 작업의 코드를 작성할 때 코드에 주석을 부지런히 달아 두면 나중에 찾아볼 수 있다.

주석 달기를 해결하기 위한 한 가지 방법은 관련된 코드를 함수로 추상화하여 무슨 작업을 하는지 명확히 하는 것이다. 리스트 3.1과 3.2에서 보았듯이, get_matches_for_pattern 함수는 문자열에서 지정된 패턴과 일치하는 것을 가져온다. 이렇게 리팩토링되기 전에는 해당 코드가 무슨 일을 하려는 것인지 명확하지 않았다.

 파이썬에서는 docstring을 이용하여 모듈이나 클래스, 메서드, 함수에 설명을 추가할 수 있다. 이것은 이러한 구성(모듈, 클래스, 메서드, 함수)의 시작 부분에 두어, 해당 코드가 어떻게 동작하는지를 설명하는 특별한 코드 줄이다. 자세한 내용은 위키피디아(*https://en.wikipedia.org/wiki/Docstring*)를 보자.

추상화는 여러분이 생각해야 하거나 기억해야 하는 데 소모되는 노력을 줄여 주므로 소프트웨어 기능에 집중할 시간을 벌어 준다.

3.1.4 분해는 추상화를 가능하게 한다

2장에서 언급했듯이, 분해는 어떤 것을 구성 요소로 분리하는 것이다. 소프트웨어에서 이 말은 단일 작업을 수행하는 코드를 함수로 분리하는 것을 의미한다. 사실, 1장에서 얘기한 설계와 워크플로우와도 관련이 있다. 여기에서 공통점은 함께 동작하는 작은 부분으로 작성된 소프트웨어가 하나의 큰 덩어리로 작성된 소프트웨어보다 유지 관리가 쉬운 코드가 된다는 것이다. 이것은 코드를 더 쉽게 이해할 수 있게 도와준다. 그림 3.4는 거대한 시스템을 어떻게 분해하는지 보여준다.

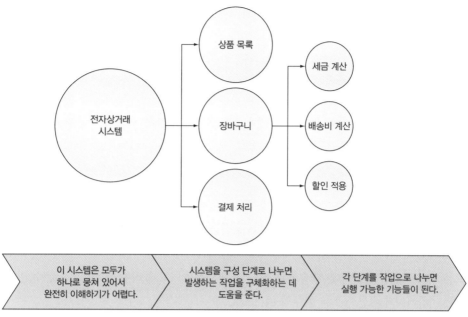

그림 3.4 **세분화된 구성 요소로 분해하면 쉽게 이해하기 쉽다.**

그림의 왼쪽에서 오른쪽으로 가면서 원의 크기가 점점 작아지는 게 보이는가? 가장 왼쪽처럼 하나의 큰 조각으로 만드는 것은 마치 선적 컨테이너에 집 한 채를 그대로 포장하는 것과 같다. 오른쪽처럼 만드는 것은 집에 있는 각 방을 운반할 수 있는 작은 상자로 정리하는 것과 같다. 분해는 큰 아이디어를 작은 단위로 처리할 수 있게 해 준다.

3.2 캡슐화

캡슐화encapsulation는 객체지향 프로그래밍의 기본이다. 이것은 한 단계 더 분해해 준다. 분해는 관련 코드를 함수로 만들지만, 캡슐화는 관련 함수와 데이터를 더 큰 구조로 만든다. 이것은 외부 세계에 대한 장벽(또는 캡슐)의 역할을 한다. 그렇다면 파이썬에서는 어떤 구조를 사용할 수 있을까?

3.2.1 파이썬의 캡슐화 구조

대부분 파이썬에서 캡슐화는 클래스로 동작한다. 클래스에서의 함수는 메서드가 된다. 메서드는 함수와 비슷하지만 클래스 안에 포함되며, 클래스의 인스턴스나 클래스 자체를 입력으로 받곤 한다.

파이썬에서 모듈은 캡슐화의 또 다른 형태다. 모듈은 클래스보다 상위 개념이다. 모듈은 관련된 여러 클래스와 함수를 모두 그룹화한다. 예를 들어, HTTP 작업을 처리하는 모듈은 요청과 응답에 대한 클래스와 URL을 파싱하는 함수가 포함될 수 있다. 여러분이 보게 되는 대부분의 *.py 파일은 모듈로 간주할 것이다.

파이썬에서 가장 큰 캡슐화는 패키지다. 패키지는 관련된 모듈을 디렉터리 구조로 캡슐화한다. 패키지는 다른 사람들이 설치하고 재사용할 수 있도록 Python Package Index(PyPI)에 배포되곤 한다.

그림 3.5를 보면 장바구니 부분이 별개의 동작으로 분해되었다. 분해된 것들 역시 독립적이며, 서로 의존하지 않고 각자의 작업을 수행한다. 동작들 간 필요한 협업은 장바구니의 상위 단계에서 조정된다. 장바구니 자체는 전자상거래 애플리케이션 안에서 독립적이며, 필요한 모든 정보는 여기로 전달될 것이다. 캡슐화된 코드 주위에 성벽으로 둘러싸였다고 생각할 수 있다. 여기를 지나다니기 위한 통로는 함수와 메서드다.

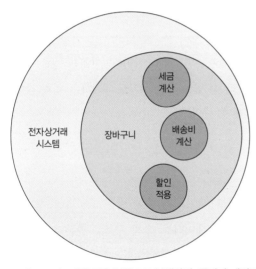

그림 3.5 시스템을 작은 부분으로 분해하면, 동작과 데이터를 분리된 조각으로 캡슐화할 수 있다. 캡슐화를 사용하면 특정 코드의 책임을 줄일 수 있으며, 복잡한 종속성을 피할 수 있다.

그림의 각 부분들 중에 다음에 속하는 것은 무엇일까?

- 메서드?
- 클래스?
- 모듈?
- 패키지?

가장 작은 세 부분인 '세금 계산', '배송비 계산', '할인 적용'은 장바구니를 나타내는 클래스에 위치하는 메서드가 될 것이다. 전자상거래 시스템은 장바구니가 이 시스템의 한 부분이므로 패키지가 되기에 충분하다. 패키지에 속한 모듈들은 서로 밀접한 관련이 있는지에 따라 다를 수 있다. 그런데 이것들이 각자의 성벽에 둘러싸여 있다면 어떻게 함께 동작할 수 있을까?

3.2.2 프라이버시에 대한 기대

많은 프로그래밍 언어들은 **프라이버시**privacy 개념을 도입하여 캡슐화의 '성벽'적인 면을 표현한다. 클래스는 클래스의 인스턴스를 제외한 다른 것들이 접근할 수 없는 **지역**private 메서드와 데이터를 갖는다. **전역**public 메서드와 데이터는 이와 반대다. 이것들은 다른 클래스와 상호작용하는 방법이기 때문에 클래스의 **인터페이스**interface라고도 한다.

파이썬은 지역 메서드나 데이터를 실제로 지원하진 않는다. 그저, 개발자가 올바르게 작업한다고 믿는다. 하지만 일반적인 명명 규칙이 도움이 될 것이다. 클래스 외부에서는 사용하지 않고 클래스 안에서만 사용하도록 의도된 메서드와 변수에는 종종 밑줄을 접두어로 붙인다. 이것은 특정 메서드 또는 변수를 클래스의 전역 인터페이스 부분으로 의도하지 않았다는 힌트를 다른 개발자에게 준다. 다만, 서드-파티 패키지들이 제공하는 문서에는 이러한 메서드기 버전마다 다를 수 있으니 사용하는 버전에 따라 확인해야 한다고 언급하기도 하므로 주의하자.

2장에서는 클래스들 간 **결합**coupling을 배웠으며, **느슨한 결합**loose coupling을 지향한다는 것도 배웠다. 특정 클래스가 다른 클래스의 메서드와 데이터에 의존할수록 결합도는 높아진다. 클래스가 다른 클래스의 내부(로직 또는 구조)에 의존할 때도 결합도는 높아진다. 왜냐하면 의존하고 있는 코드를 분해하는 위험 없이는 해당 클래스만 독립적으로 개선할 수 없기 때문이다.

추상화와 캡슐화는 관련된 기능을 그룹화하고 다른 사람에게는 중요하지 않은 부분을 숨기는 방식으로 동작한다. 이것을 '**정보 은폐**information hiding'라고 부르며, 다른 코드를 변경하지 않고 클래스(일반적으로, 시스템)의 내부를 빠르게 수정할 수 있게 해 준다.

3.3 Try it out

캡슐화를 연습해 보자. 온라인 상점에 들어온 새로운 고객을 맞이하는 코드를 작성한다고 가정하자. 인사말로 고객을 환영하며 그들을 붙들기 위해 혜택도 제공한다. 세 개의 메서드를 가진 Greeter라는 단일 클래스를 포함한 greeter 모듈을 작성하라.

1 __init__(self, name) — Greeter 인스턴스에 저장할 name이라는 인자를 받는다. 이 이름은 인사말 메시지를 출력할 때 사용한다.

2 _day(self) — 현재 요일(예를 들어, Sunday)을 반환한다.

3 _part_of_day(self) — 현재 시각이 오후 12시 이전이면 'morning'을 반환하며, 현재 시각이 오후 12시부터 오후 5시 전이면 'afternoon', 오후 5시 이후면 'evening'을 반환한다.

4 greet(self, store) — 상점 이름이 store에 주어지면 앞의 두 가지 메서드 결과와 함께 다음과 같은 형태의 메시지를 출력한다.

```
Hi, my name is <name>, and welcome to <store>!
How's your <day> <part of day> going?
Here's a coupon for 20% off!
```

Greeter 클래스가 노출해야 할 것은 greet 메서드뿐이므로 밑줄이 앞에 붙은 _day와 _part_of_day 메서드는 지역private으로 간주할 수 있다. 이것은 Greeter 클래스의 내부를 캡슐화하므로 외부에서의 관심사는 오직 인사말을 수행하는 것뿐이다.

 datetime.datetime.now()를 사용하여 현재 datetime 객체를 얻을 수 있다. 이 객체는 .hour 속성으로 현재 시각을, .strftime('%A')로 현재 요일을 얻을 수 있다.

어떻게 되었는가? 여러분이 만든 코드는 다음과 비슷해야 한다.

리스트 3.3 **온라인 상점에 인사말을 생성하는 모듈**

```
from datetime import date time


class Greeter:
    def __init__(self, name):
        self.name = name

    def _day(self):                               ◀──  현재 요일을 얻기 위한
        return datetime.now().strftime('%A')           datetime 형식

    def _part_of_day(self):                       ◀──  현재 시각을 기준으로
        current_hour = datetime.now().hour             하루 중 언제인지를 결정

        if current_hour < 12:
            part_of_day = 'morning'
        elif 12 <= current_hour < 17:
            part_of_day = 'afternoon'
        else:
            part_of_day = 'evening'

        return part_of_day
```

```
        def greet(self, store):        ←          계산된 모든 부분을 이용하여
            print(f'Hi, my name is {self.name}, and welcome to {store}!')   인사말을 출력
            print(f'How\'s your {self._day()} {self._part_of_day()} going?')
            print('Here\'s a coupon for 20% off!')

    ...
```

Greeter는 원하는 메시지를 출력한다. 이 정도면 훌륭하다. 그렇지 않은가? 하지만 자세히 살펴보면 Greeter는 너무 많은 기능을 제공한다. Greeter는 인사말만 전하면 된다. 요일이 무엇인지 하루 중 언제인지를 다룰 필요는 없다. 지금의 캡슐화는 무엇인가 부족하다. 무엇을 더 해야 할까?

3.3.1 리팩토링

캡슐화와 추상화는 반복되는 과정이다. 계속해서 코딩하다 보면, 이전에는 괜찮던 코드 구성이 어색하게 보이거나 억지스러워 보일 수 있다. 이런 현상은 매우 자연스럽다. 코드가 의도한 것처럼 동작하지 않는다고 느껴진다면 바로 그때가 **리팩토링**해야 할 때다. 코드를 리팩토링한다는 의미는 더 효과적으로 동작하도록 구조를 개선한다는 것이다. 리팩토링하다 보면, 동작이나 개념을 표현하는 방식을 변경해야 할 경우가 있다. 코드를 개선하려면 데이터와 구현체를 다른 곳으로 이동해야 한다. 이것은 마치, 기분에 따라 거실 배치를 몇 년마다 바꾸어 보는 것과 같다.

이제, 여러분이 만든 Greeter 코드를 리팩토링하여, 요일과 시간 정보를 가져오는 메서드를 Greeter 클래스 밖으로 옮기고 모듈 내의 독립형 함수가 되게 하자.

이 함수들이 메서드였을 때는 self 인자를 전혀 사용하지 않았다. 비록 리팩토링된 함수에 self 인자는 없지만, 거의 동일하게 보일 것이다.

```
def day():
    return datetime.now().strftime('%A')


def part_of_day():
    current_hour = datetime.now().hour

    if current_hour < 12:
        part_of_day = 'morning'
    elif 12 <= current_hour < 17:
        part_of_day = 'afternoon'
    else:
        part_of_day = 'evening'

    return part_of_day
```

이제 Greeter 클래스는 self. 접두어 없이 직접 리팩토링된 함수들을 호출할 수 있다.

```
class Greeter:
    ...

    def greet(self, store):
        print(f'Hi, my name is {self.name}, and welcome to {store}!')
        print(f'How\'s your {day()} {part_of_day()} going?')
        print('Here\'s a coupon for 20% off!')
```

이제 Greeter는 다른 세부 사항을 신경 쓰지 않고 오직 인사말을 만드는 데 필요한 것만 알게 되었다. 또한, day와 part_of_day 함수는 Greeter 클래스를 참조하지 않아도 필요한 다른 곳에서 사용할 수 있게 되었다. 두 가지 이점을 한 번에 얻은 것이다.

계속해서 날짜/시간 관련 기능을 개발할 수 있으니, 이 시점에서 관련된 모든 기능을 자체 모듈이나 클래스로 리팩토링하는 게 좋겠다. 필자는 몇몇 함수 또는 클래스가 명확한 관계를 나타낼 때까지 이 작업을 미뤄 두곤 하는데, 일부 개발자들은 개발 초기부터 이 작업을 수행하여 처음부터 엄격하게 분리되는 것을 선호하기도 한다.

3.4 프로그래밍 스타일 역시 추상화다.

수많은 프로그래밍 스타일(또는 **패러다임**)이 수년에 걸쳐 인기를 얻었으며, 특정 비즈니스 영역이나 사용자 기반에서 나오기도 했다. 파이썬은 여러 스타일을 지원하며, 각 스타일만의 방식으로 추상화된다. 추상화는 어떤 개념을 쉽게 이해하도록 저장하는 행위라는 것을 기억하자. 각 프로그래밍 스타일마다 데이터와 동작을 저장하는 방식이 조금씩 다르다. 어떤 한 스타일이 무조건 좋은 건 아니지만, 특정 문제를 해결하기에 더 좋은 스타일이 있다.

3.4.1 절차적 프로그래밍

이전 장과 이번 장에 걸쳐 **절차적 프로그래밍**procedural programming을 설명하고 예제를 살펴보았다. 절차적 소프트웨어는 함수라고도 부르는 **프로시저 호출**procedure call을 통해 동작한다. 이러한 함수는 클래스로 캡슐화되지 않기 때문에, 입력값에 의존적이거나 때로는 전역 상태 값에 의존하기도 한다.

```
NAMES = ['Abby', 'Dave', 'Keira']

def print_greetings():          ◄———  NAMES에만 의존하는
    greeting_pattern = 'Say hi to {name}!'       독립 함수
    nice_person_pattern = '{name} is a nice person!'
    for name in NAMES:
        print(greeting_pattern.format(name=name))
        print(nice_person_pattern.format(name=name))
```

만약 여러분이 처음 프로그래밍하는 거라면 이와 같은 스타일이 친숙하게 느껴질 수 있다. 왜냐하면 이 함수가 다른 것을 호출하는 시작점이기 때문이다. 하나의 긴 프로시저에서 몇 가지 함수를 호출하는 다른 프로시저로 이동하는 흐름이 자연스럽게 느껴질 수 있도록, 이 스타일을 먼저 배우는 게 좋다. 절차적 프로그래밍은 함수에 중점을 두기 때문에 절차적 프로그래밍의 장점은 3.1.4절에서 설명한 것과 중복된다.

3.4.2 함수형 프로그래밍

함수형 프로그래밍functional programming은 절차적 프로그래밍과 동일한 것처럼 들린다. 함수라는 말이 이름에 있지 않은가! 함수형 프로그래밍이 주상화의 형태인 함수에 매우 의존한다는 것은 사실이지만, 멘탈 모델mental model은 상당히 다르다.

함수형 언어는 프로그램을 함수들의 조합으로 생각한다. 예를 들어, for 루프는 리스트에서 동작하는 함수로 대체된다. 파이썬에서는 다음과 같이 코드를 작성한다.

```
numbers = [1, 2, 3, 4, 5]
for i in numbers:
    print(i * i)
```

함수형 언어에서는 이것을 다음과 같이 작성한다.

```
print(map((i) => i * i, [1, 2, 3, 4, 5]))
```

함수형 프로그래밍에서는 종종 다른 함수의 인자로 함수를 받거나 함수 처리의 결과로 함수를 반환하기도 한다. 앞의 스니펫 코드를 보면, map은 하나의 인자를 받아서 제곱하는 익명의 함수를 받는다.

파이썬은 수많은 함수형 프로그래밍 도구를 가지고 있다. 이들 중에 다수는 내장된 키워드를 사용할 수 있으며, 이외의 것들은 functools나 itertools와 같은 내장된 모듈에서 임포트하여 사용할 수 있다. 파이썬이 함수형 프로그래밍을 지원하지만 그렇게 선호하는 방법은 아니다. reduce 함수와 같은 함수형 언어의 공통 기능들은 functools로 옮겨졌다.

많은 사람은 파이썬의 명령형 방식으로 이러한 작업을 수행하는 것이 더 명확하다고 생각한다. 함수형 방식을 사용한다면 다음과 같다.

```
from functools import reduce

squares = map(lambda x: x * x, [1, 2, 3, 4, 5])
should = reduce(lambda x, y: x and y, [True, True, False])
evens = filter(lambda x: x % 2 == 0, [1, 2, 3, 4, 5])
```

하지만 파이썬에서 선호하는 방식은 다음과 같다.

```
squares = [x * x for x in [1, 2, 3, 4, 5]]
should = all([True, True, False])
evens = [x for x in [1, 2, 3, 4, 5] if x % 2 == 0]
```

각 방식대로 해 보고 변수를 출력해 보자. 각 결과가 동일하다. 가장 이해하기 쉬운 스타일을 찾고 사용하는 것은 온전히 여러분의 몫이다.

필자가 자주 사용하는 파이썬 함수는 functools.partial이다. 이 함수는 이미 인자가 고정된 기존의 함수로 새로운 함수를 만들 수 있게 해 준다. 이것은 새로운 함수를 만들고 그 안에서 기존의 함수를 호출하게 만드는 것보다 더 명확하게 해 준다. 특히, 일반적으로 사용되는 함수가 더 구체적으로 명명된 함수처럼 동작해야 할 때 그러하다. 숫자를 제곱하는 경우, x라는 숫자를 두 번 곱하는 것을 x의 **제곱**square이라고 하고, 세 번 곱하는 것을 x의 **세제곱**cube 이라고 한다. 다음은 partial을 사용하여 파이썬에서 어떻게 동작하는지 보여준다.

```
from functools import partial


def pow(x, power=1):
    return x ** power



square = partial(pow, power=2)
cube = partial(pow, power=3)
```

새로운 함수 square는 pow(x, power=2)와 같이 동작한다.

새로운 함수 cube는 pow(x, power=3)과 같이 동작한다.

함수의 이름을 지을 때, 동작과 유사한 이름을 사용하면 나중에 코드를 읽는 사람들에게 큰 도움이 된다.

함수형 프로그래밍을 신중하게 사용한다면 절차적 프로그래밍보다 성능상 혜택이 많으며, 특히 수학이나 데이터 시뮬레이션과 같이 수학적 계산이 많이 필요한 영역에 유용하다.

3.4.3 선언형 프로그래밍

선언형 프로그래밍declarative programming은 어떻게 동작하는지 구체화하지 않고 작업에 대한 매개변수를 선언하는 것에 중점을 둔다. 작업 수행의 세부 사항은 대부분 또는 완전히 개발자로부터 추상화된다. 이것은 매개변수가 많은(하지만 매개변수가 조금씩 다른) 작업을 반복해야 할 때 유용하다. 이런 스타일의 프로그래밍은 종종 **도메인 특화 언어**Domain-Specific Language, DSL로 구현된다. DSL은 특정 작업에 특화된 언어로 마크업 언어와 유사하며, HTML이 좋은 예다. 예를 들어, <table>을 변환하여 화면에 행과 열로 어떻게 만드는지 브라우저에 알려 주지 않아도 개발자가 만들려는 화면의 구조를 표현한다. 반면, 파이썬은 **범용 언어**general-purpose language로서 다양한 목적을 위해 사용되며, 개발자의 지시가 필요하다.

예를 들어, 선언형 프로그래밍을 사용하여, 코드를 다른 시스템(SQL, HTML 등)으로 변환하거나 반복적으로 사용하기 위해 유사한 객체들을 여러 개 만드는 등의 매우 반복적인 작업을 여러분의 소프트웨어에서 할 수 있도록 한다고 가정하자.

파이썬에서 많이 사용하는 선언적 프로그래밍의 예는 plotly 패키지다. plotly는 데이터를 여러분이 원하는 그래프 유형으로 만들어 준다. 다음은 plotly 문서(*https://plot.ly/python/*)에 있는 예제다.

산점도를 만들기 위한 선언

```
import plotly.graph_objects as go

trace1 = go.Scatter(            x축 데이터의
    x=[1, 2, 3],                형태를 선언
    y=[4, 5, 6],            y축 데이터의 형태를 선언
    marker={'color': 'red', 'symbol': 104},        선-마커 모양
    mode='markers+lines',                           선언
    text=['one', 'two', 'three'],      선과 마커가
    name='1st Trace',                  사용될 것임을 선언
)
```

각 마커에 툴팁 텍스트 선언

이것은 플롯plot에 대한 데이터뿐만 아니라 시각적 특징을 설정한다. 원하는 결과를 절차적으로 추가하는 게 아니라 선언한 것이다.

비교하기 위해 절차적 방식을 생각해 보자. 단일 함수 또는 클래스에 여러 구성 데이터를 제공하는 대신, 독립된 긴 작업 코드로 구성된 각 작업을 단계적으로 수행할 것이다.

```
trace1 = go.Scatter()              각 정보는 메서드를 사용하여
trace1.set_x_data([1, 2, 3]) ◄──── 명시적으로 설정된다.
trace1.set_y_data([4, 5, 6])
trace1.set_marker_config({'color': 'red', 'symbol': 104, 'size': '10'})
trace1.set_mode('markers+lines')
...
```

선언적 스타일은 사용자가 많은 구성 작업을 해야 할 경우, 간결한 인터페이스를 제공할 수 있다.

3.5 타이핑, 상속, 다형성

여기서 얘기하는 타이핑은 키보드로 타이핑하는 것을 의미하는 게 아니다. 언어에서의 타이핑typing, 또는 타입 시스템은 변수의 데이터 타입을 관리하기 위하여 선택하는 방법이다. 어떤 언어는 컴파일할 때 데이터 타입을 검사하며, 어떤 언어는 런타임에서 타입을 검사한다. 어떤 언어는 x = 3의 데이터 타입을 정수형으로 간주하지만 어떤 언어는 int x= 3이라고 명시적으로 표현하길 요구한다.

파이썬은 **동적으로 타입을 지정하는**dynamically typed 언어다. 이 말은 런타임에서 데이터 타입을 결정한다는 의미다. 또한, **덕 타이핑**duck typing이라 부르는 시스템을 사용한다. 이 이름은 "만약 오리처럼 걷고 오리처럼 소리를 낸다면 그것은 분명 오리일 것이다."라는 관용구에서 유래했다. 많은 언어는 클래스의 인스턴스가 알 수 없는 메서드를 참조할 경우 컴파일하지 못한다. 하지만 파이썬은 실행 중에 인스턴스의 클래스에 존재하지 않는 메서드를 호출할 경우 AttributeError를 발생시킨다. 파이썬은 이러한 메커니즘으로, 프로그래밍 언어 특징 중 하나인 다형성(다양한 유형의 객체가 동일한 메서드 이름을 통하여 서로 다른 동작을 함)을 제공한다.

객체지향 프로그래밍object-oriented programming의 출현으로, 전체 시스템을 상속된 클래스의 계층으로 모델링하려는 경쟁이 있었다. ConsolePrinter는 Printer에서 상속되었으며, Printer는 Buffer에서 상속되었으며, Buffer는 BytesHandler에서 상속되었다. 이러한 계층이 일부는

의미가 있지만, 업데이트를 어렵게 하는 코드가 많아지는 결과가 되기도 했다. 하나를 변경하려고 하면 계층구조의 위쪽이나 아래쪽에 엄청난 변화가 생길 수 있었다.

요즘은 동작(작업)을 객체로 구성하는 방향으로 옮겨졌다. **조합**composition은 분해의 반대로, 완전한 개념을 만들기 위해 기능들을 가져다 합치는 것이다. 그림 3.6은 많은 특징으로 구성된 객체와 하나의 상속 구조를 대조하여 보여준다. 개는 갯과canine이고, 사족 동물quadruped이며, 포유류mammal다. 상속을 사용한다면 이렇게 생성해야 한다. 모든 갯과는 포유류이므로 괜찮아 보인다. 하지만 모든 사족 동물이 포유류는 아니다. 조합은 계층구조의 한계를 벗어나 두 가지 요소 사이의 관계성 개념을 제공한다.

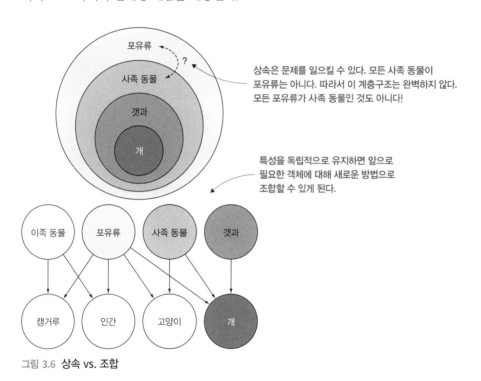

그림 3.6 **상속 vs. 조합**

조합은 종종 **인터페이스**interface라 부르는 언어의 기능을 통해 이뤄진다. 인터페이스는 특정 클래스가 구현해야 하는 메서드와 데이터를 정의한다. 클래스는 여러 인터페이스를 구현하여 다양한 동작을 하도록 만들 수 있다.

파이썬에는 인터페이스가 없다. 이런! 그렇다면 깊은 상속 구조를 피하려면 어떻게 해야 할까? 다행스럽게도 파이썬에서는 덕 타이핑 시스템과 **다중 상속**multiple inheritance을 통해 할 수 있다. 많은 정적 타입 언어는 클래스가 다른 하나의 클래스만 상속되도록 한다. 하지만 파이썬은 임의의 수의 클래스로부터 상속할 수 있게 한다.

인터페이스와 같은 것들은 이 메커니즘을 이용하여 만들 수 있으며, 파이썬에서는 이것을 **믹스인**mixin이라고 한다.

예를 들어, 말도 하고 구를 수 있는 개 모델을 만들려 한다고 가정하자. 또한, 나중에 다른 동물을 모델링할 때도 이것을 사용하려 한다고 하자. 그래서 이런 동작을 어떤 인터페이스로 만들고 동작의 의도를 명확하게 하기 위하여 접미사로 Mixin을 붙일 수 있다. 믹스인을 사용하면, 다음 리스트와 같이 말하고(speak) 구르는(roll_over) Dog 클래스를 만들 수 있다. 이와 같은 방법으로 말하고 구르는 다른 동물의 객체도 만들 수 있다.

리스트 3.4 **인터페이스와 같은 동작을 제공하는 다중 상속**

```
class SpeakMixin:                          ◀─── 말하는 동작은 조합이 가능하다는 것을
    def speak(self):                              보여주기 위하여 SpeakMixin에 캡슐화되었다.
        name = self.__class__.__name__.lower()
        print(f'The {name} says, "Hello!"')

                             ┌── RollOverMixin에 있는
class RollOverMixin:      ◀──┘   roll-over 동작도 조합이 가능하다.
    def roll_over(self):
        print('Did a barrel roll!')

                                              ┌── 여러분의 Dog는 말도 하고, 구르며,
class Dog(SpeakMixin, RollOverMixin):      ◀──┘   여러분이 가르치는 무엇이든 할 수 있다.
    pass
```

이제 Dog는 몇몇 믹스인으로부터 상속받았으니, 배운 두 가지 기술을 할 수 있는지 검사해보자.

```
dog = Dog()
dog.speak()
dog.roll_over()
```

다음과 같은 결과를 보게 될 것이다.

```
The dog says, "Hello!"
Did a barrel roll!
```

개가 영어를 안다는 사실은 의심스럽지만 적어도 여기까진 확인되었다. 우리는 7장과 8장에서 상속 및 기타 관련된 개념을 자세히 알아볼 것이다.

3.6 잘못된 추상화 인식하기

기존 코드의 추상화가 동작하지 않을 때, 새로운 코드로 추상화를 적용하는 게 유용할 수 있다. 왜냐하면 기존의 추상화가 모든 경우에 적합하지 않다는 것을 새로운 코드가 증명할 수 있거나 다른 패러다임으로 코드를 더 명확하게 만들 수 있음을 확인할 수 있기 때문이다. 어떤 경우든, 코드를 관리하는 데 시간을 쓰는 것은 다른 사람이 코드를 확실하게 이해하게 돕는 작업이다.

3.6.1 둥근 구멍에 사각형 못

앞에서 언급했듯이, 추상화는 어떤 것을 더 명확하고 쉽게 하기 위하여 활용되어야 한다. 만약 추상화를 사용한 것 때문에 작업이 왜곡된다면 문제가 되는 부분을 제거하거나 새로운 방법으로 대체되도록 개선하자. 필자는 기존에 동작하던 코드를 새로운 코드로 대체하기 위해 많이 노력해 봤는데, 기존 환경에 맞추는 것보다 환경을 바꾸는 게 더 쉽다는 것을 깨달았을 뿐이다. 여기에서 문제는 코드를 새롭게 작성하고 그것이 잘 동작하는 데 드는 시간과 노력이다. 하지만 이렇게 사용된 시간은 장기적으로 모든 사람의 시간을 절약할 것이다.

만약 서드-파티 패키지에 대한 인터페이스가 문제를 일으킨 상황에서 여러분이 그 코드를 수정할 수 있는 권한이 없거나 상황이 안 된다면, 여러분의 코드를 사용할 수 있도록 해당 인터페이스를 추상화로 만드는 것을 고려할 수 있다. 소프트웨어에서 이것을 **어댑터**adapter라고 부른다. 이것은 다른 나라에서 여행용 플러그 중 하나를 사용하는 것과 비슷하다. 만약 프랑스로 여행을 갔는데 전기 플러그가 맞지 않은 상황에서 프랑스용 플러그도 가지고 있지 않다고 해 보자. 여행용 플러그가 48유로로 비싸지만, 프랑스식 전원 장치를 가진 기기를 찾아 구매하는 것보다 저렴하다. 소프트웨어에서는 호환되지 않는 서드-파티 객체를 호출하는 각 메서드의 코드를 이용하여, 프로그램에 필요한 인터페이스를 가진 자체 어댑터 클래스를 만들 수 있다.

3.6.2 영리한 사람은 좋은 도구를 얻는다

코드를 매끄럽게 작성하는 것을 이야기해 왔지만 매우 좋은 솔루션이라도 고통스러울 수 있다. 만약 매우 좋은 솔루션이지만 너무 많은 기능을 제공하며 충분히 세분화되지 않았다면 단 하나의 구현체로 제공하려는 여러분의 노력을 무시한 채, 각자의 솔루션을 만들어서 작업하는 다른 개발자들의 모습을 보게 될 것이다. 좋은 소프트웨어를 만들기 위해서는 유스케이스use case의 빈도와 영향을 평가하여 어떤 것을 수용할지 결정해야 한다. 일반적인 유스케이스에는 최대한 매끄럽게 지원해야 하지만, 드물게 사용되는 상황에서는 때에 따라 다소 투박하게 지원하거나 아예 명시적으로 지원하지 않을 수도 있다. 여러분의 솔루션은 매우 영리해야 하지만 맞추기 어려운 목표이기도 하다.

그렇지만 어떤 것이 어색하거나 걸리적거리는 느낌이 든다면 잠시 시간을 갖자. 잠시 시간을 보낸 후에도 여전히 이상하다면 다른 사람들도 그렇게 느끼는지 물어보자. 만약 그들이 그렇지 않다고 하는데도 여전히 맘에 걸린다면, 그것은 아마도 어색하거나 걸리적거리는 상태일 것이다. 추상화를 사용하여 더 좋게 만들어 보자.

요약

- 추상화는 코드에 대한 필수적인 이해를 나중으로 미루는 도구다.
- 추상화는 다양한 형태(분해, 캡슐화, 프로그래밍 스타일, 상속과 구성)를 취한다.
- 추상화에 대한 접근법들은 유용하지만 추상화의 내용과 사용 범위라는 중요한 고려 사항이 있다.
- 리팩토링은 반복 작업이다. 한 번 했던 추상화 작업을 나중에 다시 해야 할 수도 있다.

4

높은 성능을 위한
설계

이 장에서 다루는 내용

- 시간 복잡도와 공간 복잡도에 대한 이해
- 코드의 복잡도 측정하기
- 파이썬에서 여러 동작을 위한 데이터 타입 선택하기

코드를 작성하면, 일반적으로 해야 할 추가 작업이 있다. 작성한 코드는 작업을 잘 수행해야 할 뿐만 아니라 빠르게 수행해야 한다. 코드의 성능은 메모리나 시간과 같은 리소스를 얼마나 잘 활용하는가에 달려 있다. 수용 가능한 수준으로 동작하는 소프트웨어라는 말은 리소스를 효과적으로 활용하며 원하는 시간 내에 작업 결과를 낸다는 의미다.

소프트웨어의 성능은 최신 사진을 인스타그램에 올리거나 실시간으로 주식 시장을 분석하는 등 사람들의 일상에 영향을 미친다. 소프트웨어 성능이 어떠해야 하는지는 사용자의 인식에 달려 있다. 만약 어떤 작업이 순간적이라고 느껴진다면 그것은 충분히 빠른 것이다.

소프트웨어 성능은 결과에도 영향을 준다. 만약 여러분의 소프트웨어가 무언가를 디스크나 데이터베이스에 저장해야 하는 경우, 저장하는 크기를 최소화한다면 비용을 절감할 것이다. 돈 버는 결정을 해 주는 소프트웨어가 더 빠르게 동작한다면 더 많은 돈을 벌 것이다. 이처럼 성능은 현실 세계에 영향을 미친다.

4.1 시간과 공간을 뚫고 나가기

고성능 소프트웨어에 대한 글을 읽게 된다면, **시간 복잡도**와 **공간 복잡도**라는 문구를 볼 것이다. 이 용어는 양자 역학이나 천체 물리학에서 나온 것처럼 들리지만 소프트웨어에서도 사용한다.

시간 복잡도와 공간 복잡도는 입력 개수의 증가에 따라 소프트웨어가 필요한 실행 시간, 메모리, 디스크 저장 공간 등이 얼마나 되는지를 측정한 것이다. 소프트웨어가 시간이나 공간을 빠르게 소비할수록 복잡도는 높아진다.

복잡도는 정확한 **정량적** 측정을 의미하는 게 아니다. 오히려 최악의 경우 소프트웨어의 속도와 공간이 어떻게 되는지를 **정성적**으로 이해하기 위한 것이다. 이번 절에서는 복잡도 측정 감각을 길러 작업 수행 성능을 향상시킬 수 있도록 할 것이다. 소프트웨어의 복잡도를 결정하는 공식 절차가 있지만 조금 후에 살펴보겠다.

4.1.1 복잡도는 약간… 복잡해

필자는 이 내용에 상세하게 들어갈 생각은 없다. 복잡도를 측정하는 것은 어려울 수 있으며, 때로는 혼란스러울 수 있다. 필자가 학교에서 이를 배웠을 때는 전혀 이해하지 못했다. 반복되는 애플리케이션 개발을 통해 이제야 이해했다. 이제 시작할 준비를 하자.

복잡도를 결정하는 것은 **점근적 분석**asymptotic analysis이라 부르는 과정을 통해 이뤄진다. 여기에는 코드를 관찰하고 최악의 성능 범위를 결정하는 것을 포함한다.

 복잡도 측정은 특정 작업을 수행하는 대조적인 방법들을 이용한다. 관련 없는 작업을 비교하는 데는 유용하지 않다. 예를 들어, 일련의 숫자들을 정렬하는 두 개의 알고리즘을 비교하는 것에는 유용하지만, 정렬 알고리즘과 검색 트리(search tree)를 비교할 수는 없다. 같은 분류끼리 비교하자.

점근적 분석에 사용하는 표기법을 처음 보면 무슨 암호처럼 보일 수 있지만 사실은 평범한 영어를 옮긴 것이다. 일반적으로 복잡도는 **빅 오 표기법**big O notation으로 표현하는데, 이는 분석 중인 코드가 최악일 때의 성능을 나타낸다. 빅 오 표기법은 $O(n^2)$처럼 표현하고 'n 제곱 차수'라고 읽는다. 여기서 n은 입력 수이고 n^2은 복잡도다. 이것은 그림 4.1과 같이, '코드 실행에 걸리는 시간은 입력 수의 제곱에 비례하여 증가한다'는 의미다. $O(n^2)$는 상당히 빠른 것이다. 이후의 장에서는 빅 오 표기법을 더 많이 사용할 것이다.

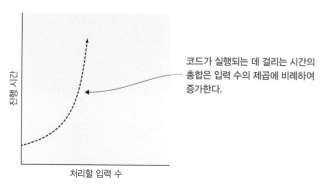

코드가 실행되는 데 걸리는 시간의 총합은 입력 수의 제곱에 비례하여 증가한다.

그림 4.1 $O(n^2)$는 $y \propto x^2$ 관계에 대한 빅 오 표기법이다.

4.1.2 시간 복잡도

시간 복잡도time complexity는 입력 개수에 따라 코드가 얼마나 빠르게 수행할 수 있는지를 측정한 것이다. 시간 복잡도는 입력 수가 증가함에 따라 여러분의 코드가 어떤 속도로 느려질지를 말해 준다. 이것은 입력 규모가 커짐에 따라 작업 시간이 오래 걸리는 이유를 알게 해 준다.

선형

선형 복잡도linear complexity는 코드에서 발생하는 가장 일반적인 복잡도다. 이 복잡도는 입력 수와 시간을 그래프로 표시하면 직선이 생성되기 때문에 그런 이름이 붙었다. 수학 방정식 하나를 살펴보자. $y = mx + b$. 여기서 x는 입력 수이고 y는 프로그램의 실행 시간이라고 생각할 수 있다. 입력과는 상관없이 프로그램에 약간의 오버헤드(방정식에서 절편인 b)가 있을 수 있으며, 입력에 어느 정도의 실행 시간(기울기인 m)이 추가된다. 그림 4.2를 보자.

선형 복잡도는 소프트웨어에서 자주 발생한다. 왜냐하면 대부분의 작업은 배열에 있는 각 항목을 가져다 하는 작업이기 때문이다. 예를 들어 이름들의 배열을 출력하거나 정수 배열의 합계를 구하는 등의 작업이다. 배열의 크기가 커질수록 컴퓨터가 사용하는 시간이 비례적으로 증가한다. 1,000개의 정수를 합산하는 시간은 2,000개의 정수를 합산하는 시간의 절반 정도 걸린다. 이런 작업은 n개의 항목에 대해 1차 방정식의 관계를 가지며, 빅 오 표기법으로 나타내면 $O(n)$이 된다.

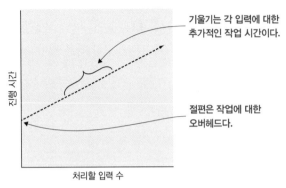

그림 4.2 **선형 복잡도를 가진 작업의 시각화**

파이썬에서 for 루프를 찾아보면 $O(n)$일 가능성이 있는 코드를 발견할 수 있다. 리스트나 세트, 또는 연속되는 기타 시퀀스로 반복되는 단일 루프는 선형일 가능성이 높다.

```
names = ['Aliya', 'Beth', 'David', 'Kareem']
for name in names:
    print(name)
```

이 루프 안에서 여러 단계의 작업을 한다고 해도 마찬가지다.

```
names = ['Aliya', 'Beth', 'David', 'Kareem']
for name in names:
    greeting = 'Hi, my name is'
    print(f'{greeting} {name}')
```

심지어 동일한 리스트를 지정된 횟수만큼 반복해도 마찬가지다.

```
names = ['Aliya', 'Beth', 'David', 'Kareem']
for name in names:
    print(f'This is {name}!')

message = 'Let\'s welcome '
for name in names:
    message += f'{name} '
print(message)
```

이름의 배열로 루프를 두 번 돌고 있지만, 한 줄의 방정식이라 생각하자. 첫 번째 루프는 항목마다 f만큼 시간이 걸리고 두 번째 루프는 g만큼 걸린다고 할 때, 이 방정식은 $y = fx + gx + b$와 같다. 이 방정식은 $y = (f + g)x + b$라고 정리할 수 있다. 이렇게 정리한 방정식의 기울기가 더 가파르다 하더라도 여전히 1차 방정식이다.

여기서 점근적 분석asymptotic analysis이 나온다. 특정 작업이 가파른 선형의 형태를 취하더라도, 그림 4.3에서 보듯이 입력 개수가 매우 많으면 다른 더 복잡한 작업이 그 기울기를 능가할 수가 있다.

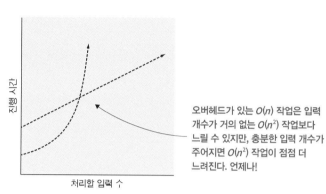

그림 4.3 대규모의 고차 복잡도

제곱에 비례

또 다른 형태의 시간 복잡도는 입력 개수의 **제곱**에 비례하는 것으로 $O(n^2)$라고 표현한다. 배열의 각 항목을 가지고 그 배열의 다른 모든 항목을 살펴봐야 할 경우에 발생한다. 더 많은 입력 개수를 추가한다면, 추가 항목에 대해 작업을 반복해야 하며 각 항목에 대해 살펴봐야 할 경우가 추가로 발생한다.

실행 시간은 늘어난다. 중첩된 반복문이 있는 파이썬 코드에서 확인할 수 있다. 다음은 배열에 중복된 항목이 있는지를 살펴보는 코드다.

```
                                       외부의 루프는 시퀀스의
                                       모든 항목을 차례로 반복한다.
def has_duplicates(sequence):                                    내부의 루프는 외부 루프의
    for index1, item1 in enumerate(sequence):  ◀               각 항목에 대해 모든 항목을
        for index2, item2 in enumerate(sequence):  ◀           다시 반복한다.
            if item1 == item2 and index1 != index2:  ◀
                return True        두 항목이 같은 값이지만 동일한
    return False                   위치의 항목이 아닌지를 검사한다.
```

이 코드에서 **최악의 경우**에 $O(n^2)$가 된다. 만약 마지막에 있는 항목이 중복이거나 배열 전체에서 중복된 게 없을 경우, 이 코드는 입력된 모든 항목을 반복해야 하기 때문이다. 만약 앞에 있는 두 개의 항목이 중복이라면 코드가 실행되는 즉시 작업을 마무리할 수 있기 때문에 훨씬 빠르게 되겠지만, 코드가 실행하게 되는 최악의 경우를 판단하는 것이 훨씬 유용하다. 이런 이유로 빅 오 표기법은 언제나 최악의 경우에 대한 복잡도를 측정한다.

다른 표기법

최악의 경우뿐만 아니라 평균적인 경우와 최상의 경우에 대해 계산하는 것이 유용할 때가 있다. 빅 오메가 표기법(big omega notation, Ω)은 최상의 경우를 분석할 때 사용되며, 빅 세타 표기법(big theta notation, θ)은 상한과 하한이 지정된 복잡도를 표현하는 데 사용한다. 일반적으로 이것들은 여러분이 하려는 것에 가장 적합한 접근법을 선택하는 데 도움이 될 것이다. 예를 들어 '퀵소트(Quick sort)의 복잡도'처럼, 다른 많은 알고리즘의 복잡도는 온라인에서 검색하면 찾을 수 있다. 또한, 파이썬 문서(https://wiki.python.org/moin/TimeComplexity)에서도 몇 가지 일반적인 작업의 시간 복잡도에 대한 내용을 찾을 수 있다.

상수 시간

이상적인 복잡도는 상수 시간($O(1)$)이며, 이것은 입력 개수(크기)에 의존하지 않는다. 상수 시간보다 더 좋은 것은 없다. 왜냐하면 입력 개수가 증가해도 일정한 소프트웨어의 속도를 내기 때문이다. 상수 시간은 파이썬의 일부 데이터 타입에 실현되어 있다. 이는 나중에 자세히 설명한다.

일반적으로 선형 또는 그보다 더 나쁜 복잡도의 일부 문제는 전처리하면 상수 시간이 될 수도 있다. 전처리 자체의 시간 복잡도가 상수 시간이 아닐 수 있지만, 또 하나의 옵션이 될 수 있다.

4.1.3 공간 복잡도

시간 복잡도와 마찬가지로, **공간 복잡도**space complexity는 입력 개수가 증가함에 따라 디스크 공간이나 메모리를 코드가 얼마나 사용하는지를 측정한 것이다. 공간 복잡도는 항상 직접 볼 수 있는 게 아니어서 간과하기 쉽다. 디스크 공간을 비효율적으로 사용하고 있다는 것은 컴퓨터의 디스크 공간이 없다는 팝업 메시지가 나올 때가 되어야 인식하곤 한다. 따라서 리소스를 낭비하지 않도록 공간을 생각하면서 코드를 작성하는 게 좋다.

메모리

일반적으로 프로그램이 메모리를 너무 많이 사용하게 되는 경우는 대용량 데이터 파일 전부가 필요 없을 때도 전체를 메모리에 올리는 것이다. 예를 들어, 현재 살아있는 사람과 그 사람이 좋아하는 색상을 한 줄씩 가진 텍스트 파일이 있다고 가정하자. 각 색상별 사람 수를 알고 싶다면, 파일 전체를 읽어서 배열에 넣어 처리하는 것을 고려할 것이다.

```
color_counts = {}

with open('all-favorite-colors.txt') as favorite_colors_file:
    favorite_colors = favorite_colors_file.read().splitlines()    ◀──  파일 전체를 리스트로
                                                                        읽어 들인다.
for color in favorite_colors:
    if color in color_counts:
        color_counts[color] += 1
    else:
        color_counts[color] = 1
```

지구라는 별에는 엄청 많은 사람이 있다. 이 파일이 좋아하는 색상에 대한 칼럼 하나만을 포함하며 한 행이 1바이트의 데이터를 사용한다고 해도, 7GB를 약간 넘을 것이다. 여러분의 컴퓨터가 메모리를 충분히 가지고 있겠지만, 이 작업이 모든 정보를 한 번에 사용하지는 않는다.

파이썬에는 for 루프를 통해 한 줄씩 파일을 읽을 수 있으며, 루프가 반복할 때마다 다음 줄의 내용을 메모리의 현재 데이터와 **교체**되도록 할 수 있다. 코드를 수정하여 한 번에 한 줄씩 읽어서 처리하도록 해 보자.

```
color_counts = {}

with open('all-favorite-colors.txt') as favorite_colors_file:
    for color in favorite_colors_file:              ◀──  한 번에 한 줄만 읽는다.
        color = color.strip()    ◀──  끝에 있는 개행 문자를
                                      제공한다.
```

```
        if color in color_counts:
            color_counts[color] += 1
        else:
            color_counts[color] = 1
```

한 번에 한 줄씩 읽어서 필요한 것을 얻은 후에 버리면, 메모리 사용량은 파일에서 가장 큰 줄의 데이터만큼만 높아질 것이다. 훨씬 좋아졌다! 공간 복잡도는 $O(n)$에서 $O(1)$로 바뀌었다.

디스크 공간

필자는 예전부터 운영하던 애플리케이션에서 디스크 공간 문제가 발생한 적이 있었다. 이런 문제는 즉시 발생하지 않기 때문에 확인하기가 어렵다. 디스크 공간이 부족하게 될 때까지 몇 주 또는 몇 달이 걸릴 수 있다. 왜냐하면 프로그램이 한 번에 쓰는 데이터양이 적을 수 있기 때문이다. 아니면 단순히 사용 가능한 저장 공간이 크기 때문일 수 있다.

수많은 대규모의 웹 애플리케이션은 활동 로그를 내보내서 디버깅이나 분석에 사용하곤 한다. 만약 실제로 배포되는 애플리케이션 코드에 분당 1,000회가 호출되는 로그 구문을 넣는다면, 디스크 공간은 빠르게 소모되기 시작할 것이다. 이 경우, 해당 코드 줄을 제거하거나 덜 호출되는 곳으로 코드를 옮기거나 아니면 로그를 저장하기 위한 방법을 개선하고 싶을 것이다.

높은 차수의 복잡도를 낮은 차수의 복잡도로 전환할 기회를 갖는 것은, 특정 코드 몇 줄의 성능을 높이는 것보다 더 좋은 성능을 얻게 된다. 복잡도 분석을 사용하여 여러분의 소프트웨어에 숨어 있는 이런 기회를 찾아보자. 이제, 파이썬에 내장된 기능들을 사용하여 어떻게 해결할 수 있는지 알아보자.

4.2 성능과 데이터 타입

시간 복잡도와 공간 복잡도를 염두에 두고 코드를 설계해야 하지만, 궁극적으로는 파이썬이 제공하는 데이터 타입으로 하게 될 것이다. 이제부터 사용 사례와 가장 적합한 데이터 타입이 무엇인지 설명하겠다.

4.2.1 상수 시간을 위한 데이터 타입

이상적인 성능은 입력 개수가 증가해도 시간이 걸리지 않는 상수 시간임을 기억하자. 파이썬의 dict(딕셔너리)와 set(세트) 타입은 항목을 추가, 제거, 접근할 때 사용된다. 이것들은 기본적으로 매우 유사하다. 하지만 딕셔너리는 키$_{key}$와 값$_{value}$을 매핑하지만 세트는 고유한 개별 항목에 대한 집합을 나타낸다는 점이 다르다. 이들 데이터 타입의 항목을 반복하는 것은 $O(n)$ 시간이 걸린다. 왜냐하면 객체에 포함된 항목의 개수만큼 시간이 걸리기 때문이다. 하지만 특정 항목을 가져오거나 특정 항목이 존재하는지를 검사하는 것은 항목 개수와는 상관없이 빠르게 할 수 있다.

좋아하는 색상을 세는 게 아니라, 좋아하는 색상의 집합(세트)을 구해서 어떤 색상이 표시되지 않는지를 확인하고 싶다고 가정하자. 이전처럼 한 줄씩 파일을 읽을 수 있겠지만, 어떻게 하면 데이터를 표시하고 특정 색상의 존재하는지를 검사할 수 있을까?

데이터를 표시하고 특정 색상을 검사하는 코드를 작성해 보자. 그런 다음, 다시 여기로 돌아와서 여러분이 작성한 것과 다음 코드를 비교해 보자.

리스트 4.1 공간을 최소화하기 위하여 파이썬의 기능을 사용하기

```
all_colors = set()
                                        파일을 반복하는 것은
                                        여전히 O(n) 시간이 걸린다.
with open('all-favorite-colors.txt') as favorite_colors_file:
    for line in favorite_colors_file:
        all_colors.add(line.strip())
                                        세트에 항목을 추가하는 것은 O(1)
                                        시간이 걸리지만 공간은 O(n)이다.
print('Amber Waves of Grain' in all_colors)

                   세트의 멤버를 표현하는 것은 O(1)이다.
```

파일에서 발견된 고유한 색상들의 리스트를 담기 위하여 세트를 이용하면, 세트에 특정 색상이 있는지를 상수 시간인 $O(1)$에 확인할 수 있다.

4.2.2 선형 시간을 위한 데이터 타입

파이썬에서 list 데이터 타입은 보통 $O(n)$ 연산을 한다. 리스트에서 항목이 있는지 확인하거나 임의의 위치에 새로운 항목을 추가하는 것은 항목이 많을수록 느려진다. 리스트의 끝에 항목을 추가하거나 삭제하는 작업은 $O(1)$ 시간이 걸린다. 리스트는 저장된 항목이 유일한지를 식별할 수 없을 때 유용하다.

tuple 타입은 성능 측면에서 list와 비슷하다. 하지만 튜플은 생성 후에 변경할 수 없다.

4.2.3 데이터 타입에 대한 작업의 공간 복잡도

파이썬에 내장된 일부 데이터 구조의 시간 복잡도에 익숙해졌을 것이다. 이제는 이것들을 사용하기 위한 몇 가지 요령을 살펴보자. 지금까지 우리가 본 데이터 타입은 모두 for 루프를 통하여 내용을 반복할 수 있는 객체다. 일련의 항목을 반복하는 것의 시간 복잡도는 거의 항상 $O(n)$이 된다. 반복해야 할 항목이 더 많으면 더 많은 시간이 걸린다. 하지만 공간 복잡도는 어떨까?

지금까지 본 데이터 타입은 모든 내용이 메모리에 저장된다. 만약 리스트가 10개의 항목을 가지고 있다면 그림 4.4와 같이 하나의 항목을 가진 리스트보다 10배의 공간을 더 차지한다. 이 말은 공간 복잡도 역시 $O(n)$이 된다는 의미다. 이것은 마치 메모리에 76억 개의 레코드를 두는 것처럼 문제가 될 수 있다. 한 번에 모든 데이터가 필요한 게 아니라면 더 효과적인 방법을 찾을 수 있다.

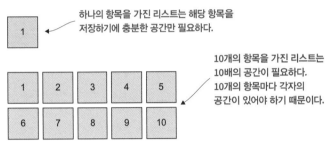

그림 4.4 리스트에 대한 메모리 공간

제너레이터generators를 추가하자. 제너레이터는 한 번에 하나의 값을 생성하고 다음 값이 요청될 때까지 일시 정지하는 파이썬의 구문이다(그림 4.5 참고). 이것은 앞에서 사용한 파일을 한 줄씩 읽는 방식과 매우 유사하다. 제너레이터는 한 번에 하나의 값을 생성하므로 한 번에 모든 값을 메모리에 저장하지 않는다.

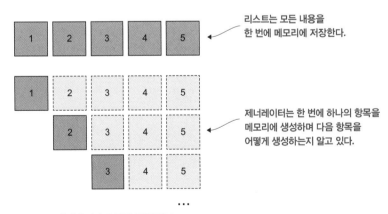

그림 4.5 제너레이터로 공간 절약하기

만약 파이썬의 range 함수를 사용한 경험이 있다면, 이미 제너레이터를 사용해 본 것이다. range는 원하는 범위를 지정하는 인자를 받는다. 만약 범위의 모든 숫자를 메모리에 저장하려고 range(100_000_000)와 같은 코드를 사용하면, 사용할 수 있는 메모리를 순식간에 잡아먹을 것이다. 그 대신, range를 사용하여 범위의 경계만 저장하고 한 번에 하나씩 값을 생성하게 할 수 있다. 어떻게 할까?

공간을 효율적으로 사용하기 위해 제너레이터는 파이썬의 키워드인 yield를 사용한다. 값을 생성하면 호출한 코드로 다시 돌아오게 하는 것이다. 즉, yield는 값을 생성한 다음에 실행하게 한다.

값을 생성한 다음에 작업할 수 있다는 점을 제외하면, yield는 파이썬의 return 구문과 매우 유사한 작업을 한다. 이것은 생성하려는 다음 값을 설정하기 위해 사용될 수 있다. 다음 코드는 range가 어떻게 동작하는지를 대략 보여준다. yield 키워드의 사용과 yield 사용 후 current 값의 증가에 주목하자.

리스트 4.2 **일시 정지하고 준비하기 위하여 yield 사용하기**

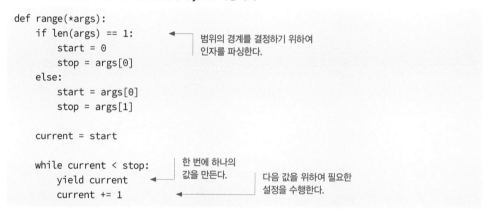

```python
def range(*args):
    if len(args) == 1:          ◀── 범위의 경계를 결정하기 위하여
        start = 0                    인자를 파싱한다.
        stop = args[0]
    else:
        start = args[0]
        stop = args[1]

    current = start

    while current < stop:       한 번에 하나의
        yield current      ◀──  값을 만든다.     다음 값을 위하여 필요한
        current += 1       ◀──                  설정을 수행한다.
```

이 구현체에서의 패턴으로, 제너레이터에서 자주 반복되는 것을 보게 될 것이다.

1 모든 값을 생성하는 데 필요한 주요 설정을 수행한다.

2 루프를 생성한다.

3 루프를 한 번 반복할 때 값을 생성한다.

4 루프의 다음 반복을 위해 상태를 갱신한다.

이제 range 제너레이터로부터 생성된 값을 살펴보자. 예를 들어, list(range(5, 10))을 사용하여 생성된 값을 리스트로 만들 수 있다. 또한, range(5, 10)을 변수에 저장하고 next(my_range)를 연속적으로 호출하여 한 번에 하나의 값씩 이동할 수도 있다.

이 패턴 이용하여 여러분만의 제너레이터를 만들어 보자. 여러분의 제너레이터 함수를 squares라고 하고, 정수의 리스트를 받아 각 값의 제곱을 생성하자. 직접 만들어 보고 다시 돌아와서 다음 코드와 비교해 보자.

리스트 4.3 **제곱 값을 만드는 간단한 제너레이터**

```
def squares(items):
    for item in items:
        yield item ** 2
```

squares 함수는 설정해야 하거나 관리할 상태가 없기 때문에 매우 간결하다. 이 함수는 리스트를 받는다고 선언되었지만 다른 제너레이터를 전달할 수 있다는 점도 멋지다. squares(range(100_000_000))이라도 잘 동작한다. 이것은 한 번에 하나의 값을 가져다 하나의 제곱값이라는 결과만 만들어 저장하므로 더 많은 공간을 절약하게 된다(그림 4.6 참고).

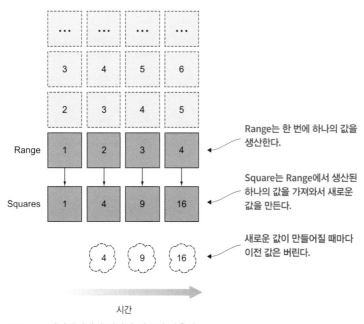

그림 4.6 **제너레이터와 연결된 메모리 사용량**

필자는 가능한 리스트에서 제너레이터를 사용하기를 추천한다. 필요할 때 list(range (10000))이나 list(squares([1, 2, 3, 4]))처럼 작성하여 제너레이터로부터 전체 리스트를 언제든지 메모리에 만들 수 있기 때문이다. 제너레이터를 사용하면 메모리뿐만 아니라 시간 또한 절약할 수도 있다. 왜냐하면 제너레이터에서 생성된 값을 사용하는 코드는 값 전체가 필요하지 않기 때문이다.

> **게으른 연산**
>
> 한 번에 하나의 값을 생성하는 개념과 값을 사용하는 코드는 생성할 수 있는 모든 값을 필요하지 않는다는 개념을 게으른 연산(lazy evaluation)이라고 부른다. 이것은 가능한 적게 일하고 싶고 한 번에 해야 할 일을 명시적으로 요청받기 때문에 게으르다(lazy). 값을 만들라고 요청할 때마다 여러분의 제너레이터가 과장된 한숨을 쉰다고 상상해 보자.

4.3 작동하게 하고, 올바르게 만들고, 빠르게 하라.

'작동하게 하고, 올바르게 만들고, 빠르게 하라make it work, make it right, make it fast'는 격언은 익스트림 프로그래밍extreme programming의 창시자인 켄트 백Kent Beck이 만든 것이다. 이 말은 동작하는 코드를 먼저 작성한 다음에, 코드가 명확하고 간결하도록 다시 작성하고, 그런 후에 성능을 향상시켜야 한다는 의미다. 이 세 가지 규칙은 코드를 작성할 때 해야 하는 단계다. 설계, 구현, 리팩토링의 주기는 코딩할 때 자주 반복된다는 것을 기억하자.

4.3.1 작동하게 하라

솔직히 이것은 개발자들이 시간을 많이 소비하는 부분이다. 문제의 구문이나 아이디어를 해결하기 위해 코드를 만든다. 필자를 포함한 모든 개발자는 종종 리팩토링이나 성능 향상 단계로 넘어가기 전에 문제를 완전히 해결하곤 한다. 이것은 닭이 먼저냐 달걀이 먼저냐의 문제처럼 들릴 수 있다. 완성하지 않은 코드를 어떻게 빠르게 만들 수 있는가?

분해는 소프트웨어 자체에 유용할 뿐만 아니라 달성하려는 목표를 관리할 수 있는 덩어리로 나누는 데도 유용하다. 이러한 작은 단위의 목표는 더 큰 목표를 달성하기 위하여 구현되고 확인하게 된다. 이러한 접근법에서의 '작동하게 하라'는 것은 훨씬 쉬운 일이다. 왜냐하면 '동작하게 하는 것'이 작은 목표가 되기 때문이다. 예를 들어, '물리 엔진을 만드는 것'보다 '떨어지는 물체의 속도를 계산하는 것'에 대한 몇 가지 아이디어를 스케치하는 게 더 쉬운 일이다.

4.3.2 올바르게 만들라

'작동하게 하라'는 것은 A 지점에서 B 지점으로 이동하려고 하는 것이다. 작업의 목표가 명확하다면, '작동하게 하라'는 것은 '동작하는가?'라는 질문이 된다.

'올바르게 만들라'는 것은 리팩토링에 대한 것이다. 리팩토링은 기존의 코드를 더 명확하고 잘 조정된 방식으로 다시 구현하면서 일관된 결과를 제공하게 하는 것이다[1].

리팩토링은 '완료'라는 순간이 명확히 없다. 새로운 기능을 추가하기 위해 코드를 다시 보는 것뿐만 아니라 구현하는 동안에 반복적으로 리팩토링하는 자신을 발견하게 될 것이다. 리팩토링해야 할 시점을 결정하는 방법 하나로, 마틴 파울러Martin Fowler의 **3의 법칙**rule of three에 따르면 비슷한 것을 세 번 구현했다면 해당 동작을 추상화하기 위해 코드를 리팩토링해야 한다. 이것은 리팩토링에 대한 균형을 제한한다는 점에서 필자가 좋아한다. 어떤 것을 즉시 또는 두 번 중복했을 때도 추상화가 시기상조일 수 있기 때문이다. 조금 더 기다려 보자. 해결 방법을 더 효과적으로 일반화할 수 있게 해 주며 필요한지 확인시켜 줄 것이다.

무언가를 올바르게 만드는 것은 언어의 장점을 활용하는 것이기도 하다. 다음 코드는 리스트에서 가장 많은 정수가 무엇인지를 판단하는 것이다.

```
def get_number_with_highest_count(counts):        ◀── 숫자를 카운트에 매핑하는 dict에서
    max_count = 0                                      가장 높은 카운트의 숫자를 판단한다.
    for number, count in counts.items():
        if count > max_count:
            max_count = count
            number_with_highest_count = number
    return number_with_highest_count


def most_frequent(numbers):
    counts = {}
    for number in numbers:                        ◀── 숫자가 나타나는 횟수를 높여
        if number in counts:                           가장 높은 카운트를 찾는다.
            counts[number] += 1
        else:
            counts[number] = 1

    return get_number_with_highest_count(counts)
```

이 코드도 동작하지만 파이썬에는 더 쉽게 할 수 있는 도구가 몇 가지 있다. 첫 번째 도구는 카운트를 증가시키는 코드를 돕는 것이다. 리스트의 각 숫자에 대해, 카운트를 증가시킬 수 있는지 또는 카운트를 초기화해야 하는지를 알기 위하여 그 숫자를 이미 보았는지 확인해야 한다. 파이썬은 이러한 추가적인 검사 작업을 피하기 위한 데이터 타입(defaultdict)을 가지고

---

1   작성한 코드에 대한 테스트를 생성할 수 있으며, 그 테스트가 충분하며 작성한 코드가 그 테스트를 통과했다면, 그 테스트에 의존하여 어떤 것도 깨지지 않도록 수정할 수 있다는 부류도 있다. 이 주제에 대한 훌륭한 내용은 해리 퍼시벌(Harry Percival)의 《Test-Driven Development with Python, 2판》(O'Reilly, 2017)을 참고하자.

있다. 저장된 값의 타입을 defaultdict에 알려 줄 수 있으며, 새로운 키에 접근한다면 지정된 값을 디폴트로 지정할 수 있다.

```python
from collections import defaultdict          ◄──  collections 모듈의
                                                   defaultdict를 임포트한다.

def get_number_with_highest_count(counts):
    max_count = 0
    for number, count in counts.items():
        if count > max_count:
            max_count = count
            number_with_highest_count = number
    return number_with_highest_count

def most_frequent(numbers):                   ┌─  카운트는 정수이므로 defaultdict에 있는
    counts = defaultdict(int)        ◄────────┤   각 값의 디폴트 타입은 int가 되어야 한다.
    for number in numbers:                    ┌─  Int의 디폴트 값은 0이므로 처음 발견된
        counts[number] += 1          ◄────────┤   숫자의 카운트는 0 + 1 = 1이 될 것이다.

    return get_number_with_highest_count(counts)
```

나쁘지 않다. 코드를 한 줄 줄였으며, 함수의 내용을 조금 더 명확하게 만들었다. 하지만 더 좋게 할 수 있다. 파이썬은 일련의 값들의 개수를 세는 데 도움을 주는 클래스를 가지고 있다.

```python
from collections import Counter              ◄──  Counter 또한 collections 모듈에
                                                   포함되어 있다.

def get_number_with_highest_count(counts):
    max_count = 0
    for number, count in counts.items():
        if count > max_count:
            max_count = count
            number_with_highest_count = number
    return number_with_highest_count

def most_frequent(numbers):                   ┌─  수동으로 직접 카운트했던
    counts = Counter(numbers)        ◄────────┤   dict와 거의 동일하게 동작한다.
    return get_number_with_highest_count(counts)
```

코드를 몇 줄 더 줄였으며, most_frequent 함수의 내용이 이제는 매우 깔끔해졌다. 고유한 숫자들을 카운트하여 그중 가장 높은 카운트의 숫자를 반환한다. get_number_with_highest_count 함수를 살펴보자. 숫자와 카운트를 매핑한 딕셔너리에서의 최댓값을 찾는다. 파이썬은 이 기능을 단순하게 할 수 있는 두 가지 도구를 제공한다.

첫 번째 도구는 max 함수다. max는 반복 가능한 것(리스트, 세트, 딕셔너리 등)을 받아서 그 안의 값 중 최댓값을 반환한다. 딕셔너리인 경우, max는 디폴트로 키$_{key}$의 최댓값을 반환한다. counts 딕셔너리의 키는 카운트가 아니라 숫자 자체다. max 함수의 두 번째 인자인 key는 어떤 부분을 기준으로 할지를 알려 주는 함수다.

파이썬은 단 하나의 인자만 key에 전달하게 된다. 딕셔너리의 경우, 파이썬은 딕셔너리의 키를 가지고 루프를 돌기 때문에, max 함수의 key 인자에 전달되는 함수는 개수가 아닌 숫자만을 가져올 것이다. key에 숫자가 주어지면, 해당 숫자(키)에 대한 개수(값)를 얻기 위해 counts 딕셔너리를 인덱스해야 한다고 알려야 한다. 모듈 내에 별도의 함수를 작성하면 동작하지 않을 것이다. 왜냐하면 counts는 네임스페이스에서 사용할 수 없기 때문이다. 이 문제를 어떻게 해결할 수 있을까?

함수형 프로그래밍에서는 다른 함수의 인자로 함수를 전달하는 게 일반적이며, 전달된 함수가 간단하고 명확해서 이름조차 필요하지 않을 때가 많다. 이 함수는 파이썬으로 작성된 대부분의 함수와는 달리, **람다**$_{lambda}$라는 이름의 **익명**$_{anonymous}$ 함수다. 람다 역시 함수다. 인자를 받아서 값을 반환한다. 이 함수는 이름을 갖지 않으며, 직접 호출할 수 없다. 하지만 작업을 수행하기 위하여 다른 함수에 인라인 인자로 사용할 수 있다.

get_number_with_highest_count 함수의 경우, 숫자를 받아서 counts[number]를 반환하도록 max에 람다를 전달할 수 있다. 이것은 네임스페이스 문제를 해결하며, 원하는 동작을 max에 제공하게 된다. 람다가 얼마나 코드를 간결하게 만드는지 살펴보자.

```
from collections import Counter


def get_number_with_highest_count(counts):
    return max(                          ◀─── counts의 각 숫자를 가지고 루프를
        counts,                               돌 때, 비교값으로 해당 숫자의 개수인
        key=lambda number: counts[number]     counts[number]를 사용한다.
    )


def most_frequent(numbers):
    counts = Counter(numbers)
    return get_number_with_highest_count(counts)
```

간결하고 명확하다. 어떤 작업을 위해 언어가 가진 도구가 무엇인지 이해하면 짧은 코드를 만드는 데 도움이 될 것이다.

물론 짧은 게 항상 좋은 것은 아니다. 더 나아가 max를 most_frequent 함수로 옮길 수 있겠지만, 필자의 경우, max와 비슷한 함수들을 사용해 보니 그런 함수의 동작이 항상 명확하지는 않았다. 또한, 필자는 더 명확한 이름을 가진 별도의 함수를 선호한다.

작성한 코드가 동작하는 수준에 도달했고 어떻게 동작하는지 매우 명확하여 다른 사람이 가져다 쓸 수 있다면, 제대로 만든 것이다.

4.3.3 빠르게 만들라.

코드의 성능을 튜닝tuning하는 것은 처음에 코드를 작성하는 것만큼 오래 걸릴 수 있다. 복잡도 분석과 함께 이어지는 개선 작업에서는 코드상의 데이터 타입과 동작을 주의 깊게 살펴보아야 한다. 작업한 결과물을 출시할 시점에 대비하여 튜닝에 걸리는 시간을 예측해야 한다. 이번 장의 앞부분에서 말했듯이, 코드 성능이 충분한 시점을 결정해야 한다. 완벽은 최선의 적이다. 완벽할 때까지 출시하지 않는 것보다 조금은 느리지만 출시하는 것이 좋을 때가 많다.

여러분의 우선순위가 시장에 출시하는 것이라면, 초기 출시 이후에 단계적으로 도달해야 하는 성능상의 마일스톤을 스스로 설정하자. 이런 방식은 동작에 집중할 수 있게 하며, 향후의 개선을 쉽게 할 수 있도록 올바르게 동작하게 만들며, 상품을 출시할 수 있게 할 것이다. 출시 단계의 코드를 실행해 보면 전에 없던 예기치 않은 병목 현상이 발생할 수 있다.

여러분이 받아들일 수 있는 수준의 성능 역시 목표에 따라 다를 것이다. 만약 로그인 버튼을 클릭할 때 로그인 창이 모달modal로 표시된다면, 바로 로그인할 수 있도록 변경해야 한다. 그렇지 않으면 여러분의 사용자들이 떠나갈 것이다. 만약 고객사의 연간 매출을 볼 수 있는 연간 보고 시스템을 구축하는 경우라면, 고객사가 조금은 더 기다릴 수 있을 것이다.

시스템의 아키텍처(모든 서비스, 페이지, 상호 작용 등)는 성능에 영향을 미친다. 대규모 시스템은 API, 데이터베이스, 캐시 간 네트워크 통신을 더 많이 필요로 한다. 또한, 분석을 위해 야간에 처리되는 작업과 같이, 사용자의 워크플로우 밖에서 발생하는 몇몇 작업도 가지고 있다. 기준선을 파악하기 위하여 여러분이 만든 작업과 비슷한 작업을 수행하는 아키텍처 내의 다른 서비스들을 조사해야 할 수도 있다. 여기서 여러분이 만든 소프트웨어 성능에 대해 기대해 볼 수 있을 것이다. 대규모 시스템의 성능은 코드를 능가하기 때문이다.

더 많은 코드를 작성하게 되면, 소프트웨어에 적용할 데이터 타입과 기술의 성능을 배우게 된다. 성능 문제가 될 수 있는 코드를 이해하기 시작할 것이다. 중첩된 루프나 거대한 메모리를 사용하는 리스트를 배제하기 시작할 것이다.

4.4 도구들

실제 성능 테스트는 증거 기반의 접근 방식을 따라야 한다. 이것은 시스템의 실제 사용자라면 반드시 다른 동작(예기치 않은 입력, 타이밍, 하드웨어, 네트워크 대기 시간, 시스템 성능에 영향을 주는 다른 것들 등)을 경험하게 될 것이라는 사실에 대한 직접적인 결과다. 따라서 엄청난 성과를 거둘 것을 기대하며 코드를 이리저리 뒤적거리는 것은 여러분의 시간을 적절히 활용하지 못하는 것일 수 있다.

4.4.1 timeit

파이썬의 timeit 모듈은 코드의 실행 시간을 테스트하기 위한 도구다. 이것은 커맨드라인이나 코드에 직접 사용할 수도 있다. timeit 모듈은 수행하려는 성능 변화를 확인하는 데 편리한 도구다.

0부터 999까지 정수의 합을 구하는 데 얼마나 많은 시간이 걸리는지 알고 싶다고 해 보자. 커맨드라인에서 이 동작의 시간을 측정하기 위해 파이썬의 timeit 모듈을 호출할 수 있다.

```
python -m timeit "total = sum(range(1000))"
```

이 코드는 timeit이 합산 코드를 여러 번 실행하게 될 것이므로 실행 시간에 대한 통계가 출력될 것이다.

```
20000 loops, best of 5: 18.9 usec per loop
```

이 결과를 통해 0부터 999까지의 합산은 20마이크로세컨드microseconds 미만이 걸린다는 결론을 내릴 수 있다.

0부터 4999까지의 합은 어떻게 되는지 보기 위해 다음과 같이 하여 결과를 얻을 수 있다.

```
python -m timeit "total = sum(range(5000))"
2000 loops, best of 5: 105 usec per loop
```

여기서 얻을 수 있는 결론은 0에서 999까지 합산하는 것보다 0에서 4999까지 합산하는 것이 약 5배 더 걸린다는 것이다.

timeit은 실제로 여러분의 코드를 실행하고 있으며, 여러 변수에 따라 약간의 차이가 있을 수 있음을 기억하자. 코드 외에도 컴퓨터의 배터리 수준과 CPU 클럭 속도 등이 영향을 줄 수 있다. 따라서 얼마나 안정적인지를 확인하기 위해 그리고 어떤 것을 수정했을 때 이전보다 얼마나 개선되었는지를 알아보기 위해 이 명령을 몇 차례 사용하는 게 좋다. 비록 timeit은 정량적인 측정을 제공하지만 변화의 추이에 초점을 두어 서로 다른 구현체를 정성적으로 비교하는 데 사용하는 것이 가장 좋다. 이를 통해 코드의 속도가 눈에 띄게 개선되었음을 확인할 수 있다.

timeit을 커맨드라인에서 사용하는 것은 좋지만, 크고 복잡한 코드를 테스트하고자 할 때는 번거로울 수 있다. 소요 시간에 대한 관리가 더 필요하다면, 코드 내에 timeit을 사용할 수 있다. 만약 필요한 설정 과정에 소비되는 시간을 제외한 코드의 특정 부분을 측정하고자 한다면, 설정 단계를 분리하여 실행 시간에 포함되지 않게 하자.

```
from timeit import timeit                                    이 코드는 타이밍 테스트를
                                                            위한 설정이다.
setup = 'from datetime import datetime'   ◄─
statement = 'datetime.now()'              ◄─                 이 코드는 타이머 내에서 실행된다.
result = timeit(setup=setup, stmt=statement)  ◄─
print(f'Took an average of {result}ms')                      timeit은 밀리세컨드 단위로
                                                            타이밍 결과를 만든다.
```

이것은 호출에 필요한 import 타이밍을 제외하고 오직 datetime.now() 호출만 타이밍을 설정한다.

예를 들어, 리스트에 항목이 있는지를 검사하는 것보다 세트에 항목이 있는지를 검사하는 것이 더 빠르다는 것을 증명하려 한다고 가정하자. timeit 모듈을 어떻게 사용하면 될까? set(range(10000))과 list(range(10000))을 사용하여 입력을 만들고 300이 있는지를 찾는 작업 시간을 측정한다. 세트가 얼마나 더 빠른가?

timeit 모듈은 어떤 코드의 속도를 높이려는 나의 가설이 틀렸다는 것을 알려 주기 때문에 정말로 힘든 상황이 처하지 않도록 해 준다. 정말로 시간을 절약해 준다.

timeit은 밀리세컨드millisecond 단위로 값을 출력하는 반면, time.timeit()은 초second 단위로 값을 출력한다. 디폴트로 time.timeit()은 해당 코드를 100만 번 실행한다. 올바른 시간 단위와 실제 평균을 더 정확하게 반영하기 위해서는 다음과 같아야 한다.

```
result = timeit(setup=setup, stmt=statement, number=1_000)
print(f'Took an average of {result / 1_000}s, or {result}ms')
```

4.4.2 CPU 프로파일링

timeit을 사용하면, 이 모듈은 코드를 **프로파일링**profiling한다. 프로파일링이란 코드 동작에 대한 일부 지표를 수집하기 위하여 코드가 실행될 때 코드를 분석하는 것을 의미한다. timeit 모듈은 코드가 실행되는 데 걸리는 시간을 측정했지만, 코드의 성능을 측정하는 또 다른 방법은 CPU 프로파일링을 통한 것이다. CPU 프로파일링은 코드의 어느 부분이 CPU를 많이 사용하여 연산하는지를 알려 줄 뿐만 아니라 얼마나 자주 호출되는지도 알려 준다. 이런 종류의 결과는 코드의 속도를 높이고자 할 때 가장 먼저 살펴봐야 할 위치를 알 수 있게 해 주기 때문에 유용하다.

예를 들어, 어떤 함수를 만들었는데 CPU를 그렇게 많이 사용하지는 않지만 애플리케이션 내에서 여러 번 호출된다고 가정하자. 또한, 어떤 함수를 만들었는데 딱 한 번만 호출되지만 CPU를 많이 사용한다고 하자. 만약 여러분이 하나의 함수만 고칠 시간이 있다면, 어떤 것을 고칠 것인가? 코드 프로파일링 없이는 어떤 것을 고치는 게 속도 개선에 도움이 되는지 알기 힘들다. 파이썬은 여러분을 위해 cProfile 모듈을 제공한다.

 만약 cProfile 모듈을 임포트했는데 에러가 난다면, 대신에 profile 모듈을 사용하면 된다.

cProfile 모듈은 여러분의 프로그램이 실행되는 동안 호출되는 각 메서드 또는 함수에 대한 정보를 출력한다. 메서드 또는 함수가 호출될 때마다 다음의 내용을 보게 될 것이다.

- 호출되는 횟수(ncalls)
- 해당 호출에만 걸린 시간. 그것을 호출하는 데 걸리는 시간을 포함하지 않음(tottime)
- 호출된 횟수(ncalls) 대비 해당 호출에 소요된 평균 시간(percall)
- 하위 호출에 걸린 시간을 포함한 해당 호출에 소요된 누적 시간(cumtime)

이 정보는 시간이 많이 걸리는 느린 부분을 노출시켜 주기도 하지만, 빠르지만 여러 번 호출되는 것도 보여주기 때문에 유용하다. 다음은 함수를 1,000번 호출하는 프로그램이다. 함수 호출이 실행되는 데 걸리는 시간은 10밀리세컨드 이하의 시간이 걸린다.

리스트 4.4 **파이썬 프로그램의 CPU 성능 프로파일링하기**

```
import random
import time


def an_expensive_function():
    execution_time = random.random() / 100
```
실행 시간은 10밀리세컨드 이하가 걸린다.

```
        time.sleep(execution_time)


if __name__ == '__main__':             이 함수를 1000회
    for _ in range(1000):    ◀────────  실행한다.
        an_expensive_function()
```

이 프로그램을 cpu_profiling.py 모듈로 저장하고 cProfile을 사용하여 커맨드라인에서 프로파일링한다.

```
python -m cProfile --sort cumtime cpu_profiling.py
```

호출량이 많으면, 0에서 10밀리세컨드가 걸리는 함수는 평균적으로(percall) 5밀리세컨드가 될 것으로 예상된다. 1,000번 호출(ncalls)하면, 전체적으로(cumtime) 5초가 걸릴 것이다. 이 프로그램에 cProfile을 실행하여 예상한 결과가 나오는지 확인하자. 많은 결과가 출력되겠지만, 누적 시간으로 정렬하면 an_expensive_function 호출이 상단 쪽에 표시될 것이다.

```
$ python -m cProfile --sort cumtime cpu_profiling.py
        5138 function calls (5095 primitive calls) in 5.644 seconds

    Ordered by: cumulative time

    ncalls tottime percall cumtime percall filename:lineno(function)
       4/1  0.000   0.000   5.644   5.644 {built-in method builtins.exec}
         1  0.002   0.002   5.644   5.644 cpu_profiling.py:1(<module>)
      1000  0.003.  0.000   5.625   0.006 cpu_profiling.py:5(an_expensive_function)
      1000  5.622   0.006   5.622   0.006 {built-in method time.sleep}
       ...
```

여기서 an_expensive_function은 1,000번의 호출에 대해 한 번의 호출당 평균 약 6밀리세컨드가 걸렸으며, 함수 전체의 누적 시간은 5.625초가 소요되었다.

cProfile의 결과가 나오면 percall이 가장 높은 호출이나 cumtime이 크게 증가한 호출을 찾고 싶어질 것이다. 이런 호출들은 프로그램의 실행 시간에 많은 부분을 차지하게 된다. 느린 함수의 속도를 높이면 프로그램 전체의 속도를 향상시킬 수 있으며, 수천 번 호출되는 함수의 실행 시간을 줄이면 눈에 띄는 성과를 거둘 수 있게 될 것이다.

4.5 Try it out

다음 코드를 보자. sort_expensive라는 함수는 0부터 999,999까지의 범위 중 1,000개의 정수 리스트를 정렬한다. 또한, sort_cheap이라는 함수는 0부터 999까지의 범위 중 10개의 정수 리스트만을 정렬한다.

정렬 알고리즘은 일반적으로 $O(1)$보다 더 걸리므로 sort_expensive 함수는 sort_cheap보다 시간이 더 걸릴 것이다. 만약 각 함수를 한 번만 실행한다면 sort_cheap 함수가 확실히 빠를 것이다. 하지만 만약 sort_cheap을 1,000번 호출해야 한다면 어떤 작업이 더 빠를지 명확하지 않다.

```python
import random


def sort_expensive():
    the_list = random.sample(range(1_000_000), 1_000)
    the_list.sort()

def sort_cheap():
    the_list = random.sample(range(1_000), 10)
    the_list.sort()


if __name__ == '__main__':
    sort_expensive()
    for i in range(1000):
        sort_cheap()
```

성능을 이해하기 위해서 이 코드를 프로파일링해야 한다. timeit 모듈과 cProfile 모듈을 사용하여 얼마나 걸리는지 확인해 보자.

요약

- 개발 전반에 걸쳐 성능에 대한 설계를 사전에 그리고 반복적으로 하자.
- 작업에 적합한 데이터 타입에 대해 신중하게 생각하자.
- 한 번에 모든 값이 필요하지 않다면, 메모리 사용량을 줄이기 위해서 리스트보다 제너레이터를 사용하자.
- timeit과 cProfile 또는 profile 파이썬 모듈을 이용하여 복잡도와 성능에 대한 여러분의 가설이 맞는지 검사하자.

소프트웨어
테스트하기

이전 장에서는 유지보수를 위해 잘 지은 이름의 함수를 사용하여 명확한 코드를 작성하는 것을 이야기했다. 하지만 그것은 큰 그림의 일부일 뿐이다. 기능을 계속 추가해도 애플리케이션이 여전히 의도한 대로 동작한다는 것을 어떻게 확신할 수 있는가? 지속해서 오랫동안 운영되길 바라는 모든 애플리케이션은 수명에 대한 약간의 보증이 필요하다. 테스트는 새로운 기능이 올바르게 구축되었는지를 확인하는 데 도움을 주며, 여러분의 코드가 업데이트될 때마다 이러한 테스트를 다시 실행하여 지속해서 올바르게 동작하는지를 확인하게 해 준다.

테스트는 우주선의 발사와 비행기의 비행과 같이 실패하지 않아야 하는 애플리케이션에 대한 엄격하고 규격화된 과정일 수 있다. 이러한 테스트는 매우 엄격하며 때로는 수학적으로 증명할 수 있다. 테스트는 그 자체로도 꽤 멋지지만 대부분의 파이썬 애플리케이션에 유용하거나 실용적인 수준 이상으로 진행된다. 이번 장에서는 파이썬 개발자들이 자신의 코드를 테스트하기 위해 사용하는 방법과 도구를 설명하며, 몇 가지 테스트를 만들어 볼 것이다.

5.1 소프트웨어 테스트란?

느슨하게 말하자면, **소프트웨어 테스트**는 소프트웨어가 예상한 대로 동작하는지를 확인하는 것이다. 이것은 함수에 어떤 입력이 주어질 때 기대한 결과를 만들어 내는지부터 한 번에 100명의 사용자가 접속할 때 애플리케이션이 잘 처리하게 하는 것까지 다양하다. 개발자인 우리는 무의식적으로 어떤 형태로든 테스트를 한다. 만약 여러분이 웹사이트를 개발하고 있다면, 로컬 서버를 돌리면서 코드에 따라 브라우저에 반영되는지를 확인할 것이다. 이것이 바로 테스트의 한 형태다.

코드가 제대로 동작하는지 검사 시간을 높이면 소프트웨어를 출시하는 시간을 줄일 수 있다고 생각할 수 있다. 단기적인 측면에서, 특히 테스트 관련 도구와 프로세스에 익숙한 상태라면 이 말은 사실이다. 하지만 장기적으로 볼 때, 테스트는 동작이나 성능상 버그가 재발하는 것을 방지하고 미래에 있을 코드 리팩토링을 자신 있게 할 수 있는 발판을 제공함으로써 여러분의 시간을 절약해 줄 것이다. 비즈니스 로직과 관련한 코드일수록 테스트하는 시간을 더 많이 할애해야 한다.

5.1.1 의도한 대로 하는가?

소프트웨어를 테스트하는 이유 하나는 의도한 대로 동작하는지를 확인하기 위함이다. 잘 지은 이름의 함수는 그 이름만으로도 어떤 의도로 만들고 동작하는지를 설명하지만, 그것은 마치 지옥으로 가는 길이 좋은 의도로 포장된 것과 같다. 필자는 의도한 대로 충실히 수행되고 있다고 믿었던 함수가 시간이 지나서야 오류가 있다는 것이 발견되어 함수를 다시 만든 적이 셀 수 없이 많다.

때로는 실수한 것들을 쉽게 발견하곤 한다. 익숙한 코드에서의 오타나 예외는 쉽게 찾아낼 수 있다. 더 까다로운 버그는 즉각적으로 문제를 일으키진 않지만 애플리케이션이 실행됨에 따라 발생하는 것이다. 올바른 테스트를 통해, 문제를 조기에 발견할 수 있으며, 향후에 나타날 유사한 문제로부터 애플리케이션을 보호할 수 있다. 특정 종류의 문제를 식별하는 데 중점을 둔 여러 범주의 테스트가 존재한다. 이 책에서 몇 가지를 다룰 것이나 이것이 전부는 아니다.

5.1.2 기능 테스트의 구조

앞에서 테스트는 소프트웨어가 주어진 입력에 대해 올바른 결과를 만들도록 할 수 있다고 했다. 이러한 유형의 테스트를 **기능 테스트**functional testing라고 한다. 왜냐하면 코드가 올바르게 동작하는지를 확인하기 때문이다. 이것은 5.6절에서 설명할 다른 유형의 테스트(예를 들어 성능 테스트)와는 대조적이다.

기능 테스트 전략은 규모와 방법이 다양하지만, 기능 테스트의 기본 구조는 일관성을 유지한다. 주어진 입력을 기반으로 소프트웨어가 올바른 결과를 내는가를 검사하기 때문에, 모든 기능 테스트는 다음의 내용을 포함하여 몇 가지 특정 작업을 수행해야 한다.

1 소프트웨어에 **입력을 준비한다.**

2 소프트웨어에서의 **예상 결과를 식별한다.**

3 소프트웨어의 **실제 결과를 얻는다.**

4 **실제 결과와 예상 결과를 비교**하여 서로 일치하는지 확인한다.

그림 5.1과 같이, 테스트를 만들 때 입력을 준비하고 예상하는 결과를 식별하는 것은 개발자인 여러분이 해야 할 일이지만, 실제 결과를 얻고 비교하는 것은 코드 실행에 의해 행해진다.

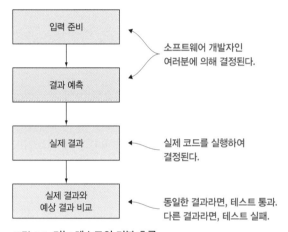

그림 5.1 **기능 테스트의 기본 흐름**

이런 식으로 테스트를 구성하면 또 다른 장점이 있다. 여러분이 만든 테스트를 코드가 동작하는 방법에 대한 명세로 볼 수 있다는 것이다. 이러한 장점은 오래전에(또는 지난주에) 작성한 코드를 다시 볼 때 효과가 나타난다. calculate_mean 함수에 대한 올바른 테스트가 다음과 같다고 하자.

정수 배열인 [1, 2, 3, 4]가 주어질 때, calculate_mean 함수의 예상 결과는 2.5이다. calculate_mean의 실제 결과가 이와 같은지 확인하자.

이 형식은 더 큰 함수형 워크플로우로 확장된다. 전자상거래 시스템에서 '입력'은 상품을 클릭한 후에 '장바구니에 담기'를 클릭하는 것일 수 있다. 예상되는 '결과'는 그 상품이 장바구니에 추가되는 것이다. 이러한 워크플로우에 대한 기능 테스트는 다음과 같을 것이다.

상품 55-DE-232에 대한 페이지에 가서 '장바구니에 담기'를 클릭하면, 55-DE-232가 장바구니에 표시될 것이다.

궁극적으로 여러분의 테스트에서 코드가 잘 동작하는지를 검증하는 것뿐만 아니라 어떻게 사용하는지 문서의 역할도 하는 것이 좋다. 다음 절에서는 기능 테스트를 작성하는 이 방법이 몇 가지 다른 테스트 방법에 어떻게 적용되는지를 살펴볼 것이다.

5.2 기능 테스트 방법

기능 테스트는 실제로 여러 형태를 취한다. 개발자인 우리가 지속해서 하는 자잘한 점검부터 배포하기 전에 시작되는 완전히 자동화된 테스트까지 그 기능과 범위가 다양하다. 우리는 테스트 중 일부의 유형을 살펴보겠지만, 필자는 그것들 간 유사점과 차이점을 이해하기 위하여 모두를 살펴보길 권한다.

5.2.1 수동 테스트

수동 테스트manual testing는 애플리케이션을 실행하고 어떤 입력을 주어 예상한 작업을 수행하는지 확인하는 방법이다. 예를 들어, 웹사이트의 회원가입 워크플로우를 만들었다면 사용자 이름과 패스워드를 입력하여 새로운 사용자가 생성되는지를 확인하는 것이다. 만약 패스워드에 대한 요구 사항이 있어서 유효하지 않은 패스워드를 사용할 때는 새로운 사용자를 생성하지 않아야 한다. 마찬가지로 이미 존재하는 사용자 이름을 사용하는지도 검사한다.

웹사이트에서 회원가입은 일반적으로 대부분의 사용자가 경험하는 것 중 작은(일회성) 부분이지만, 앞에서 본 것처럼 여러 경우를 검증해야 한다. 이들 중에 하나라도 잘못된다면, 사용자가 등록할 수 없게 되거나 기존의 계정 정보에 덮어쓰게 될 것이다. 이 코드가 매우 중요하다고 해서 너무 오랫동안 수동 테스트를 하게 되면 다른 무언가를 놓칠 수 있다. 새로운 버그나 테스트해야 할 새로운 것들을 수동으로 테스트하는 것은 분명히 가치 있는 일이지만, 다른 테스트를 보완하기 위한 것이라는 관점을 가져야 한다.

5.2.2 자동화된 테스트

수동 테스트와는 반대로, **자동화된 테스트**automated testing는 금요일부터 긴 주말을 보내려 할 때 테스트할 것을 빠뜨릴 걱정 없이 원하는 만큼 여러 번 실행할 수 있는 테스트를 작성할 수 있게 한다. 이 가상의 상황이 실제처럼 느껴질 수 있다. 왜냐하면 이것은 그저 가상의 이야기가 아닌 실제로 일어나는 일이기 때문이다.

자동화된 테스트는 피드백 루프_feedback loop_를 강화하여 변경 사항이 예상한 동작을 하지 않는지를 빠르게 확인할 수 있게 한다. 수동 테스트보다 절약되는 시간은 애플리케이션을 더 창의적으로 테스트하는 데 사용할 수 있을 것이다. 해결해야 하는 사항이 발견되면, 이를 자동화된 테스트에 통합해야 한다. 이것은 특정 버그가 다시 발생하지 않도록 검증 목록에 넣어둔다고 생각할 수 있다. 이 장에서 볼 대부분의 테스트는 자동화된 테스트다.

5.2.3 수락 테스트

장바구니에 담기 워크플로우 테스트와 본질적으로 가장 유사한 **수락 테스트**_acceptance testing_는 시스템의 상위 수준의 요구 사항을 검사한다. 이 테스트를 통과한 소프트웨어는 지정된 요구 사항에 따라 허용된 것이다. 그림 5.2에서 보듯이, 수락 테스트는 '사용자가 성공적으로 구매 워크플로우를 통과하여 원하는 상품을 살 수 있는가?'와 같은 질문에 대한 답변이다. 이것들은 비즈니스(항상 동작해야 하는 것들)에 대한 미션 크리티컬(옮긴이) mission-critical, 업무 수행을 위하여 가장 중요한(필수 불가결한) 요소)한 점검이다.

수락 테스트는 종종 비즈니스 이해관계자가 수동으로 수행하지만, **엔드-투-엔드**_end-to-end_ 테스트를 통해 어느 정도 자동화할 수 있다. 엔드-투-엔드 테스트는 적질한 데이터가 전달되면서 한쪽 끝에서 다른 쪽까지 일련의 작업이 수행됨을 확인시켜 준다. 이것을 사용자의 관점으로 워크플로우를 표현한다면, 장바구니에 담기 워크플로우와 거의 비슷하게 된다.

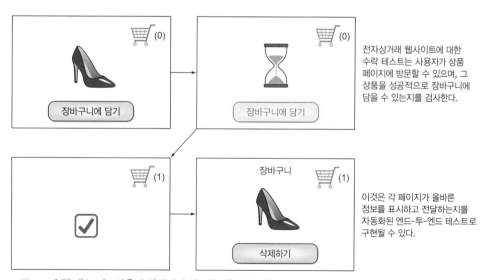

전자상거래 웹사이트에 대한 수락 테스트는 사용자가 상품 페이지에 방문할 수 있으며, 그 상품을 성공적으로 장바구니에 담을 수 있는지를 검사한다.

이것은 각 페이지가 올바른 정보를 표시하고 전달하는지를 자동화된 엔드-투-엔드 테스트로 구현될 수 있다.

그림 5.2 **수락 테스트는 사용자 관점에서 워크플로우를 검사한다.**

엔드-투-엔드 테스트는 일반적으로 비즈니스에서 가치가 높은 영역을 검사한다. 만약 장바구니가 동작하지 않는다면 아무도 상품을 살 수 없으며, 매출을 잃게 될 것이다. 하지만 이러한 부분에는 광범위한 기능들이 속해 있기 때문에 매우 취약할 수 있다. 만약 워크플로우의 어느 한 단계가 동작하지 않는다면, 전체 엔드-투-엔드 테스트가 실패하게 된다. 작은 단위로 세분화된 테스트 세트를 생성하면 전체 워크플로우가 정상인지뿐만 아니라 실패한 단계를 구체화하는 데 도움이 된다. 이를 통해 문제를 더 빨리 찾아낼 수 있다.

엔드-투-엔드 테스트는 가장 덜 세분화된 것이다. 그 반대가 되는 것은 무엇일까?

5.2.4 단위 테스트

단위 테스트unit testing는 이 장에서 따로 빼서 설명해야 할 정도로 매우 중요하다. 단위 테스트는 소프트웨어의 모든 작은 부분들이 동작하는지를 확인하며, 엔드-투-엔드 테스트 같은 대규모 테스트를 위한 강력한 토대를 마련해 준다. 5.4절에서 파이썬에서 단위 테스트를 어떻게 하는지 설명할 것이다.

 단위(unit)는 '단위원(unit circle)'에서의 '단위'처럼, 작고 기본적인 소프트웨어의 일부다. 단위를 구성한다는 것은 매우 철학적이지만, 올바른 동작의 정의는 테스트를 위해 독립적으로 분리될 수 있는 코드 조각이다. 함수는 일반적으로 단위로 간주된다. 함수는 적절한 입력으로 호출되어 개별적으로 실행될 수 있다. 함수 내의 코드는 분리될 수 없으므로 단위보다 더 작다고 할 수 있다. 클래스는 분리될 수 있는 많은 조각을 포함하고 있으므로 클래스는 일반적으로 단위보다 크다. 하지만 종종 하나의 단위처럼 취급되곤 한다.

단위 테스트는 애플리케이션의 모든 개별 코드 단위가 올바르게 동작하는지, 소프트웨어의 작은 부분들이 예상한 대로 작업하는지를 검사한다. 여러분이 작성할 수 있는 가장 기본적인 테스트이므로 테스트를 시작하기에 적합하다.

함수는 함수형 단위 테스트의 가장 일반적인 대상이다. '함수'는 말 그대로 함수다. 왜냐하면 함수의 입출력 특성 때문이다. 만약 여러분 코드의 관심사를 작은 함수들로 분리했다면, 기능 테스트 방법을 애플리케이션에 간단히 적용할 수 있다.

관심사 분리, 캡슐화, 느슨한 결합을 사용하여 코드를 구성하여 얻을 수 있는 가장 큰 장점은 테스트를 쉽게 할 수 있다는 것이다. 테스트가 지루하게 느껴질 수 있기 때문에 문제를 줄일 수 있는 것이라면 무엇이든 환영한다. 코드를 테스트하기 쉽다는 것은 여러분이 처음에 작성한 테스트로 충분하다는 것이며, 이로 인해 여러분이 만든 소프트웨어에 대한 자신감을 가질 수 있다. 단위는 지금까지 여러분이 배운 것을 고수함으로써 자연스럽게 도달하게 되는 작고 분리된 조각이다.

파이썬에서 대부분의 단위 테스트는 예상된 결과와 실제 결과를 단순히 동등 비교하여 검사한다. 지금 바로 하나를 검사해 보자. 파이썬 REPL을 열고 다음과 같이 calculate_mean 함수를 생성하자.

```
>>> def calculate_mean(numbers):
...     return sum(numbers) / len(numbers)
```

이제 여러 입력에 대해 예상한 결과와 실제로 실행한 결과를 비교하여 검사할 수 있다.

```
>>> 2.5 == calculate_mean([1, 2, 3, 4])
True
>>> 5.5 == calculate_mean([5, 5, 5, 6, 6, 6])
True
```

다른 숫자들의 리스트를 가지고 REPL에서 했을 때도 calculate_mean 함수가 올바른 결과를 내는지 검증해 보자. 함수의 동작을 바꿀 수도 있는 다음의 유용한 입력 세트를 살펴보자.

- 음수들을 입력했을 때, 올바르게 동작하는가?
- 리스트에 영(0)이 포함되었을 때, 올바르게 동작하는가?
- 리스트가 비어 있을 때, 동작하는가?

이런 종류의 호기심은 실제로 테스트해 볼 만한 가치가 있다. 이것은 종종 여러분의 코드에 보이지 않던 문제를 발견하게 해 주어, 고려되지 않은 사항에 대해 사용자가 마주하기 전에 이러한 문제를 해결할 기회를 준다.

```
>>> 0.0 == calculate_mean([-1, 0, 1])
True
>>> 0.0 == calculate_mean([])          ◄───┤ 고려하지 않은
Traceback (most recent call last):              예외 상황이 발생한다.
  File "<stdin>", line 1, in <module>
  File "<stdin>", line 2, in calculate_mean
ZeroDivisionError: division by zero
```

리스트가 비었다면 0을 반환하도록 calculate_mean을 수정할 수도 있다.

```
>>> def calculate_mean(numbers):
...     if not numbers:
...         return 0
...     return sum(numbers) / len(numbers)
>>> 0.0 == calculate_mean([])
True
```

훌륭하다. calculate_mean은 우리가 던진 모든 조건을 통과했다. 단위 테스트는 엔드-투-엔드 테스트처럼 더 큰 규모의 테스트 작업을 성공적으로 할 수 있도록 하는 기반임을 기억하자. 이 관계를 더 잘 이해하기 위해 두 가지 테스트를 살펴볼 것이다.

5.2.5 통합 테스트

단위 테스트는 개별 코드들이 예상대로 동작하는지를 확인하지만, **통합 테스트**integration testing 는 그림 5.3과 같이 올바른 작업을 위해 일련의 단위 작업 전체가 잘 동작하는지에 초점을 둔다. 여러분이 만든 소프트웨어에 총 10개의 완벽한 단위 기능이 있지만 그것들을 결합해도 원하는 작업을 할 수 없다면, 그것들은 전혀 쓸모없는 것일 뿐이다. 엔드-투-엔드 워크플로우 테스트는 보통 사용자 관점에서 진행되지만, 통합 테스트는 코드의 동작에 더 초점을 둔다. 이것들은 서로 다른 개념을 갖는다.

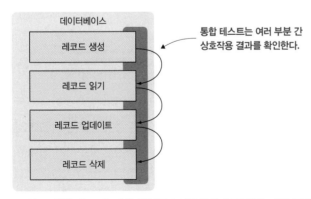

그림 5.3 **통합 테스트는 단위 작업들이 어떻게 함께 동작하는지에 초점을 둔다.**

통합 테스트에는 몇 가지 주의할 점이 있다. 통합 테스트는 여러 개의 단위 코드들을 함께 돌려야 하므로 코드를 테스트하는 것과 매우 유사한 구조의 테스트를 작성하는 것이 일반적이다. 이것은 테스트와 코드 간 강한 결합tight coupling을 만든다. 테스트는 결과를 만들어 내는 방법과의 연관성이 매우 크기 때문에, 일정한 결과를 내고 있는 코드를 수정하면 테스트가 깨질 수 있다.

통합 테스트에 걸리는 시간은 단위 테스트보다 훨씬 더 오래 걸릴 것이다. 보통 몇몇 함수들을 실행하여 결과를 확인하는 것 이상으로 작업하게 된다. 예를 들어, 데이터베이스를 사용하여 레코드들을 생성하고 그것들로 작업하는 일이 추가로 있을 수 있다. 테스트하고 있는 인터렉션은 더 복잡할 수 있으므로 테스트에 필요한 시간이 점점 늘어날 수 있다. 이런 이유로, 통합 테스트는 단위 테스트보다 그 수가 더 적다.

5.2.6 테스트 피라미드

지금까지 수동 테스트, 단위 테스트, 통합 테스트를 살펴보았으니, 이제 이들의 상호작용을 다시 살펴보자. 그림 5.4의 **테스트 피라미드**testing pyramid는, 단위 테스트와 통합 테스트 같은 기능 테스트는 자유 롭게 적용해야 하지만, 테스트에 걸리는 시간이 길고 테스트 결과를 확신하기 힘든 수동 테스트는 더욱 보수적으로 해야 한다는 개념을 나타낸다[1]. 테스트마다 장점이 있다. 애플리케이션과 사용 가능한 리소스에 따라 어떤 방법을 사용할지 달라지겠지만, 어떤 것을 선택하든 시간을 투자해야 하는 곳을 알려 주는 적절한 이정표가 된다.

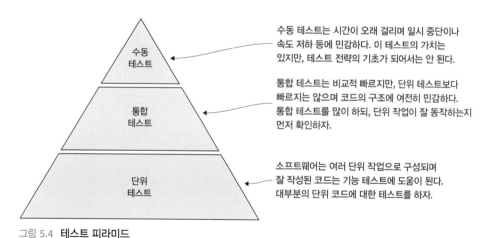

그림 5.4 **테스트 피라미드**

수동 테스트는 시간이 오래 걸리며 일시 중단이나 속도 저하 등에 민감하다. 이 테스트의 가치는 있지만, 테스트 전략의 기초가 되어서는 안 된다.

통합 테스트는 비교적 빠르지만, 단위 테스트보다 빠르지는 않으며 코드의 구조에 여전히 민감하다. 통합 테스트를 많이 하되, 단위 작업이 잘 동작하는지 먼저 확인하자.

소프트웨어는 여러 단위 작업으로 구성되며 잘 작성된 코드는 기능 테스트에 도움이 된다. 대부분의 단위 코드에 대한 테스트를 하자.

---

[1] 테스트 피라미드라는 말은 마이크 콘(Mike Cohn)의 《경험과 사례로 풀어낸 성공하는 애자일》(인사이트, 2012)에서 처음 나왔다.

소프트웨어의 작은 단위들이 모두 동작하는지 확인한 다음에 그것들이 함께 동작하도록 함으로써 비용을 최대한 효과적으로 활용할 수 있다. 또한, 이러한 작업을 자동화하면 여러분의 시간을 절약해 주므로 소프트웨어의 약한 부분을 찾는 새로운 방법을 생각할 시간을 갖게 할 것이다. 그런 다음, 새롭게 찾은 테스트 방법을 소프트웨어에 적용하면, 서서히 소프트웨어에 대한 자신감을 키울 수 있을 것이다.

5.2.7 회귀 테스트

회귀 테스트regression testing는 테스트 방법이라기보다 애플리케이션을 개발할 때 따라야 할 프로세스인 부분이 크다. 테스트를 만들 때, '이 코드가 계속해서 이런 식으로 동작하는지 확인하고 싶어' 한다고 가정하자. 테스트했던 동작을 변경하는 방식으로 코드를 수정하는 것은 회귀가 된 것이다. 회귀는 원하지 않은(또는 기대하지 않은) 상태로 이동한 것이며 일반적으로 잘못된 것이다.

회귀 테스트는 여러분의 코드를 제품으로 출시하기 전에 각 코드를 수정한 후 기존에 만들어 둔 테스트를 실행하는 방법이다. **테스트 스위트**test suite는 단위/통합 테스트로 코드를 검증하거나 수동 테스트를 통해 발견된 문제를 수정하기 위해 작성된 테스트 모음이다. 많은 개발팀들은 이러한 테스트 스위트를 애플리케이션이 릴리스되기 전에, 애플리케이션에 대한 변경이 빈번하게 결합되고 테스트되는 **지속적인 통합**Continuous Integration, CI 환경에서 실행한다. CI에 대해 자세히 설명하는 것은 이 책의 범위를 벗어난다. 하지만 모든 변경 사항을 전부 테스트하여 성공적인 애플리케이션을 만들기 위해 CI에 대한 개념을 갖길 바란다. 필자는 Travis CI (*https://docs.travis-ci.com/user/for-beginners/*) 또는 CircleCI (*https://circleci.com/docs/2.0/about-circleci/*)를 읽어보길 추천한다.

> **버전 관리 후크**
> 소스 관리 시스템에서 단위 테스트를 자동화하는 한 가지 방법은 프리커밋 후크(precommit hook)를 사용하는 것이다. 코드를 커밋할 때마다, 이 후크는 테스트가 실행되도록 한다. 만약 테스트가 실패하면, 커밋이 실패되면서 코드를 커밋하기 전에 고치라고 알려 준다. 대부분의 단위 테스트 도구는 이러한 방법과 잘 통합된다. 지속적인 통합 환경에서 테스트를 다시 실행하면 코드가 배포되기 전에 테스트를 통과할 수 있게 해 준다.

새로운 기능이 추가되면, 새로운 테스트가 테스트 스위트에 추가된다. 이것은 향후에 있을 변경을 대비하여 회귀 테스트로 고정된다. 마찬가지로, 발견된 버그에 대한 테스트를 추가하여 특정 버그가 다시 발생하지 않도록 한다. 코드도 그렇지만, 테스트 스위트가 항상 완벽한 것은 아니다. 하지만 무언가 잘못되었을 때 알려 주는 강력한 테스트 스위트를 사용하는 것은 개선이나 성능과 같은 다른 영역에 집중할 수 있게 해 준다.

이제, 파이썬으로 테스트를 어떻게 작성하는지 살펴보자.

5.3 사실에 대한 진술

실제로 테스트를 생성하기 위한 다음 단계는 특정 비교가 참true이라고 주장assert하는 것이다. **어써션**assertion은 사실에 대한 진술이다. 만약 참이 아닌 것을 주장하는 경우라면, 그것은 잘못된 것을 가정하거나 어써션 자체가 틀린 것이다. 예를 들어, '매일 아침 수평선에서 태양을 볼 수 있다'고 주장한다면, 이것은 대체로 맞는 말이다. 하지만 수평선에 구름이 있다면 이것은 참이 아니다. 하늘이 맑을 때라는 가정을 추가한다면 이 주장은 다시 참이 된다.

소프트웨어에서의 어써션도 유사하다. 이것도 어떤 표현식이 참이라고 주장하며 그 주장이 틀리면 틀렸다고 **알려 준다**. 파이썬에서 어써션은 assert 키워드를 사용하여 작성한다. 어써션이 틀리면 AssertionError가 발생한다.

비교문 앞에 assert를 추가하여 calculate_mean을 테스트할 수 있다. 어써션은 결과를 갖지 않는다. 다만, 실패한 경우에 AssertionError에 대한 **트레이스백**traceback을 보여줄 것이다.

```
>>> assert 10.0 == calculate_mean([0, 10, 20])
>>> assert 1.0 == calculate_mean([1000, 3500, 7_000_000])
Traceback (most recent call last):
  File "<stdin>", line 1, in <module>
AssertionError
```

이 동작은 많은 파이썬 테스트 도구에 기반한 것이다. 기능 테스트를 위한 방법(입력 설정, 예상 결과 식별, 실제 결과 획득, 비교)을 이용하여 이러한 도구들을 사용하면 비교 작업을 도와주며 어써션이 실패한 경우에 유용한 정보를 제공해 준다. 파이썬에서 가장 널리 사용하는 두 가지 테스트 도구가 여러분의 코드를 어떻게 검증하는지 알아보자.

5.4 unittest로 단위 테스트하기

unittest는 파이썬에 내장된 테스트 프레임워크다. 이름은 unittest지만 통합 테스트에도 사용할 수 있다. unittest는 코드에 대한 어써션을 만드는 기능과 테스트를 실행하기 위한 도구를 제공한다. 이번 절에서는 테스트를 구성하고 실행하는 방법을 배울 것이며, 마지막에는 실제 테스트를 작성하는 연습을 하게 될 것이다. 시작해 보자.

5.4.1 unittest로 테스트 구성하기

unittest는 어써션을 수행하기 위한 일련의 기능들을 제공한다. 앞에서 우리는 테스트 코드에 assert 구문을 어떻게 작성하는지 보았다. 하지만 unittest는 더 이해하기 쉬운 테스트 결과를 위해 커스텀 어써션 메서드를 가진 TestCase 클래스를 제공한다. 이 클래스를 상속받아 테스트를 만들면 어써션을 만들기 위한 메서드를 사용하게 될 것이다.

필자는 테스트들을 그룹화하는 전략을 위해 이런 테스트 클래스를 사용하길 추천한다. 이들 클래스는 융통성이 있어서 여러분이 원하는 테스트들을 그룹화할 수 있게 해 준다. 만약 어떤 클래스에 대한 테스트가 많다면 여러분만의 TestCase에 테스트를 두는 게 좋다. 만약 어떤 클래스에 있는 하나의 메서드에 대한 테스트가 많다면, 해당 메서드에 대해서만 TestCase를 만들 수도 있다. 코드에 대한 응집력, 네임스페이스 지정, 관심사 분리를 어떻게 하는지 배웠으니, 동일한 개념을 테스트에도 적용할 수 있다.

5.4.2 unittest로 테스트 실행하기

unittest는 터미널에 python -m unittest라고 입력하면 사용할 수 있는 테스트 러너를 제공한다. unittest 테스트 러너를 실행하면 다음의 테스트가 수행된다.

1 현재 디렉터리 및 하위 디렉터리에서 test_* 또는 *_test라는 이름의 모듈들을 찾는다.
2 해당 모듈에서 unittest.TestCase를 상속한 클래스를 찾는다.
3 해당 클래스에서 test_로 시작하는 메서드를 찾는다.

어떤 사람은 특정 모듈에 대한 테스트를 쉽게 찾기 위하여 관련 코드에 최대한 가깝게 테스트를 배치하기 좋아한다. 또 다른 사람은 테스트가 코드와 분리하도록 프로젝트의 루트에 tests/ 디렉터리를 두고 거기에 모든 테스트를 둔다. 필자는 두 가지 모두 사용해 봤지만 특별히 선호하는 것은 없다. 여러분 자신이나 팀, 또는 커뮤니티 그룹에 적당한 방법을 고르자.

5.4.3 unittest로 첫 번째 테스트 작성하기

unittest를 배웠으니, 이제 테스트해 보자. 다음은 몇 가지 테스트 연습을 위해 사용할 클래스다.

리스트 5.1 **전자상거래 시스템의 상품 클래스**

```
class Product:
    def __init__(self, name, size, color):      ◀── Product 인스턴스가 생성될 때
        self.name = name                            상품 속성이 지정된다.
        self.size = size
        self.color = color

    def transform_name_for_sku(self):
        return self.name.upper()

    def transform_color_for_sku(self):
        return self.color.upper()
                                            SKU는 상품 속성을
                                            고유하게 식별한다.
    def generate_sku(self):     ◀──
        """
        Generates a SKU for this product.

        Example:
            >>> small_black_shoes = Product('shoes', 'S', 'black')
            >>> small_black_shoes.generate_sku()
            'SHOES-S-BLACK'
        """
        name = self.transform_name_for_sku()
        color = self.transform_color_for_sku()
        return f'{name}-{self.size}-{color}'
```

이 클래스는 전자상거래 시스템에서 구매할 상품을 나타낸다. 상품은 이름, 사이즈에 대한 옵션, 색상의 속성을 가지고 있으며, 이러한 속성들의 조합은 **재고관리단위**Stock Keeping Unit, SKU를 생성한다. SKU는 가격과 재고를 위해 회사에서 사용되는 고유한 내부 식별자로, 보통 대문자로 된 형식을 사용한다. 이 클래스를 product.py 모듈로 저장한다.

상품 모듈을 생성했으니, 첫 번째 테스트를 작성해 보자. product.py와 같은 디렉터리에 test_product.py 모듈을 생성하자. unittest를 임포트하고 TestCase 클래스를 상속받은 비어 있는 ProductTestCase 클래스를 생성한다.

```
import unittest

class ProductTestCase(unittest.TestCase):
    pass
```

만약 지금 시점에서 python -m unittest를 실행하면 product.py와 비어 있는 test_product.py뿐이므로 실행된 테스트가 없다고 할 것이다.

```
$ python -m unittest

--------------------------------------------------------------------
Ran 0 tests in 0.000s

OK
```

test_product 모듈과 ProductTestCase 클래스는 찾았지만, 우리는 아직 테스트를 작성하지 않았다. 비어 있는 테스트 메서드를 클래스에 추가한 경우에도 동일한 결과를 확인할 수 있다.

```
import unittest

class ProductTestCase(unittest.TestCase):
    def test_working(self):
        pass
```

테스트 러너를 다시 실행하면, 이번에는 하나의 테스트를 수행했음을 알 수 있을 것이다. (옮긴이 다음과 같은 결과가 나오지 않는다면, python3 -m unittest라고 해 보자.)

```
$ python -m unittest
.
--------------------------------------------------------------------
Ran 1 tests in 0.000s

OK
```

이제 진짜 마법이 준비되었다. 기능 테스트의 구조를 떠올려 보자.

1 입력을 준비한다.

2 예상되는 결과를 식별한다.

3 실제 결과를 얻는다.

4 예상한 결과와 실제 결과를 비교한다.

만약 Product 클래스의 transform_name_for_sku 메서드를 테스트하고 싶다면, 다음과 같은 방법이 될 것이다.

1 이름, 사이즈, 색상으로 Product 인스턴스를 생성한다.

2 transform_name_for_sku가 name.upper()를 반환하는지 확인한다. 예상되는 결과는 대문자로 된 이름이다.

3 Product 인스턴스의 transform_name_for_sku 메서드를 호출하고 그 결과를 변수에 저장한다.

4 예상한 결과와 저장된 실제 결과를 비교한다.

앞의 세 단계는 Product 인스턴스를 생성하고 transform_name_for_sku의 결과를 얻는 일반적인 코드를 사용하여 만들 수 있다. 네 번째 단계는 assert 구문을 이용해도 되겠지만, AssertionError는 디폴트로 트레이스백traceback으로 많은 정보를 제공하지 않는다. 일반적으로 두 개의 값을 비교하는 데 사용하는 것은 assertEqual로, 예상한 값과 실제 값을 인자로 받는다. 이것은 두 값이 서로 같지 않은 경우에 AssertionError를 내며 두 값의 차이를 보여주는 추가 정보를 제공한다. 이 추가된 내용은 문제를 더 쉽게 찾을 수 있게 해 준다.

첫 번째 테스트는 다음과 같다.

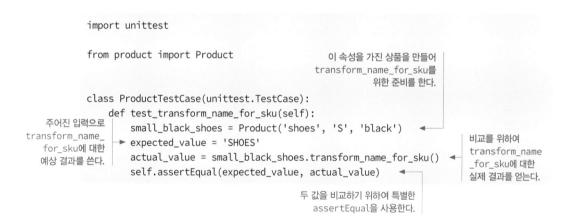

이제 테스트 러너를 실행하면 여전히 Ran 1 test라고 표시할 것이다. 테스트를 통과했다면 별다른 추가 결과를 보지 못할 것이다.

테스트를 실패로 만들어 코드상의 문제를 정말로 잡아내는지 확인해 보자. 예상한 값인 'SHOES'를 'SHOEZ'로 수정하고 다시 테스트해 보자. 이제 unittest는 'SHOEZ' != 'SHOES'라고 시작되는 AssertionError를 낼 것이다.

```
$ python -m unittest
F
========================================================================
FAIL: test_transform_name_for_sku (test_product.ProductTestCase)
------------------------------------------------------------------------
Traceback (most recent call last):
  File "/Users/dhillard/test/test_product.py", line 11, in
➥ test_transform_name_for_sku
    self.assertEqual(expected_value, actual_value)
AssertionError: 'SHOEZ' != 'SHOES'
- SHOEZ
? ^
+ SHOES
? ^


------------------------------------------------------------------------
Ran 1 test in 0.001s

FAILED (failures=1)
```

테스트가 코드를 감시하고 있음을 확인했으니, 원래의 값으로 다시 돌려놓고 다음 테스트로 넘어가자.

5.4.4 unittest로 첫 번째 통합 테스트 작성하기

지금까지 단위가 무엇이며 어떻게 테스트할 수 있는지 살펴보았다. 이제는 여러 단위를 통합한 테스트를 어떻게 하는지 살펴보자. 단위 테스트는 소프트웨어의 독립된 작은 부분에 대한 동작을 검사하기 위한 것이므로 통합 테스트를 하지 않고서는 이 단위들이 전체적으로 함께 잘 동작하는지를 확신하기 힘들다(그림 5.5 참고).

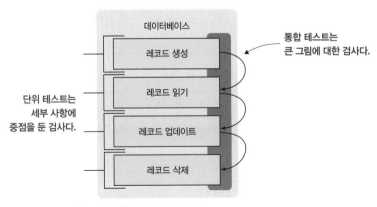

그림 5.5 단위 테스트와 통합 테스트

SKU 시스템의 재고 상품을 관리할 수 있게 되었으니, 고객이 상품을 구매할 수 있어야 한다. 새로운 shoppingCart 클래스를 만들어서 상품을 추가 또는 삭제할 수 있게 하자. 다음과 같이, 장바구니는 딕셔너리로 상품을 저장한다.

```
{
    'SHOES-S-BLACK': {          ◀── 키는 상품 SKU이다.
        'quantity': 2,          ◀── 수량 등 장바구니 항목에 대한 메타데이터는
        ...                          중첩된 딕셔너리로 표현된다.
    },
    'SHOES-M-BLUE': {
        'quantity': 1,
        ...
    },
}
```

shoppingCart 클래스는 이 딕셔너리의 데이터를 관리하는 방식으로 상품을 추가하는 메서드와 제거하는 메서드를 포함한다.

```
from collections import defaultdict
                                         defaultdict를 사용하면 장바구니
                                     딕셔너리에 제품이 이미 있는지를 검사하는
                                                   로직이 단순해진다.
class ShoppingCart:
    def __init__(self):
        self.products = defaultdict(lambda: defaultdict(int))  ◀──

    def add_product(self, product, quantity=1):   ◀── 상품의 수량을 장바구니에 추가하기
        self.products[product.generate_sku()]['quantity'] += quantity

    def remove_product(self, product, quantity=1):   ◀── 장바구니에서 제품의
        sku = product.generate_sku()                      수량을 제거하기
        self.products[sku]['quantity'] -= quantity
        if self.products[sku]['quantity'] == 0:
            del self.products[sku]
```

이제 ShoppingCart는 통합 테스트해야 할 부분들을 보여준다.

- 장바구니는 Product 인스턴스의 generate_sku 메서드를 사용한다.
- 상품을 추가하고 제거하는 작업은 순차적으로 실행되어야 하며, 이전에 추가된 제품도 제거할 수 있어야 한다.

이러한 통합 테스트는 단위 테스트와 매우 유사하게 보일 것이다. 차이점은 '얼마나 많은 부분의 소프트웨어가 테스트 중에 실행되는가'다. 일반적으로 단위 테스트는 메서드 하나의 코드만 실행하고 결과가 예상한 것과 같은지를 확인한다. 반면, 통합 테스트는 여러 메서드가

실행될 수 있으며, 그 과정에서 여러 사항에 대한 어써션을 만들 수 있다.

ShoppingCart의 경우에는 다음 코드처럼 장바구니를 초기화하고, 상품을 추가하고, 그것을 제거하고, 그런 다음 장바구니가 비어 있는지 테스트하는 게 필요하다.

리스트 5.2 ShoppingCart 클래스에 대한 통합 테스트

```
import unittest

from cart import ShoppingCart
from product import Product


                                                        테스트 설정은 앞에서 한
                                                        단위 테스트와 비슷하다.
class ShoppingCartTestCase(unittest.TestCase):  ◀
    def test_add_and_remove_product(self):
        cart = ShoppingCart()           ◀──── 상품을 추가하기 위한 장바구니를 생성한다.
        product = Product('shoes', 'S', 'blue')  ◀──── 작은 파란 신발을 생성한다.

        cart.add_product(product)   ◀──── 장바구니에 신발을 추가한다.
   ┌──▶ cart.remove_product(product)
   │
   │    self.assertDictEqual({}, cart.products)  ◀──── 장바구니는 비어 있어야 한다!
   │
장바구니에서 신발을 제거한다.
```

이 테스트는 장바구니의 __init__ 메서드를 호출하고, 상품의 generate_sku 메서드를 호출하고, 장바구니의 add_product 메서드를 호출하고, 장바구니의 remove_product 메서드를 호출한다. 많은 것이 진행된다. 예상했겠지만 결과적으로 통합 테스트는 꽤 오래 걸린다.

5.4.5 테스트 더블

그것이 데이터베이스이든 API 호출이든, 다른 시스템과 연동하는 코드를 테스트해야 하는 경우가 종종 있다. 이런 경우, 실제 데이터로 테스트하다 보면 나쁜 결과를 초래할 수 있다. 해당 코드가 여러 번 시행되는 테스트인 경우 그 영향이 확대되어 시스템이 느려질 수도 있다. 이러한 다른 시스템이 여러분의 통제 아래에 있지 않을 수 있다. 따라서 이런 경우에는 실제 데이터가 아닌 가상의 것으로 테스트하는 것이 합리적이다.

테스트 더블을 이용하여 이러한 시스템을 모방하는 몇 가지 방법이 있다.

- **페이킹**Faking — 실제와 비슷하게 동작하지만 실제 시스템에 영향을 미치지 않는 시스템을 이용하기

- **스터빙**Stubbing — 실제 시스템에서 값을 가져오는 대신에 미리 결정된 값을 응답으로 사용하기

- **모킹**Mocking — 실제와 동일한 인터페이스를 사용하지만 나중에 살펴보기 위하여 인터렉션을 기록하는 시스템을 사용하기

파이썬에서 페이킹과 스터빙은 함수 또는 클래스를 모방하여 작성하고, 테스트를 수행하는 동안 그것을 사용하도록 코드에 지시할 수 있게 한다. 반면, 모킹은 보통 unittest.mock 모듈을 사용하여 수행된다.

예를 들어, 상품 판매에 대한 세금 정보를 얻기 위하여 API를 호출하는 코드가 있다고 가정하자. API에 대한 응답 시간이 몇 초 걸리는 상황이라면, 테스트를 위해서 이것을 사용하고 싶지 않을 것이다. 또한, 동적 데이터를 반환하기 때문에 테스트에 대한 어써션을 어떤 값으로 해야 하는지 확실하지 않다. 이에 대한 코드가 다음과 같다고 하자.

```python
from urllib.request import urlopen


def add_sales_tax(original_amount, country, region):
    sales_tax_rate = urlopen(f'https://tax-api.com/{country}/{region}').read().decode()
    return original_amount * float(sales_tax_rate)
```

모킹을 통한 단위 테스트는 다음과 같다.

```python
import io
import unittest
from unittest import mock

from tax import add_sales_tax


class SalesTaxTestCase(unittest.TestCase):
    @mock.patch('tax.urlopen')
    def test_get_sales_tax_returns_proper_value_from_api(
            self,
            mock_urlopen
    ):
        test_tax_rate = 1.06
        mock_urlopen.return_value = io.BytesIO(
            str(test_tax_rate).encode('utf-8')
        )

        self.assertEqual(
            5 * test_tax_rate,
            add_sales_tax(5, 'USA', 'MI')
        )
```

Mock.patch 데코레이터는 지정된 객체나 메서드를 모방한다.

테스트 함수는 모방된 객체 또는 메서드를 받는다.

이제, 모방된 urlopen 호출은 예상한 테스트 세율을 가진 모방된 응답을 반환할 것이다.

add_sales_tax 메서드는 API를 통해 반환된 새로운 세율을 가지고 새로운 값을 계산한다는 것을 검사한다.

이런 식의 테스트는 '내가 제어한 코드는 주어진 이러한 가정에 이런 식으로 동작한다'고 말할 수 있게 해 준다. 여기서 가정은 테스트 더블을 이용하여 생성된다. 만약 요청 라이브러리가 생각한 것처럼 동작한다는 확신이 생긴다면, 테스트 더블을 사용하여 종속성을 없앨 수 있다. 나중에 다른 HTTP 클라이언트 라이브러리를 사용해야 하거나 세금 정보를 얻는 API를 변경해야 하는 경우가 생겨도 테스트를 변경할 필요가 없어질 것이다.

테스트 더블이 남용될 수 있으며, 이렇게 남용되는 것은 대부분의 경우에 문제가 된다. 앞에서 언급한 느리거나 실제 데이터에 영향을 주는 것을 피하고자 테스트 더블을 사용하려 하다 보면, 때로는 테스트하려는 단위 코드를 완벽하게 분리하려고 코드 자체를 모방하고 싶어지곤 한다. 이렇게 하면 구현체의 구조가 거의 그대로 반영되기 때문에, 코드를 수정할 때마다 테스트가 깨지게 되어 테스트가 자주 중단될 수 있다. 구현체가 수정되면 테스트도 수정해야 할 것이다.

필요한 부분을 검사하되 기존 구현체의 변경에 무관하게 유연한 테스트를 만들도록 노력하자. 다시 한번 말하지만, 이것이 느슨한 결합이다. 느슨한 결합은 구현체 코드만큼 테스트 코드에도 적용된다.

5.4.6 Try it out

Product 클래스와 ShoppingCart 클래스에 있는 다른 메서드는 어떻게 테스트할 것인가? 기능 테스트 방법을 염두에 두고, 나머지 메서드에 대한 테스트를 추가해 보자. 꼼꼼한 테스트 스위트는 각 메서드뿐만 아니라 그 메서드로부터 예상되는 각각의 다른 결과에 대한 어써션을 포함한다. 미묘한 버그를 찾을 수 있다! 힌트를 주자면, 장바구니에 들어 있는 것보다 더 많은 상품을 제거하는 상황을 테스트해 보자.

테스트해야 할 값 중에는 딕셔너리가 있다. unittest는 assertDictEqual이라는 특별한 메서드를 가지고 있으며, 이것은 테스트를 실패했을 때 유용한 결과를 제공한다.

앞에서 작성했던 것처럼 간단한 테스트일 때는 예상한 값과 실제 값을 변수에 저장하지 않아도 된다. assertEqual의 인자로 표현식을 직접 입력해 보자.

```
def test_transform_name_for_sku(self):
    small_black_shoes = Product('shoes', 'S', 'black')
    self.assertEqual(
        'SHOES',
        small_black_shoes.transform_name_for_sku(),
    )
```

여러분이 직접 코드를 작성해 보고, 다시 여기로 돌아와서 여러분이 했던 방법과 다음 코드를 비교해 보자. 테스트를 작성하거나 변경한 후에도 테스트가 계속 통과하는지 확인하려면 unittest 테스트 러너를 사용해야 한다는 것을 기억하자.

리스트 5.3 **ShoppingCart와 Product에 대한 테스트 스위트**

```python
class ProductTestCase(unittest.TestCase):
    def test_transform_name_for_sku(self):
        small_black_shoes = Product('shoes', 'S', 'black')
        self.assertEqual(
            'SHOES',
            small_black_shoes.transform_name_for_sku(),
        )

    def test_transform_color_for_sku(self):
        small_black_shoes = Product('shoes', 'S', 'black')
        self.assertEqual(
            'BLACK',
            small_black_shoes.transform_color_for_sku(),
        )

    def test_generate_sku(self):
        small_black_shoes = Product('shoes', 'S', 'black')
        self.assertEqual(
            'SHOES-S-BLACK',
            small_black_shoes.generate_sku(),
        )


class ShoppingCartTestCase(unittest.TestCase):
    def test_cart_initially_empty(self):
        cart = ShoppingCart()
        self.assertDictEqual({}, cart.products)

    def test_add_product(self):
        cart = ShoppingCart()
        product = Product('shoes', 'S', 'blue')

        cart.add_product(product)
        self.assertDictEqual({'SHOES-S-BLUE': {'quantity': 1}}, cart.products)

    def test_add_two_of_a_product(self):
        cart = ShoppingCart()
        product = Product('shoes', 'S', 'blue')

        cart.add_product(product, quantity=2)

        self.assertDictEqual({'SHOES-S-BLUE': {'quantity': 2}}, cart.products)

    def test_add_two_different_products(self):
        cart = ShoppingCart()
        product_one = Product('shoes', 'S', 'blue')
```

```
            product_two = Product('shirt', 'M', 'gray')

            cart.add_product(product_one)
            cart.add_product(product_two)

            self.assertDictEqual(
                {
                    'SHOES-S-BLUE': {'quantity': 1},
                    'SHIRT-M-GRAY': {'quantity': 1}
                },
                cart.products
            )

    def test_add_and_remove_product(self):
        cart = ShoppingCart()
        product = Product('shoes', 'S', 'blue')

        cart.add_product(product)
        cart.remove_product(product)

        self.assertDictEqual({}, cart.products)

    def test_remove_too_many_products(self):
        cart = ShoppingCart()
        product = Product('shoes', 'S', 'blue')

        cart.add_product(product)
        cart.remove_product(product, quantity=2)

        self.assertDictEqual({}, cart.products)
```

장바구니에 있는 수량이 0과 **같거나 적은** 경우에 발생하는 버그를 수정하기 위하여 장바구니
에서 상품을 삭제하는 remove_product를 수정한다.

```
if self.products[sku]['quantity'] <= 0:
        del self.products[sku]
```

5.4.7 흥미로운 테스트 작성하기

좋은 테스트는 테스트 중인 메서드의 동작에 영향을 주는 입력을 사용한다. SKU는 일반적으
로 모두 대문자이며 공백을 포함하지 않은 문자, 숫자, 하이픈만 사용한다. 그런데 상품 이름
에 공백이 있다면 어떻게 해야 할까? SKU를 만들기 전에 이름에 있는 공백을 제거하고 싶을
것이다. 예를 들어, 탱크 탑tank top의 SKU는 'TANKTOP'으로 시작할 것이다.

이것은 새로운 요구 사항이므로 코드의 동작 방법에 대한 새로운 테스트를 작성해야 한다.

```python
def test_transform_name_for_sku(self):
    medium_pink_tank_top = Product('tank top', 'M', 'pink')
        self.assertEqual(
            'TANKTOP',
            medium_pink_tank_top.transform_name_for_sku(),
    )
```

이 테스트는 실패하게 된다. 왜냐하면 현재 코드는 'TANKTOP'을 반환하기 때문이다. 괜찮다. 우리는 아직 공백이 포함된 상품 이름을 지원하지 않았다. 예상한 이유로 테스트가 실패한다는 것은 공백을 올바르게 처리하는 코드를 작성하기만 하면 테스트가 통과된다는 것을 의미한다.

이처럼 흥미로운 테스트에 대한 생각은 매우 중요하다. 왜냐하면 개발 과정 초기에 이와 같은 질문을 제기할 수 있기 때문이다. 그런 다음, 다른 이해 관계자에게 '지원해야 하는 제품 이름의 모든 형태는 무엇인가?'라고 질문하고 조사할 수 있다. 만약 몰랐던 정보를 얻게 된다면, 더 좋은 소프트웨어를 만들기 위하여 그 정보를 코드와 테스트에 추가할 수 있을 것이다.

unittest의 이점을 이해했으니, 이제는 pytest를 배워보자.

5.5 pytest로 테스트하기

파이썬에 내장된 unittest는 완전한 기능을 가진 프레임워크지만, 몇 가지 단점이 있다. 이것의 메서드 이름은 스네이크 케이스(snake_case)가 아니라 JUnit의 잔재인 카멜 케이스(camelCase)를 사용하기 때문에 몇몇 사람에게는 파이썬 같지 않다고 느끼게 한다. unittest 또한 기본적인 테스트를 이해하기 어렵게 만드는 상당한 양의 보일러플레이트boilerplate가 필요하다.

> **파이썬스러운 코드**
>
> 파이썬 언어가 제공하는 기능과 공통 스타일 가이드를 사용하는 코드를 파이썬스럽다고 말한다. 파이썬 코드는 변수와 메서드 이름에 스네이크 케이스(snake_case)를 사용하며 간단한 for 루프 대신에 리스트를 사용한다.

간결하고 직접적인 테스트를 좋아하는 사람이라면, pytest가 답이다(*https://docs.pytest.org/en/latest/getting-started.html*). pytest를 설치하면 앞에서 본 assert 구문으로 돌아갈 수 있다. pytest는 내부적으로 마법과 같은 작업을 수행하지만 부드러운 사용감을 제공한다.

pytest는 디폴트로 조금 더 이해하기 쉬운 결과를 만들어 준다. 시스템, 발견한 테스트 수, 개별 테스트에 대한 결과, 전체 테스트 결과에 대한 요약을 알려 준다.

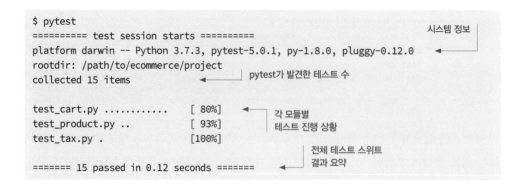

```
$ pytest
========== test session starts ==========                           시스템 정보
platform darwin -- Python 3.7.3, pytest-5.0.1, py-1.8.0, pluggy-0.12.0  ◄
rootdir: /path/to/ecommerce/project
collected 15 items              ◄─────  pytest가 발견한 테스트 수

test_cart.py ...........    [ 80%]  ◄─┐  각 모듈별
test_product.py ..         [ 93%]    │  테스트 진행 상황
test_tax.py .              [100%]  ◄─┘
                                            전체 테스트 스위트
======= 15 passed in 0.12 seconds =======  ◄──  결과 요약
```

5.5.1 pytest로 테스트 구성하기

pytest는 unittest와 마찬가지로 테스트를 자동으로 검색한다. 심지어 여러분이 주변에 둔 모든
unittest 테스트도 발견할 것이다. 한 가지 중요한 차이점은 올바른 pytest 테스트 클래스 이름
은 Test*라는 것이며 동작을 위해 unittest.TestCase 같은 기본 클래스를 상속할 필요가 없
다는 것이다.

pytest로 테스트를 실행하는 명령어는 간단하다.

```
pytest
```

pytest는 기본 클래스로부터 상속을 받아야 하거나 특별한 메서드를 사용해야 하지 않기 때문
에, 테스트를 클래스로 반드시 구성할 필요는 없다. 그래도 잘 구조화된 테스트 형태가 되기
때문에 클래스로 구성하는 것을 필자는 권장한다. pytest는 실패한 결과에 테스트 이름을 포
함하므로 테스트 위치가 어디인지, 무엇을 테스트하는 것인지 이해하는 데 도움을 준다. 전체
적으로 pytest 테스트는 unittest와 유사하게 구성할 수 있다.

5.5.2 unittest 테스트를 pytest로 전환하기

pytest는 기존의 unittest 테스트를 발견할 것이므로 여러분이 원한다면 그 테스트들을 pytest
로 변환할 수 있다. 지금까지 작성한 테스트 스위트의 경우, 다음과 같이 변환될 것이다.

- test_product.py에서 unittest 임포트 구문을 제거한다.

- ProductTestCase 클래스 이름을 TestProduct로 변경하고 unittest.TestCase로부터
  의 상속을 제거한다.

- 모든 self.assertEqual(expected, actual)을 assert actual == expected로 바꾼다.

앞에서 본 테스트는 pytest에서 다음과 같이 된다.

리스트 5.4 **pytest에서의 테스트**

```
class TestProduct:                              ◄── 더 이상 어떤 기본 클래스를 상속할 필요가 없다.
    def test_transform_name_for_sku(self):
        small_black_shoes = Product('shoes', 'S', 'black')
        assert small_black_shoes.transform_name_for_sku() == 'SHOES'   ◄──
                                                             self.assertEqual는 없어지고
                                                             그 대신에 기본적인 assert 구문을
    def test_transform_color_for_sku(self):                        사용한다.
        small_black_shoes = Product('shoes', 'S', 'black')
        assert small_black_shoes.transform_color_for_sku() == 'BLACK'

    def test_generate_sku(self):
        small_black_shoes = Product('shoes', 'S', 'black')
        assert small_black_shoes.generate_sku() == 'SHOES-S-BLACK'
```

보다시피, pytest는 더 짧고, 논란의 여지 없이 더 읽기 쉬운 테스트 코드를 만든다. 또한, 테스트를 위한 환경과 종속성을 더 쉽게 설정할 수 있는 기능을 가진 고유한 프레임워크를 제공한다. pytest가 제공하는 모든 것을 자세히 살펴보려면, 브라이언 오켄Brian Okken의 《Python Testing with pytest: Simple, Rapid, Effective, and Scalable》(Pragmatic Bookshelf, 2017) 책을 추천한다.

여러분은 몇 개의 단위 테스트와 통합 테스트를 해 봤으니, 이제는 기능 테스트가 아닌 것을 간략하게 살펴보자.

5.6 기능 테스트를 넘어서

이번 장에서는 대부분 기능 테스트를 배우는 데 보냈다. 코드가 동작하도록 만들고, 코드를 올바르게 만든 다음에 빠르게 한다는 것은 기능 테스트가 코드의 성능 테스트보다 우선한다는 의미다. 코드가 동작하는지 확인했다면, 다음 단계에서는 성능을 우수하게 하는 것이다.

5.6.1 성능 테스트

성능 테스트는 변경 사항이 메모리, CPU, 디스크 사용량 등에 얼마나 영향을 미치는지 알려 준다. 4장에서는 단위 코드에 대한 성능 테스트를 할 수 있는 도구들을 배웠다. 여러분은 timeit 모듈을 사용해 봤으며, 이 모듈은 특정 코드 및 함수를 선택할 수 있는 방법이 무엇인지를 보는 데 사용한다. 이는 자동화된 방식으로 수행되는 측정이 아니다. 이것은 두 가지 접근 방식을 임시로 비교하기 위한 것으로, 두 가지 구현체 중에 어느 것이 더 빠른지 확인하려고 할 때 바로 사용할 수 있다.

효율성을 유지해야 하는 중요한 작업들로 구성된 대규모 애플리케이션을 개발할 경우, 자동화된 성능 테스트를 여러분의 프로세스에 통합해야 할 수도 있다. 자동화된 성능 테스트는 실제로 회귀 테스트와 매우 비슷하다. 만약 변경 사항을 배포한 후에 애플리케이션이 기존보다 20% 이상의 메모리를 사용하기 시작했다면, 변경 사항을 조사해 봐야 한다. 또한, 성능 테스트는 속도가 느린 코드 부분을 수정하여 앱 속도를 높였다는 것을 확인하기에도 좋다.

통과/실패의 결과만 주는 단위 테스트와는 달리, 성능 테스트는 더욱 정성적인 결과를 준다. 만약 시간이 지남에 따라 애플리케이션이 느려진다면(또는 배포 후에 갑자기 느려진다면), 해당 부분을 살펴봐야 할 것이다. 이런 종류의 테스트는 특성상 자동화와 모니터링이 힘들지만, 해결책이 따로 있다.

5.6.2 부하 테스트

부하 테스트load testing는 성능 테스트의 일종이며, 애플리케이션이 죽을 때까지 얼마나 많이 밀어붙일 수 있는가에 대한 정보를 준다. CPU나 메모리, 네트워크 대역폭을 너무 많이 사용하거나 사용자가 안정적으로 사용하기에는 너무 느리게 할 수 있다. 그게 어떤 경우이든, 부하 테스트는 애플리케이션에 제공하는 리소스를 세밀하게 조절하는 데 사용할 수 있는 측정 방법을 제공한다. 보다 실질적으로는 시스템의 일부 설계를 더 효과적으로 변경하기 위해 동기부여할 것이다.

부하 테스트는 단위 테스트 같은 것들보다 더 많은 하부 구조와 전략이 필요하다. 부하에 대한 성능을 명확하게 파악하려면, 아키텍처와 사용자 행동 모두에 대해 실제 서비스 환경을 매우 근접하게 모방해야 한다. 애플리케이션 단의 부하 테스트는 복잡하기 때문에, 테스트 피라미드에서 통합 테스트보다 훨씬 높은 위치에 있다(그림 5.6 참고).

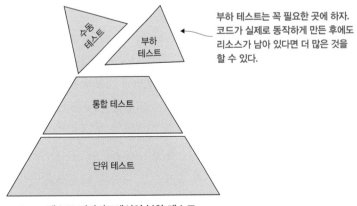

그림 5.6 **테스트 피라미드에서의 부하 테스트**

부하 테스트는 실제 사용자 행동과 가장 유사한 시나리오로 애플리케이션의 성능 테스트를 할 수 있게 해 준다.

5.7 테스트 주도 개발: 기본지침

단위 테스트와 통합 테스트를 사용하여 소프트웨어 개발을 추진하자는 개념이 있다. 이러한 방법을 **테스트 주도 개발**Test-Driven Development, TDD이라고 부른다. TDD는 테스트를 미리 수행할 수 있게 하므로 지금까지 설명한 테스트의 이점을 활용할 수 있게 된다.

5.7.1 사고방식

필자에게 TDD의 진정한 이점은 완전히 빠져들게 만드는 TDD의 사고방식이다. 품질 보증 엔지니어들은 코드상의 문제점을 언제든지 찾을 수 있다는 선입견이 있다. 보통은 약간 업신여기는 듯한 뉘앙스이지만 주목할 만한 점이라고 생각한다. 시스템이 폭발할 수 있는 모든 방법을 나열하는 것은 유용할 뿐만 아니라 인상적이기 때문이다.

넷플릭스는 카오스 엔지니어링chaos engineering이라는 개념으로 TDD를 극단으로 끌어올렸다. 그들은 시스템에 생길 수 있는 모든 문제에 대해 적극적으로 고려했지만 예측할 수 없던 문제들을 마주하기도 했다[2]. 이것은 넷플릭스로 하여금 혁신적인 대응 방법을 모색하도록 이끌었다.

테스트를 만들 때는 카오스 엔지니어가 된 것처럼 하자. 여러분의 코드가 견딜 수 있는 극한 상황을 생각하고 그 상황을 코드에 던져 보자. 물론, 한계가 있을 수 있다. 모든 코드가 모든 입력에 예상한 대로 반응한다는 것은 맞지 않을 것이다. 하지만 파이썬의 예외 시스템은 드물게 일어나는 상황이나 예상치 못한 상황에 여러분의 코드가 예상 가능한 방식으로 응답할 수 있게 해 준다.

5.7.2 철학

TDD는 하위 개념을 가지고 있으며, 어떻게 하면 올바르게 하는가보다 올바르게 하지 않는 방법이 무엇인가를 더 중요하게 생각한다. 이것은 다른 사회 운동처럼 다양한 스타일과 비평가들을 만들어 내는 일종의 예술 형태다. 다양한 팀들이 그들만의 테스트를 어떻게 처리하는지를 배우는 것은 필자에겐 많은 도움이 되었다. 그 방법대로 한번 해 보면, 맘에 드는 부분을

---

2 넷플릭스가 카오스 엔지니어링을 어떻게 해왔는지 자세히 알고 싶다면, 블로그(*https://medium.com/netflix-techblog/tagged/chaos-engineering*)를 참고하자.

발견할 것이며 여러분의 업무에 적용할 수도 있다.

일부 TDD 문서에는 모든 코드에 테스트가 포함되도록 하라고 한다. 코드가 처리할 수 있는 다양한 경우를 다루는 것은 좋지만, 일정 수준을 넘게 되면 얻게 되는 효과가 줄어들 것이다. 몇 줄 안 되는 코드로 테스트하는 것은 통합 테스트로 인하여 테스트와 구현체 간에 더 강한 결합을 만들곤 한다.

만약 함수의 일부 동작을 테스트하기 뭔가 어색하거나 어렵다면, 코드의 관심사 분리가 잘 안 되었기 때문인지 아니면 본질적으로 테스트 자체가 어색하기 때문인지를 확인하자. 어색한 부분을 해결하거나 제거할 수 없다면, 실제 코드보단 테스트로 두는 편이 낫다. 테스트를 더 쉽게 하기 위해서만, 또는 더 많은 것을 검사하는 테스트로 만들기 위해서만의 코드 리팩토링은 하지 말고, 테스트를 쉽게 만들면서 코드의 일관성을 높이는 리팩토링을 하자.

요약

- 기능 테스트는 코드가 주어진 입력에 대해 예상한 결과를 내는지 확인한다.
- 테스트는 버그를 잡아주며 리팩토링 코드를 더 쉽게 만들어 주기 때문에 장기적으로 보면 시간이 절약된다.
- 수동 테스트는 확장할 수 없으며, 자동화 테스트를 보완하기 위해 사용되어야 한다.
- unittest와 pytest는 파이썬에서 널리 사용하는 단위 테스트 프레임워크 및 통합 테스트 프레임워크다.
- 테스트 주도 개발은 테스트를 최우선으로 하여, 요구 사항에 따라 실제 구현체를 만든다.

대규모 시스템에
적용하기

파트 II에서는 소프트웨어 설계에서 큰 부분을 차지하는 개념들을 배웠으니, 파트 III에서는 그것들을 적용해 볼 것이다. 아무것도 없는 상태에서 애플리케이션을 구축해가는 과정을 통해, 개발에서의 다양한 부분에 소프트웨어 설계 개념들이 어떻게 적용되는지 보게 될 것이다.

빠르게 동작하는 소프트웨어를 설계하는 것이 하나의 목표일 수 있겠지만, 또 다른 목표는 여러분뿐만 아니라 다른 개발자가 소프트웨어를 이해하며 유지보수할 수 있게 만드는 것이어야 한다. 이번 파트에서 여러분은 설계란 반복적인 과정이라는 것을 알게 될 것이다. 항상 옳거나 항상 틀린 답이 있는 건 아니며, "완성"이라는 것도 없다. 여러분은 코드상의 문제점을 어떻게 식별하는지 배울 것이며, 배운 것을 사용하여 작업을 최소화하고 이해를 극대화하게 될 것이다.

PART III

Nailing down
large systems

CHAPTER

6

실전! 관심사 분리

> ### 이 장에서 다루는 내용
>
> - 관심사 분리로 애플리케이션 개발하기
> - 결합된 서로 다른 관심사를 느슨하게 하기 위하여 특정 유형의 캡슐화 사용하기
> - 확장할 수 있도록 잘 분리된 기반 만들기

2장에서 파이썬의 **관심사 분리**에 대한 예를 설명하였다. 관심사 분리는 코드를 이해하기 쉽게 하기 위해 고유한 동작을 하는 코드 간 경계를 만드는 것을 의미한다. 추론하기 쉬운 코드 조각들로 분리하는 데는 함수, 클래스, 모듈, 패키지가 얼마나 유용한지도 배웠다. 2장에서 관심사 분리에 사용할 수 있는 몇 가지 도구를 설명하였다. 그것들을 실제로 적용해 보면 큰 도움이 될 것이다.

직접 해 보면서 배우는 게 최고다. 실제 프로젝트를 진행하다 보면 전에 몰랐던 새로운 문제를 발견하곤 한다. 이번 장에서는 관심사 분리에 대한 좋은 예로 실제 애플리케이션을 만들어 볼 것이다. 이후의 장에서 계속 개선해 나갈 것이며, 이를 통해 여러분의 프로젝트에 적용할 수 있는 아이디어를 갖게 될 것이다.

 이번 장에서부터 데이터베이스에서 데이터를 처리하고 검색하기 위한 도메인 언어(Domain-Specific Language, DSL)인 구조화된 질의 언어(Structured Query Language, SQL)를 가볍게 사용할 것이다. SQL을 사용해 보지 않았거나 너무 오래되어 잊었다면, 계속 진행하기 전에 튜토리얼을 해 보는 게 좋다. 벤 브룸(Ben Brumm)의 SQL in Motion 코스(*www.manning.com/livevideo/sql-in-motion*)를 참고하길 바란다.

6.1 커맨드라인용 북마킹 애플리케이션

이번 장에서는 북마크를 저장하고 관리하는 애플리케이션을 개발할 것이다.

필자는 노트 필기를 잘하지 못한다. 그래서 학교나 직장에서 배운 것을 기록하는 좋은 방법을 찾기 위해 고심했다. 참신한 방법이나 통찰력 있는 예제에 포함된 개념을 다루는 훌륭한 자료를 발견하는 것은 금을 발견한 것과 같지만, 내용을 읽고 연습할 시간이 필요하기 때문에 자료가 하나씩 쌓이게 되었다. 그러다 보니 지난 몇 년간 수많은 북마크를 모았다. 언젠가는 그것을 다 읽어 볼 생각이다.

대부분 브라우저에 있는 기본 북마크 기능은 뭔가 부족하다. 폴더로 관리할 수 있고 제목을 지정할 순 있지만, 맨 처음에 왜 저장했는지 기억하기가 매우 어렵다. 필자의 북마크는 테스트, 성능, 새로운 프로그래밍 언어 등 코드와 관련한 것이다. 깃허브에서 흥미로운 저장소를 발견할 때면, 나중을 위해서 깃허브의 '별' 기능을 이용하여 저장한다. 하지만 깃허브의 별도 제한이 있다. 이 책을 쓰는 시점에서, 깃허브의 별은 프로그래밍 언어로만 필터링할 수 있는 하나의 큰 목록을 제공하고 있다. 어떤 북마크 기능(구현체)을 이용하든 대부분은 동일한 기본 원리를 기반으로 구축되었다.

북마크는 간단한 **CRUD**Create, Read, Update, Delete 워크플로우의 한 예다(그림 6.1 참고). 이 네 작업은 수많은 데이터 중심 도구를 구성하는 기본이다. 나중을 위해 저장할 북마크를 **만든** 다음, URL을 얻기 위한 정보를 **읽는다**. 만약 원래 있던 북마크와 혼동된다면 북마크 제목을 **갱신**할 것이며, 필요 없어진 것은 **삭제**할 것이다. 이것이 이 장에서 만들 애플리케이션의 시작점이다.

기존의 북마크 도구에 없는 기능 중 하나는 긴 설명을 넣을 수 없다는 것이다. 우리가 만들 애플리케이션에는 그것을 포함하겠다. 다음 장에서도 몇 가지 기능을 추가할 것이며, 그런 방식으로 여러분이 원하는 기능을 추가할 수 있다.

+ **Create**: 새로운 북마크를 추가한다.

🔍 **Read**: 기존의 북마크 정보, 모든 북마크 목록, 또는 어떤 조건에 맞는 특정 북마크를 얻는다.

✏️ **Update**: 제목 또는 메모와 같은 북마크의 정보를 수정한다.

🗑️ **Delete**: 북마크를 제거한다.

그림 6.1 **CRUD 작업은 사용자 데이터를 관리하는 수많은 애플리케이션의 기본이다.**

6.2 애플리케이션 둘러보기

우리는 커맨드라인 북마킹 애플리케이션인 Bark를 개발할 것이다. Bark는 다음 정보로 구성되는 북마크를 만들게 할 것이다.

- **아이디** — 북마크의 고유한 숫자 식별자
- **제목** — 'GitHub'처럼 북마크에 대한 짧은 텍스트 제목
- **URL** — 저장 중인 기사 또는 웹사이트에 대한 링크
- **메모** — 선택 사항으로, 북마크에 대한 긴 설명
- **추가한 날짜** — 북마크가 얼마나 오래된 것인지 알 수 있게 하는 타임스탬프(쓸데없이 오랫동안 쌓이는 것을 방지하기 위함)

Bark는 추가한 모든 북마크를 나열하며 아이디를 이용하여 특정 북마크를 삭제할 수 있게 한다. 이 모든 것이 터미널상에서 동작하는 **커맨드라인 인터페이스**Command-Line Interface, CLI를 통해 처리된다. 애플리케이션이 시작되면, Bark의 CLI는 옵션 메뉴를 표시할 것이다. 메뉴를 선택하면 데이터베이스를 읽거나 수정하는 작업이 시작될 것이다.

 이번 장에서는 북마크에 사용할 CRUD 중 업데이트 부분에 대한 기능을 개발하지 않는다. 그것은 7장에서 할 것이다.

6.2.1 분리의 이점

Bark가 지원하는 CRUD 작업은 이런 종류의 애플리케이션에서 매우 일반적이지만, 해야 할 작업이 많다. 이 정도 규모의 애플리케이션에 대해, 관심사 분리가 주는 이점이 무엇인지 살펴보자.

- **중복 감소** — 만약 소프트웨어의 여러 부분이 하나의 작업을 한다면, 그중에 적어도 두 개가 동일할 경우를 쉽게 발견할 수 있다. 이런 경우, 비슷한 코드 조각을 분석하여 해당 동작에 대하여 하나의 소스로 결합할 수 있는지 확인할 수 있다.
- **향상된 유지보수** — 어떤 코드를 작성하는 횟수보다 그 코드를 읽어 보는 경우가 훨씬 많다. 코드마다 명확한 책임을 갖기 때문에 이해하기 쉬운 코드는 개발자가 관심을 두는 코드 부분을 빠르게 찾고 필요한 게 무엇인지 이해할 수 있게 한다.
- **일반화와 확장의 용이성** — 하나만 책임지는 코드는 여러 상황에 책임지도록 일반화하거나 더 다양한 동작을 지원하기 위하여 추가로 분리할 수 있다. 여러 작업을 수행하는 코드는 코드를 변경할 때 영향을 받는 곳이 어디인지 파악하기 어렵기 때문에 유연성을 지원하는 데 어려움이 있다.

이번 장의 애플리케이션을 개발하면서 이러한 개념을 명심하자. 필자의 목표는 이번 장이 끝날 때 여러분이 계속 기능을 개발하거나 추가할 수 있는 결과물을 갖는 것이다. 이를 위해 먼저 아키텍처를 살펴본 후에 구현 작업을 진행할 것이다.

6.3 관심사에 따른 초기 코드 구조

필자는 Bark 애플리케이션 개발을 시작하면서 무엇을 어떻게 하는지에 대한 설명을 간단하게 하고자 한다. 이것은 초기 아키텍처를 어떻게 해야 하는지 알 수 있도록 할 것이다.

예를 들어, Bark는 어떻게 동작하나? 간단한 메모는 무엇인가? 아마도 다음의 문장은 이러한 질문에 대한 답이 될 것이다. 커맨드라인 인터페이스를 사용할 것이며, 사용자는 북마크를 추가하는 메뉴와 삭제하는 메뉴, 데이터베이스에 저장된 북마크를 나열하는 메뉴를 선택하게 될 것이다.

이 내용을 조금 더 자세히 살펴보자.

- **커맨드라인 인터페이스** — 사용자에게 메뉴 옵션을 제공하며 선택하게 될 메뉴가 무엇인지 이해하는 방법이다.
- **메뉴 옵션 선택** — 메뉴 옵션이 선택되면 그 결과로 어떤 동작 또는 비즈니스 로직이 수행된다.
- **데이터베이스에 저장** — 나중에 사용하기 위하여 데이터가 유지되어야 한다.

이러한 점들은 Bark에 대한 추상화의 상위 계층을 나타낸다. CLI는 애플리케이션의 **표현 계층**presentation layer이며, 데이터베이스는 **영속 계층**persistence layer이다. 동작들과 비즈니스 로직은 표현 계층과 영속 계층을 연결하는 접착제 역할을 한다. 그림 6.2와 같이, 이 모든 것은 분리된 관심사다. 애플리케이션의 **계층**(티어, tier)마다 자유롭게 변경(발전)할 수 있는 이런 종류의 **다층 아키텍처**multitier architecture는 많은 회사에서 사용한다. 전문 분야에 따라 계층마다 담당하는 팀이 있을 수 있으며, 필요에 따라 다른 애플리케이션에서 재사용하도록 각 계층을 만들 수도 있다.

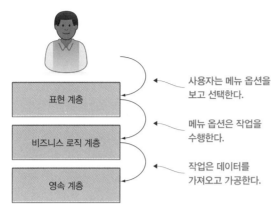

사용자는 메뉴 옵션을
보고 선택한다.

메뉴 옵션은 작업을
수행한다.

작업은 데이터를
가져오고 가공한다.

그림 6.2 **다층 아키텍처는 웹 또는 데스크톱 애플리케이션에 자주 사용한다.**

이번 장에서 Bark의 각 계층을 개발할 것이다. 각각은 분리된 관심사이므로 별도의 파이썬 모듈이라 생각하는 게 좋다.

- database 모듈

- commands 모듈

- 실제로 Bark 애플리케이션을 실행하는 코드를 가진 bark 모듈

우리는 영속 계층부터 시작할 것이다.

> **애플리케이션 아키텍처 패턴**
>
> 애플리케이션을 표현 계층, 영속 계층, 동작 또는 규칙으로 분리하는 것은 일반적인 패턴이다. 이 접근 방식에 일부를 변형하는 것도 역시 일반적이며 이름이 지어진 것이 있다. 모델-뷰-컨트롤러(Model-View-Controller, MVC)는 지속성을 위하여 데이터를 모델링하고, 그 데이터를 사용자에게 뷰로 제공하며, 일련의 동작으로 그 데이터에 대한 수정을 제어할 수 있게 하는 방법이다. 모델-뷰-뷰모델(Model-View-ViewModel, MVVM)은 뷰와 데이터 모델 간 통신을 자유롭게 해 주는 데 중점을 둔 것이다. 이러한 패턴들과 다른 다층 아키텍처 모두는 관심사 분리의 좋은 예다.

6.3.1 영속 계층

그림 6.3과 같이, 영속 계층은 Bark에서 가장 하위에 있는 계층이다. 이 계층은 정보를 받는 것과 그것을 가지고 데이터베이스와 통신하는 것에 관심을 둔다.

그림 6.3 **영속 계층은 데이터 저장을 담당하며, 이 애플리케이션에서 가장 하위에 있는 계층이다.**

우리는 단일 파일에 데이터를 저장하는 휴대용 데이터베이스인 SQLite(*www.sqlite.org/index. html*)를 사용할 것이다. 이것은 복잡한 데이터베이스 시스템보다 편리하다. 왜냐하면 무언가 잘못되었을 때 해당 파일을 삭제하고 처음부터 다시 시작할 수 있기 때문이다.

> SQLite는 널리 사용하는 데이터베이스 중 하나이지만, 몇몇 운영체제에만 설치된다. 다운로드 페이지(*https://sqlite.org/download.html*)에서 여러분의 운영체제에 맞는 미리 컴파일된 바이너리(precompiled binary)를 다운로드하는 것을 권장한다.

database 모듈부터 시작하자. 데이터베이스의 데이터를 가공하기 위하여 Database-Manager 클래스를 생성한다. 파이썬은 내장된 sqlite3 모듈을 제공한다. 이 모듈을 사용하면 데이터베이스에 연결하고, 쿼리하며, 결과를 가져올 수 있다. 일반적으로 SQLite 데이터베이스는 .db 확장자를 갖는 단일 파일이다. 만약 존재하지 않는 파일에 sqlite3를 연결하려면, 이 모듈은 여러분을 위해 파일을 새롭게 만들어 줄 것이다.

database 모듈은 다음을 포함하여 북마크 데이터를 관리하는 데 필요한 대부분을 제공한다.

- 테이블 생성(데이터베이스 초기화)
- 레코드 추가 또는 삭제
- 테이블에 레코드 나열
- 테이블의 레코드를 어떤 기준에 따라 선택 또는 정렬
- 테이블의 레코드 수 계산

어떻게 하면 이 작업들을 더 세분화할 수 있을까? 각각은 앞에서 설명한 비즈니스 로직 관점과는 별개로 보이는데, 영속 계층과는 어떠한가? 설명한 작업 대부분은 적절한 SQL 문을

구성하고 그것을 실행한다. 이를 위해 데이터베이스에 대한 연결이 필요하며 데이터베이스 파일의 경로가 필요하다.

지속성을 관리하는 것은 높은 수준의 관심사인 반면, 이러한 개별 관심사는 영속 계층을 열 때 얻을 수 있다. 이것들도 각각 분리되어야 한다. 하지만 먼저 데이터베이스와 연결해야 한다.

데이터베이스 작업

수많은 똑똑한 사람들이 파이썬에서 데이터베이스를 쉽게 작업하게 해 주는 훌륭하고 강력한 패키지를 만들어 놓았다. SQLAlchemy(*www.sqlalchemy.org*)는 데이터베이스와의 상호작용뿐만 아니라 객체 관계 매핑(Object-Relational Mapping, ORM)을 통해 데이터 모델을 추상화하는 데 널리 사용하는 도구다. ORM은 데이터베이스의 세부 사항을 전혀 신경 쓰지 않고도 데이터베이스 레코드를 파이썬과 같은 언어의 객체처럼 취급하게 해 준다. 장고(Django) 웹 프레임워크 역시 데이터 모델 작성을 위한 ORM을 제공한다.

실습을 위하여, 여러분은 이 장에서 데이터베이스와 상호작용하는 코드를 직접 작성할 것이다. 이 책에서 만드는 애플리케이션 Bark는 기능 범위가 한정적이지만, 추가하거나 교체하고 싶은 기능이 있다면 그렇게 할 수 있다. 향후 다른 프로젝트에서 데이터베이스를 사용해야 할 경우, 데이터베이스를 처음부터 작성할지 아니면 서드-파티 패키지 중 하나를 사용할지 고려하자.

데이터베이스 연결 생성하기, 닫기

Bark를 실행하는 동안 데이터베이스에 대한 연결은 단 하나만 필요하다. 이 연결은 모든 작업을 위해 재사용할 수 있다. 이러한 연결을 만들기 위하여, 연결할 데이터베이스 파일의 경로를 인자로 받는 sqlite3.connect를 사용할 수 있다.

DatabaseManager의 __init__은 다음과 같이 작업한다.

1 데이터베이스 파일에 대한 경로(하드 코딩하지 말고 관심사를 분리하자)를 가진 인자를 받는다.

2 데이터베이스 파일 경로로 sqlite3.connect(path)를 사용하여 SQLite 연결을 생성하고 인스턴스의 속성으로 저장한다.

프로그램을 종료할 때 데이터가 손상되는 것을 방지하기 위해 SQLite 데이터베이스에 대한 연결을 닫는 게 좋다. DatabaseManager의 __del__은 해당 연결의 close() 메서드를 사용하여 연결을 닫는다.

이것은 실행 구문에 대한 기초가 된다.

```
import sqlite3

class DatabaseManager:
    def __init__(self, database_filename):
        self.connection = sqlite3.connect(database_filename)    ◀── 나중에 사용하기 위해
                                                                    데이터베이스에 대한
                                                                    연결을 생성하고 저장한다.

    def __del__(self):
        self.connection.close()    ◀── 안전을 위해
                                       연결을 정리한다.
```

SQL 문 실행하기

DatabaseManager는 SQL 문을 실행하는 방법이 필요하다. SQL 문은 일반적으로 몇 가지 공통점이 있으므로 이것을 재사용할 수 있는 메서드로 캡슐화한다면 새로운 종류의 구문을 실행할 때마다 동일한 코드를 반복해서 작성하는 과정에서 발생할 수 있는 에러를 줄여 줄 것이다.

일부 SQL 문은 데이터를 반환한다. 이런 구문을 **쿼리**query라고 부른다. Sqlite3는 **커서**cursor라고 부르는 개념으로 쿼리 결과를 관리한다. 구문을 실행하기 위하여 커서를 사용하면 반환 결과로 반복 작업을 할 수 있다. 쿼리가 아닌 구문(INSERT, DELETE 등)은 결과를 반환하지 않지만, 커서는 빈 배열을 반환하여 관리한다.

모든 구문을 실행하는 데 커서를 사용하며 필요한 경우에 결과를 반환하는 _execute 메서드를 DatabaseManager에 작성하자. _execute 메서드는 다음과 같이 작업한다.

1 구문을 문자열 인자로 받는다.

2 데이터베이스 연결로부터 커서를 얻는다.

3 커서를 사용하여 구문을 실행한다.

4 실행된 구문의 결과가 저장된 커서를 반환한다.

```
def _execute(self, statement):
    cursor = self.connection.cursor()    ◀── 커서를
                                             생성한다.
    cursor.execute(statement)    ◀── SQL 문을 실행하기 위해
    return cursor    ◀──              커서를 사용한다.
        │
        └── 결과가 저장된 커서를 반환한다.
```

일반적으로 쿼리가 아닌 구문은 데이터를 가공하는 것이며, 실행하는 동안 잘못되면 데이터가 손상될 수 있다. 데이터베이스는 **트랜잭션**transaction이라 부르는 기능으로 이를 방지한다. 만약 트랜잭션 내에서 실행되는 구문이 실패하거나 중단된다면, 데이터베이스는 마지막으로 알고 있는 작업 상태로 돌려놓는다roll back. Sqlite3는 코드가 들어가고 나갈 때 특별한 동작을

제공하는 파이썬 블록(with 키워드를 사용)인 **컨텍스트 매니저**context manager를 통해 트랜잭션을 생성하도록 연결 객체를 사용할 수 있게 한다.

다음과 같이 _execute를 업데이트하여 cursor 생성, 실행, 반환을 트랜잭션 내부로 넣는다.

```
def _execute(self, statement):      ← 데이터 트랜잭션
    with self.connection:             컨텍스트를 생성한다.
        cursor = self.connection.cursor()
        cursor.execute(statement)    ← 데이터베이스 트랜잭션
        return cursor                   내에서 실행된다.
```

기능적으로 말하자면, 트랜잭션 내에서 .execute를 사용하는 것은 여러분이 가야 할 곳으로 데려다준다. 하지만 사용자가 특수하게 조작된 쿼리를 이용하여 악의적으로 작업할 수 없도록 SQL 문에 실제 값을 위한 플레이스홀더를 사용하는 것은 보안에 좋은 습관이다[1]. _execute가 두 가지를 받도록 수정하자.

- 플레이스홀더를 포함할 수 있도록 문자열로 된 SQL 문
- 구문 안 플레이스홀더를 채우기 위한 값들의 배열

그런 다음, 이 메서드는 두 가지 인자 모두를 커서의 execute에 전달하여 구문을 실행해야 한다. 이렇게 한 코드는 다음과 같다.

```
def _execute(self, statement, values=None):  ← 값은 선택 사항이며, 어떤 구문은
    with self.connection:                        전달되는 값이 없어도 된다.
        cursor = self.connection.cursor()
        cursor.execute(statement, values or [])  ← 전달된 값을 플레이스홀더에
        return cursor                              제공하여 구문을 실행한다.
```

이제, 데이터베이스 연결을 만들었고 그 연결로 임의의 구문을 실행할 수 있게 되었다. 데이터베이스 연결은 DatabaseManager 인스턴스를 생성할 때 자동으로 관리되므로 데이터베이스 연결을 어떻게 여닫는지는 그것을 바꾸려고 하기 전까지 신경 쓸 필요가 없다. 이제 구문 실행은 _execute 메서드에서 관리되므로 구문을 실행하는 방법은 생각하지 않아도 된다. 실행할 구문만 알려 주면 된다. 이것이 바로 관심사 분리의 힘이다.

여기까지 완성했으니, 이제는 데이터베이스와의 인터랙션을 개발할 차례다.

---

1   SQL 인잭션에 대한 위키피디아 글(*https://ko.wikipedia.org/wiki/SQL_삽입*)을 참고하자.

테이블 생성하기

가장 먼저 필요한 것은 북마크 데이터를 저장할 데이터베이스 테이블이다. SQL 문을 사용하여 테이블을 만들어야 한다. 데이터베이스와의 연결과 구문을 실행하는 관심사는 이제 추상화되었으므로 테이블을 생성하는 작업은 다음과 같다.

1 테이블의 칼럼 이름들을 결정한다.

2 각 칼럼의 데이터 타입을 결정한다.

3 이러한 칼럼들을 가진 테이블을 생성하기 위해 올바른 SQL 문을 만든다.

각각의 북마크는 아이디, 제목, URL, 선택 사항인 메모, 추가한 날짜를 가진다. 각 칼럼의 데이터 타입과 제약 조건은 다음과 같다.

- **아이디** — 아이디는 테이블의 **기본 키**primary key다. 다시 말해, 각 레코드의 기본 식별자다. 이것은 AUTOINCREMENT 키워드를 이용하여 새로운 레코드가 추가될 때마다 자동으로 증가한다. 이 칼럼은 INTEGER 타입이며, 나머지 칼럼은 TEXT 타입이다.

- **제목** — 만약 북마크 레코드가 URL만 있다면 기존에 저장한 북마크가 무엇에 대한 것인지 알아보기 힘들 것이므로, 제목은 필수 항목이다. NOT NULL 키워드를 사용하면 이 칼럼은 비울 수 없다고 SQLite에 알려 줄 수 있다.

- **URL** — URL은 필수 항목이므로 이 역시 NOT NULL을 갖는다.

- **메모** — 북마크에 대한 메모는 선택 사항이므로 TEXT만 지정하면 된다.

- **추가한 날짜** — 북마크가 추가한 날짜는 필수 항목이므로 NOT NULL을 갖는다.

SQLite의 테이블 생성 구문은 CREATE TABLE 키워드를 사용하며, 그 뒤로 테이블 이름과 괄호로 묶인 칼럼 이름과 그에 대한 데이터 타입 정보가 나열된다. Bark에 대한 테이블이 존재하지 않다면 테이블을 먼저 생성하고 싶을 것이므로 CREATE TABLE IF NOT EXISTS를 사용하자.

북마크 칼럼들에 대해 앞에서 설명한 것을 바탕으로, 북마크 테이블을 생성하는 SQL 문은 어떻게 될까? 여러분 스스로 만들어 보고 다음과 비교해 보자.

리스트 6.1 북마크 테이블에 대한 생성 구문

```
CREATE TABLE IF NOT EXISTS bookmarks
(
    id INTEGER PRIMARY KEY AUTOINCREMENT,     ◀── 각 레코드의 기본 식별자로,
                                                  레코드를 추가할 때 자동으로 증가한다.
    title TEXT NOT NULL,
    url TEXT NOT NULL,          ◀── NOT NULL은 값으로
    notes TEXT,                     칼럼을 채워야 한다.
```

```
    date_added TEXT NOT NULL
);
```

이제 테이블을 생성하는 메서드를 만들자. 각 칼럼은 title과 같은 이름으로 구별되며 TEXT NOT NULL과 같은 데이터 타입과 제약 조건으로 매핑되므로 칼럼을 나타내기 위한 파이썬 타입으로 딕셔너리가 적당해 보인다. 이 메서드는 다음 사항이 필요하다.

1 두 개의 인자를 받는다. 생성할 테이블 이름, 데이터 타입, 제약 조건이 칼럼 이름과 매핑된 딕셔너리다.

2 앞에서 본 것처럼 CREATE TABLE의 SQL 문을 구성한다.

3 DatabaseManager._execute를 이용하여 구문을 실행한다.

이제 create_table 메서드를 작성해 보자. 그리고 다음과 비교해 보자.

리스트 6.2 **SQLite 테이블 생성하기**

```
def create_table(self, table_name, columns):
    columns_with_types = [          ◀───────   데이터 타입과 제약 조건으로
        f'{column_name} {data_type}'           칼럼 정의를 만든다.
        for column_name, data_type in columns.items()
    ]
    self._execute(                  ◀───────   전체 테이블 생성 구문을
        f'''                                   만들고 실행한다.
        CREATE TABLE IF NOT EXISTS {table_name}
        ({', '.join(columns_with_types)});
        '''
    )
```

일반화에 대하여

현재, Bark 애플리케이션에는 bookmarks 테이블만 있으면 된다. 필자는 이 책에서 이미 일찍부터 최적화하지 말라고 했다. 일반화 작업도 마찬가지다. 그렇다면 보편적으로 사용하기 위한 create_table 메서드를 왜 만들고 있을까?

필자는 하드코딩된 값으로 메서드를 만들 경우, 메서드에 인자로 값을 매개변수화하는 것이 매우 효과적인지 확인한다. 예를 들어, 문자열 'bookmarks'를 문자열인 table_name 인자로 바꾸는 것은 그렇게 큰일이 아니다. 칼럼 이름과 그 데이터 타입도 비슷하다. 이런 방식으로 보면, create_table 메서드는 나중에 필요한 모든 테이블을 생성할 수 있도록 일반화할 수 있다.

나중에 bookmarks 테이블을 생성하기 위하여 이 메서드를 사용할 것이다. 이 테이블은 Bark 애플리케이션을 개발하면서 북마크를 관리하기 위해 상호작용하게 될 테이블이다.

레코드 추가하기

이제 여러분은 테이블을 생성할 수 있으니, 북마크 레코드를 추가할 수 있어야 한다. 이것은 CRUD에서 C에 해당한다(그림 6.4 참고).

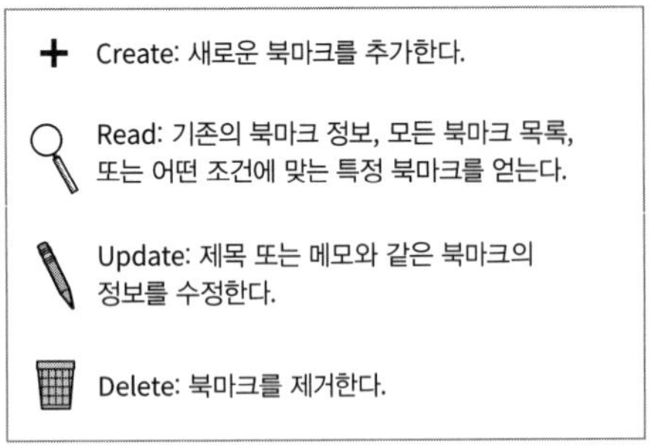

 Create: 새로운 북마크를 추가한다.

 Read: 기존의 북마크 정보, 모든 북마크 목록,
또는 어떤 조건에 맞는 특정 북마크를 얻는다.

 Update: 제목 또는 메모와 같은 북마크의
정보를 수정한다.

🗑 **Delete**: 북마크를 제거한다.

그림 6.4 **생성은 CRUD에서 가장 기본인 작업이며, 많은 시스템의 핵심이다.**

SQLite는 테이블에 새로운 레코드를 추가하기 위하여 INSERT INTO 키워드와 테이블 이름을 사용한다. 그다음으로 괄호로 감싼 칼럼 목록, VALUES 키워드, 괄호로 감싼 값들이 온다. SQLite에서 레코드 삽입 구문은 다음과 같다.

```
INSERT INTO bookmarks
(title, url, notes, date_added)
VALUES ('GitHub', 'https://github.com',
➡'A place to store repositories of code', '2019-02-01T18:46:32.125467');
```

앞에서의 _execute 메서드처럼, 플레이스홀더를 사용하는 건 좋은 습관이다. 그렇다면 앞의 쿼리에서 어디에 플레이스홀더를 사용해야 할까?

1 bookmarks

2 title, url 등

3 'GitHub', 'https://github.com' 등

4 위의 모든 것

문자열 값만이 구문에서 플레이스홀더를 사용할 수 있기 때문에 3번이 정답이다. bookmarks 테이블에 대해 플레이스홀더를 가진 INSERT 문은 다음과 같다.

```
INSERT INTO bookmarks
(title, url, notes, date_added)
VALUES (?, ?, ?, ?);
```

구문을 만들기 위하여, `DatabaseManager`에 add 메소드를 다음과 같이 작성할 것이다.

1 테이블 이름과 칼럼 이름을 칼럼 값에 매핑하는 딕셔너리인 두 개의 인수를 받는다.

2 플레이스홀더 문자열(지정된 각 칼럼에 대해 ?)을 구성한다.

3 칼럼 이름의 문자열을 구성한다.

4 칼럼 값을 튜플$_{tuple}$로 가져온다. 딕셔너리의 .values()는 dict_values 객체를 반환하며, sqlite3의 execute 메서드로는 동작하지 않는다.

5 플레이스홀더와 칼럼 값을 별도의 인자로 가진 SQL 문을 _execute로 전달하여 구문을 실행한다.

이제, add 메서드를 작성하고 다음과 비교해 보자.

리스트 6.3 **SQLite 테이블에 레코드 추가하기**

```
def add(self, table_name, data):
    placeholders = ', '.join('?' * len(data))       ◄── 데이터의 키는
    column_names = ', '.join(data.keys())               칼럼의 이름이다.
    column_values = tuple(data.values())   ◄──
                                               .values()는 dict_values 객체를
                                               반환하며, _execute는 리스트 또는
    self._execute(                             튜플이 필요하다.
        f'''
        INSERT INTO {table_name}
        ({column_names})
        VALUES ({placeholders});
        ''',
        column_values,            ◄── 선택 사항인 인자 값을
    )                                 _execute에 전달한다.
```

조건절을 이용하여 범위를 제한하기

데이터베이스에 레코드를 삽입하기 위해 필요한 것은 삽입할 정보뿐이지만, 몇몇 데이터베이스 구문은 하나 이상의 조건절을 같이 사용한다. 조건절은 구문의 실행 결과에 영향을 미친다. 예를 들어, 조건절 없이 DELETE 구문을 사용하면 테이블에 있는 모든 레코드가 삭제될 수 있다. 이렇게 되는 걸 원하진 않을 것이다.

WHERE 절을 여러 구문에 추가하여 해당 조건과 일치하는 레코드에만 영향을 미치도록 제한할 수 있다. WHERE 절은 AND 또는 OR를 사용하여 여러 조건을 조합할 수도 있다. 예를 들어, **Bark** 애플리케이션에서 각 북마크는 아이디를 가지므로 WHERE id = 3과 같은 조건절을 사용하여 해당 아이디를 가진 특정 레코드로 구문을 제한할 수 있다.

이러한 종류의 제한은 특정 레코드를 검색하기 위한 쿼리와 일반 구문 모두에 유용하다. 조건절은 특정 레코드를 삭제할 때도 유용하다.

레코드 삭제하기

북마크가 쓸모없어지도록 오래되면 삭제할 방법이 필요하다(그림 6.5 참고). 북마크를 삭제하려면 아이디로 북마크를 지정하기 위해 WHERE 절을 사용하는 DELETE 문을 데이터베이스에 실행한다.

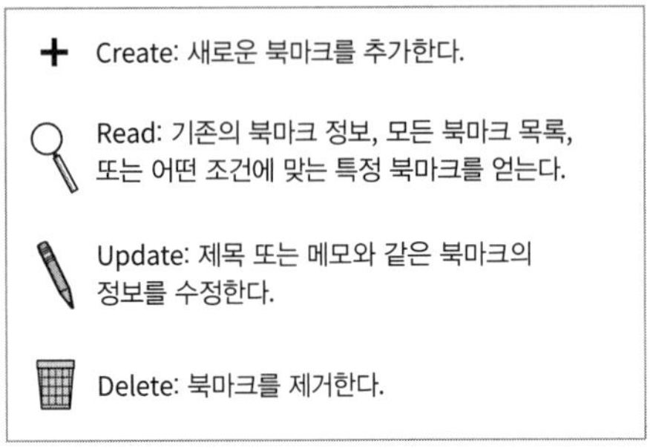

```
✚  Create: 새로운 북마크를 추가한다.

🔍  Read: 기존의 북마크 정보, 모든 북마크 목록,
    또는 어떤 조건에 맞는 특정 북마크를 얻는다.

✏️  Update: 제목 또는 메모와 같은 북마크의
    정보를 수정한다.

🗑️  Delete: 북마크를 제거한다.
```

그림 6.5 **Delete는 Create와 대응되는 것이므로 대부분의 시스템은 이 작업도 수행한다.**

SQLite에서 아이디가 3인 북마크를 삭제하는 구문은 다음과 같다.

```
DELETE FROM bookmarks
WHERE ID = 3;
```

create_table과 add 메서드처럼, 원하는 칼럼 이름과 값을 매핑하는 딕셔너리로 조건을 표현할 수 있다. delete 메서드는 다음과 같이 작성한다.

1. 두 개의 인자를 받는다. 레코드를 삭제할 테이블 이름, 칼럼 이름과 값을 매핑하는 딕셔너리다. 모든 레코드를 삭제하고 싶지 않다면, 이 조건은 필수 인자여야 한다.
2. WHERE 절에 대한 플레이스홀더의 문자열을 구성한다.
3. 전체 DELETE FROM 쿼리를 만들고 _execute로 실행한다.

여러분이 만든 것과 다음을 비교해 보자.

리스트 6.4 **SQLite에서 레코드 삭제하기**

```
def delete(self, table_name, criteria):
    placeholders = [f'{column} = ?' for column in criteria.keys()]
    delete_criteria = ' AND '.join(placeholders)
    self._execute(
        f'''
        DELETE FROM {table_name}
        WHERE {delete_criteria};
        ''',
        tuple(criteria.values()),
    )
```

여기서 조건 인자는 선택 사항이 아니다.
조건이 없다면 모든 레코드가 삭제될 것이다.

일치시킬 값으로 _execute의 값
인자를 사용한다.

레코드 선택하기, 정렬하기

이제 테이블에 레코드를 추가하고 삭제할 수 있다. 그런데 레코드를 어떻게 가져올 수 있을까? 정보를 생성하고 삭제하는 것 외에도 이미 저장된 것을 읽을 수 있어야 한다(그림 6.6 참고).

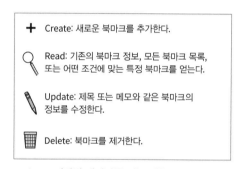

+ Create: 새로운 북마크를 추가한다.

Read: 기존의 북마크 정보, 모든 북마크 목록, 또는 어떤 조건에 맞는 특정 북마크를 얻는다.

Update: 제목 또는 메모와 같은 북마크의 정보를 수정한다.

Delete: 북마크를 제거한다.

그림 6.6 **저장된 데이터를 읽는 것은 일반적으로 CRUD 애플리케이션에서 필수인 부분이다.**

SELECT * FROM bookmarks와 몇 가지 조건을 이용하여 SQLite에서 쿼리 구문을 생성할 수 있다.

```
SELECT * FROM bookmarks
WHERE ID = 3;
```

추가로, ORDER BY 절을 사용하여 특정 칼럼으로 결과를 정렬할 수도 있다.

```
SELECT * FROM bookmarks
WHERE ID = 3
ORDER BY title;
```

이것은 title 칼럼을 기준으로
결과를 오름차순으로 정렬한다.

다시 말하지만, 쿼리에서 리터럴 값이 있는 곳에는 플레이스홀더를 사용해야 한다.

```
SELECT * FROM bookmarks
WHERE ID = ?
ORDER BY title;
```

select 메서드는 criteria 인자가 선택 사항일 수 있다는 점을 제외하면 delete 메서드와 비슷하다. 이 메서드는 디폴트로 모든 레코드를 가져올 것이다. 또한, 결과를 정렬하기 위해 칼럼을 지정하는 선택 사항인 order_by 인자를 받을 것이다. 디폴트로는 테이블의 기본키로 정렬한다. delete를 참고하여 select를 작성하고 다시 돌아와서 다음과 비교해 보자.

리스트 6.5 **SQL 테이블 데이터를 선택하기 위한 메서드**

```
def select(self, table_name, criteria=None, order_by=None):
    criteria = criteria or {}          ◄────   테이블의 모든 레코드를 선택할 수 있으므로
                                                조건은 디폴트로 비어 있을 수 있다.
    query = f'SELECT * FROM {table_name}'
                                          결과를 제한하기 위하여
                                          WHERE 절을 구성한다.
    if criteria:                       ◄────
        placeholders = [f'{column} = ?' for column in criteria.keys()]
        select_criteria = ' AND '.join(placeholders)
        query += f' WHERE {select_criteria}'
                                          결과를 정렬하기 위하여
                                          ORDER BY 절을 구성한다.
    if order_by:                       ◄────
        query += f' ORDER BY {order_by}'

    return self._execute(              ◄────   이번에는 결과를 받을 수 있도록
        query,                                 _execute로부터 값을 반환한다.
        tuple(criteria.values()),
    )
```

지금까지 데이터베이스 연결을 생성하였고, 트랜잭션에서 플레이스홀더를 가진 임의의 SQL 구문을 실행하는 _execute 메서드를 작성하였으며, 레코드를 추가, 쿼리, 삭제하는 메서드를 작성하였다. 이제 필요한 것은 SQLite 데이터베이스를 조작하기 위한 것이다. 100줄 미만 코드로 데이터베이스 매니저를 완료했다. 잘했다.

다음으로, 영속 계층과 상호작용하는 비즈니스 로직을 개발할 것이다.

6.3.2 비즈니스 로직 계층

Bark의 영속 계층은 준비되었으니, 영속 계층에 넣거나 가져올 항목을 파악하는 계층에 대해 작업하자(그림 6.7 참고).

그림 6.7 **비즈니스 로직 계층은 언제, 어떻게 데이터를 영속 계층으로부터 읽어오고 작성하는지를 결정한다.**

사용자가 Bark 애플리케이션의 표현 계층에 있는 무언가와 상호작용하면, Bark는 비즈니스 계층과 궁극적으로는 영속 계층에 어떤 작업을 실행해야 한다. 다음과 같은 작업일 것이다.

```
if user_input == 'add bookmark':
    # add bookmark
elif user_input == 'delete bookmark #4':
    # delete bookmark
```

그런데 이것은 사용자에게 표시되는 텍스트와 실행될 동작이 결합되었다. 각 메뉴 옵션에 새로운 조건이 있거나 여러 메뉴 옵션이 동일한 명령을 실행하길 원하거나 텍스트를 변경하고자 한다면 코드를 리팩토링해야 할 것이다. 만약 표현 계층이 사용자에게 표시되는 메뉴 옵션 텍스트가 무엇인지 알 수 있는 위치가 한 곳이라면 좋을 것이다.

각 작업은 사용자가 선택한 메뉴에 대한 응답으로 실행되어야 할 **명령**command과 같다. 각 작업에 대한 로직을 명령 객체로 캡슐화하고 execute 메서드로 실행하는 일관된 방법을 제공함으로써, 각 작업을 표현 계층에서 분리할 수 있다. 그런 다음, 표현 계층은 그런 명령을 어떻게 동작하는지를 신경 쓰지 않고 메뉴 옵션과 명령을 연결할 수 있다. 이것을 **커맨드 패턴**command pattern이라고 한다[2].

각각의 CRUD 작업과 몇 가지 부수적인 기능을 비즈니스 로직 계층에 개발해 보자.

---

2   이 패턴을 자세히 살펴보려면 위키피디아(*https://ko.wikipedia.org/wiki/커맨드_패턴*)를 참고하자.

bookmarks 테이블 생성하기

이제는 비즈니스 로직 계층에서 작업하므로 여러분이 작성할 모든 명령을 수용하는 새로운 'commands' 모듈을 생성하자. 대부분의 명령은 DatabaseManager를 사용해야 할 것이므로 database 모듈을 임포트하고 인스턴스를 db라는 이름으로 생성한다. 기억해야 할 것은 __init__ 메서드는 SQLite 데이터베이스에 대한 파일 경로를 요구한다는 점이다. 필자가 제안하는 것은 bookmarks.db이다. 앞쪽 경로를 생략하면 Bark 코드와 동일한 디렉터리에 데이터베이스 파일을 생성할 것이다.

bookmarks 데이터베이스가 기존에 없었기 때문에 데이터베이스 테이블을 초기화하는 작업부터 해야 한다. 테이블을 생성하는 execute 메서드를 가진 CreateBookmarksTableCommand 클래스부터 작성해 보자. bookmarks 테이블을 생성하기 위해 앞에서 작성한 db.create_table 메서드를 사용한다. 이번 장 후반부에서는 Bark가 시작될 때 이 명령이 실행되도록 할 것이다. 다음 코드를 살펴보자.

리스트 6.6 **테이블을 생성하는 명령**

```
db = DatabaseManager('bookmarks.db')        ◄─── 만약 파일이 존재하지 않는다면
                                                 sqlite3는 이 데이터베이스 파일을
                                                 자동으로 생성할 것이다.
class CreateBookmarksTableCommand:
    def execute(self):
        db.create_table('bookmarks', {        ◄─── 필요한 칼럼과 제약 조건으로
            'id': 'integer primary key autoincrement',   bookmarks 테이블을 생성한다.
            'title': 'text not null',
            'url': 'text not null',
            'notes': 'text',
            'date_added': 'text not null',
        })
```

이것은 나중에 Bark가 실행될 때 호출될 것이다.

이 명령은 자신의 의무(영속 계층 로직 호출)와 종속성의 인터페이스(DatabaseManager.create_table)만 인지하고 있다는 점에 유의하자. 이것은 부분적으로 영속 계층 로직과 표현 로직을 분리하기 때문에 느슨한 결합이다. 이러한 실습을 통해 관심사 분리의 이점을 점점 더 명확히 보게 될 것이다.

북마크 추가하기

북마크를 추가하려면, 표현 계층으로부터 받은 데이터를 영속 계층으로 전달해야 하며, 이 데이터는 칼럼 이름에 대해 값으로 매핑한 딕셔너리로 전달될 것이다. 이것은 구현체의 특성보다는 공유 인터페이스에 의존하는 코드의 좋은 예다. 표현 계층과 비즈니스 로직 계층의 데이터

포맷이 일치한다면, 그 일관성이 유지되는 한, 필요한 작업을 수행할 수 있다.

이 작업을 수행하게 될 AddBookmarkCommand 클래스 작성해 보자. 이 클래스는 다음과 같다.

1 제목, URL, 선택 사항으로 북마크에 대한 정보를 기록한 메모를 포함한 딕셔너리를 받는다.

2 현재 일시를 date_added라는 키로 딕셔너리에 추가한다. 넓은 호환성을 가진 표준화된 형식인 UTC로 현재 시각을 얻기 위하여 datetime.datetime.utcnow().isoformat()을 사용한다[3].

3 DatabaseManager.add 메서드를 이용하여 bookmarks 테이블에 데이터를 추가한다.

4 표현 계층에 표시할 성공 메시지를 반환한다.

여러분이 작성한 코드와 다음 코드를 비교해 보자.

리스트 6.7 **북마크를 추가하는 명령**

```python
from datetime import datetime
...

class AddBookmarkCommand:
    def execute(self, data):
        data['date_added'] = datetime.utcnow().isoformat()    # 레코드가 추가될 때의 현재 일시를 추가한다.
        db.add('bookmarks', data)    # DatabaseManager.add 메서드를 사용하면 레코드를 추가하는 작업이 짧아진다.
        return 'Bookmark added!'    # 나중에 표현 계층에서 이 메시지를 사용할 것이다.
```

북마크를 생성하기 위해 필요한 모든 비즈니스 로직을 작성하였다. 다음으로 추가한 북마크를 나열해 보자.

북마크 나열하기

Bark는 저장된 북마크를 표시할 수 있어야 한다. 표시할 수 없다면 쓸모 없는 애플리케이션이 될 것이다. 우리는 데이터베이스에 저장된 북마크를 표시하는 로직을 제공할 ListBookmarks Command를 작성할 것이다.

---

3   이 시간 형식을 더 알고 싶다면 위키피디아의 'ISO 8601'(*https://ko.wikipedia.org/wiki/ISO_8601*)를 참고하자.

데이터베이스에서 북마크를 가져오기 위해 `DatabaseManager.select` 메서드를 사용하고 싶을 것이다. SQLite는 디폴트 생성 순서로(즉, 테이블의 기본키로) 레코드를 정렬하지만, 날짜나 제목으로 정렬하는 것도 유용할 것이다. Bark에서는 북마크를 추가할 때 북마크의 아이디와 날짜가 모두 증가하기 때문에 무엇으로 정렬해도 동일한 결과가 나오지만, 관심을 두는 칼럼으로 정렬되도록 명시적으로 하는 게 좋은 습관이다.

ListBookmarksCommand는 다음 작업을 해야 한다.

- 정렬할 칼럼을 인자로 받아 인스턴스 속성으로 저장한다. 원한다면 디폴트 값으로 date_added를 설정한다.
- 이 정보를 execute 메서드의 db.select에 전달한다.
- select는 쿼리이므로 커서의 `fetchall()` 메서드를 이용하여 결과를 반환한다.

북마크를 나열하는 명령을 작성하고 다시 돌아와서 다음 코드와 비교해 보자.

리스트 6.8 저장된 북마크를 나열하는 명령

```python
class ListBookmarksCommand:
    def __init__(self, order_by='date_added'):    ◀── 날짜나 제목으로 정렬하는
        self.order_by = order_by                       버전으로 만들 수도 있다.
                                                                    db.select는 반복할 수 있는
                                                                    커서를 반환하여 레코드를 가져온다.
    def execute(self):
        return db.select('bookmarks', order_by=self.order_by).fetchall()    ◀──
```

이제, 북마크를 추가하는 기능과 추가한 북마크를 조회하는 기능을 갖게 되었다. 북마크 관리를 위한 마지막 단계는 북마크를 삭제하는 명령을 만드는 것이다.

북마크 삭제하기

새로운 북마크를 추가하는 것처럼, 북마크를 삭제하는 작업도 표현 계층에서 전달된 데이터가 필요하다. 이 애플리케이션에서는 삭제할 북마크의 아이디를 나타내는 정숫값이 전달될 것이다.

DeleteBookmarkCommand의 execute 메서드가 그 정보를 인자로 받아서 `DatabaseManager.delete`로 전달하는 DeleteBookmarkCommand를 작성하자. delete는 칼럼명과 값이 매핑된 딕셔너리를 인자로 받는다는 것을 기억하자. 여기서 우리는 주어진 값을 id 칼럼에 매칭시킬 것이다. 레코드가 삭제되면 표현 계층에서 사용할 성공 메시지를 반환한다.

여러분이 먼저 코드를 작성해 보고 다음 코드와 비교해 보자.

리스트 6.9 **북마크를 삭제하는 명령**

```
class DeleteBookmarkCommand:
    def execute(self, data):
        db.delete('bookmarks', {'id': data})    ◀── delete는 칼럼명과 값이 매칭된
        return 'Bookmark deleted!'                   딕셔너리를 받는다.
```

Bark 종료하기

이 애플리케이션에서 다듬어야 할 부분이 하나 남았다. 바로 Bark를 종료하는 명령이다. 일반적으로 사용자는 파이썬 프로그램을 멈추기 위해서 Ctrl-C를 누르지만, 종료하기 위한 메뉴 옵션을 주는 게 조금 더 멋진 방법이다.

파이썬은 실행 중인 프로그램을 종료하기 위하여 sys.exit 함수를 제공한다. 이 프로그램을 종료시키는 execute 메서드를 가진 QuitCommand를 작성한 후에, 다음 코드와 비교해 보자.

리스트 6.10 **프로그램을 종료하는 명령**

```
import sys

...

class QuitCommand:
    def execute(self):
        sys.exit()    ◀── Bark를 즉시
                          종료시킬 것이다.
```

Bark 종료까지 마쳤다면 한번 숨을 골라보자. 아직 모든 개발 작업이 끝난 건 아니다. 표현 계층을 개발이 남았다.

6.3.3 표현 계층

Bark는 커맨드라인 인터페이스~Command-Line Interface, CLI~를 사용한다. 그림 6.8과 같이, 사용자가 보게 되는 표현 계층은 터미널의 텍스트다. 애플리케이션에 따라 특정 작업이 완료될 때까지 CLI이 실행되거나 사용자가 명시적으로 종료할 때까지 계속 실행되게 할 수도 있다. 우리는 QuitCommand를 만들었기 때문에 후자처럼 동작한다고 예상할 수 있다.

표현 계층

비즈니스 로직 계층

영속 계층

그림 6.8 표현 계층은 사용자에게 수행할 수 있는 작업과 그것을 실행하는 방법을 보여준다.

Bark의 표현 계층은 무한 루프를 포함한다.

1 화면을 지운다.

2 메뉴 옵션을 출력한다.

3 사용자의 선택을 얻는다.

4 화면을 지우고 사용자의 선택에 따라 명령을 실행한다.

5 사용자가 결과를 검토하길 기다리고 Enter를 누르면 작업이 끝난다.

표현 계층에 대해 작업하고 있으므로 새로운 bark 모듈을 생성해야 할 것이다. 커맨드라인 애플리케이션 코드를 if __name__ == '__main__': 블록에 넣는 것은 좋은 습관이다. 이렇게 하면, bark 모듈을 다른 곳에 임포트하고 실수로 이 모듈의 코드가 실행되는 일이 생기지 않도록 해 준다. 만약 Hello, World! 유형의 프로그램으로 시작한다면, 올바르게 설정된 것인지를 빠르게 확인할 수 있다.

bark 모듈을 다음과 같이 시작하자.

```
if __name__ == '__main__':
    print('Welcome to Bark!')
```

터미널에서 python bark.py를 실행하자. 실행 결과로 Welcome to Bark!가 나온다. 이제 표현 계층과 비즈니스 로직 일부를 연결할 수 있다.

데이터베이스 초기화

Bark는 bookmarks 테이블이 없다면 테이블을 생성하는 데이터베이스를 초기화해야 한다. 다음 코드와 같이, commands 모듈을 임포트하고 CreateBookmarksTableCommand를 실행하도록 코드를 수정하자. 이렇게 한 후에 python bark.py를 실행하면 텍스트 출력은 보이지 않겠지만, bookmarks.db 파일이 생성된 것이다.

```
import commands


if __name__ == '__main__':
    commands.CreateBookmarksTableCommand().execute()
```

별거 아닌 것처럼 보이겠지만, 매우 엄청난 일을 한 것이다. 이것은 **다층 아키텍처**의 모든 계층을 완전히 통과했다는 것을 의미한다. 표현 계층(bark.py를 실행하는 동작)은 비즈니스 로직의 명령을 실행하여, 북마크를 저장하기에 적합한 영속 계층에 테이블을 설정한다. 각 계층은 자신의 작업을 하기 위한 환경에 대해 잘 알고 있으며, 모든 것이 잘 분리되어 느슨하게 연결되어 있다. 다른 명령을 실행하는 메뉴 옵션들을 Bark에 추가하다 보면 이를 몇 번 더 경험할 것이다.

메뉴 옵션

Bark를 실행하면, 다음과 같은 메뉴 옵션들이 표시되어야 한다.

```
(A) Add a bookmark
(B) List bookmarks by date
(T) List bookmarks by title
(D) Delete a bookmark
(Q) Quit
```

각 옵션은 키보드 단축키와 제목을 가지고 있다. 자세히 보면 각 옵션은 우리가 앞에서 작성한 명령에 해당한다. 커맨드 패턴을 사용하여 작성하였기 때문에, 각 명령은 다른 명령과 동일한 방식으로 execute 메서드를 이용하여 실행될 수 있다. 명령들은 필요한 설정과 입력만 서로 다를 뿐, 표현 계층의 관점에서 보면 모든 작업을 한다.

여러분이 배운 캡슐화를 바탕으로, 어떻게 하면 표현 계층의 항목들과 그것들을 제어하는 비즈니스 로직을 연결할 수 있을까?

1 사용자의 입력을 기반으로 올바른 Command 클래스의 execute 메서드를 호출하도록 조건부 로직을 사용한다.

2 사용자에게 표시되는 텍스트와 실행할 명령을 쌍pair으로 만드는 클래스를 만든다.

필자는 2번을 추천한다. 각 메뉴 옵션과 실행할 명령을 연결하기 위해서 Option 클래스를 생성한다. 이 클래스의 __init__ 메서드는 사용자에게 표시할 메뉴 이름과 사용자가 선택했을 때 실행할 명령의 인스턴스, 선택 사항으로 준비 단계(예를 들어 사용자로부터의 추가적인 입력)를 받는다. 이 모든 것은 인스턴스의 속성으로 저장된다.

메뉴 옵션이 선택되면 Option 인스턴스는 다음과 같이 작업해야 한다.

1 필요 시, 지정된 준비 과정을 진행한다.

2 필요 시, 준비 단계에서 반환된 값을 해당 명령의 execute 메서드로 전달한다.

3 실행 결과를 출력한다. 그 결과는 성공 메시지 또는 비즈니스 로직으로부터 반환된 북마크가 될 것이다.

Option 인스턴스는 사용자에게 표시할 때 텍스트 설명으로 나타나야 하므로 디폴트 동작을 오버라이드하기 위해 __str__를 사용한다. 사용자 입력을 가져오고 유효성을 검사하는 나머지 코드로부터 이 작업을 추상화하면 관심사 분리를 할 수 있다.

Option 클래스를 작성한 후, 다음 코드와 비교해 보자.

리스트 6.11 **메뉴 텍스트를 비즈니스 로직 명령에 연결하기**

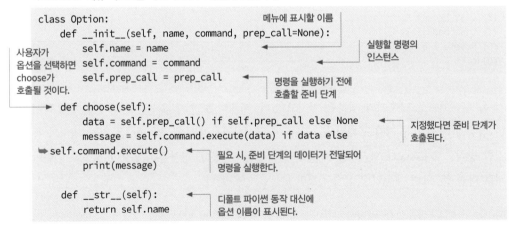

Option 클래스가 있으니, 이제는 앞에서 생성한 비즈니스 로직들을 연결할 시간이다. 각 옵션은 몇 가지 작업을 수행해야 한다는 것을 기억하자.

1 옵션을 선택하기 위해 사용자가 입력한 키보드의 키를 출력한다.

2 옵션 텍스트를 출력한다.

3 사용자의 입력과 옵션이 일치하는지 확인하고, 맞다면 그것을 선택한다.

파이썬의 데이터 구조 중 어떤 것이 모든 옵션을 담기에 적당할까?

1 리스트(list)

2 세트(set)

3 딕셔너리(dict)

각 키보드의 키는 메뉴 옵션과 매핑되며 사용 가능한 옵션에 대한 사용자의 입력을 확인해야 하므로 이러한 쌍을 어떻게든 저장해야 한다. dict는 키보드의 키와 옵션을 매핑한 쌍을 지원하며 옵션 텍스트를 출력하기 위해 딕셔너리의 .items() 메서드로 모든 옵션을 반복할 수 있기 때문에 3번이 가장 적당하다. 필자는 메뉴 옵션들이 지정한 순서로 항상 출력되도록 해 주는 collections.OrderedDict를 사용하는 것도 추천한다(리스트 6.12에서는 사용하지 않았지만, 다운로드한 소스 코드에는 적용되어 있다).

각 메뉴 옵션에 대한 항목을 추가하기 위하여 CreateBookmarksTableCommand 다음에 옵션들의 딕셔너리를 추가하자. 딕셔너리를 만들었다면, 옵션들을 반복하면서 앞에서 본 형태로 출력하는 print_options 함수를 생성하자.

```
(A) Add a bookmark
(B) List bookmarks by date
(T) List bookmarks by title
(D) Delete a bookmark
(Q) Quit
```

여러분이 만든 코드와 다음 코드를 비교해 보자.

리스트 6.12 **메뉴 옵션을 지정하고 출력하기**

```
def print_options(options):
    for shortcut, option in options.items():
        print(f'({shortcut}) {option}')
    print()
```

```
...

if __name__ == '__main__':
    ...

    options = {
        'A': Option('Add a bookmark', commands.AddBookmarkCommand()),
        'B': Option('List bookmarks by date',
➥commands.ListBookmarksCommand()),
        'T': Option('List bookmarks by title',
➥commands.ListBookmarksCommand(order_by='title')),
        'D': Option('Delete a bookmark', commands.DeleteBookmarkCommand()),
        'Q': Option('Quit', commands.QuitCommand()),
    }
    print_options(options)
```

메뉴 옵션을 추가한 다음, Bark를 실행하면 추가한 모든 옵션이 출력될 것이다. 아직 실행할 순 없다. 실행하기 위해서는 사용자의 입력을 받아야 한다.

사용자 입력

표현 계층부터 비즈니스 로직을 지나 영속 계층까지 연결하는 전체적인 목표와 더불어, 추가할 남은 기능은 Bark 사용자와의 상호작용이다. 사용자가 원하는 옵션을 받는 방법은 다음과 같다.

1 파이썬에 내장된 input 함수를 사용하여 사용자가 선택 사항을 입력하도록 한다.
2 사용자의 선택이 나열될 것 중 하나와 일치한다면, 해당 옵션의 choose 메서드를 호출한다.
3 그렇지 않다면, 다시 반복한다.

이러한 반복 동작을 하려면 파이썬에서는 어떻게 해야 할까?

1 while 루프
2 for 루프
3 재귀함수 호출

사용자의 입력을 받는 것에 대한 최종적인 종료 상태가 없기 때문에(40억 번이나 유효하지 않은 선택을 입력할 수 있기 때문에), 1번인 while 루프가 가장 적합하다. 사용자의 선택이 유효하지 않다면 계속해서 입력을 기다리게 된다. 필요에 따라 각 옵션에 대해 대문자와 소문자를 받게 하면 사용자가 조금 더 쉽게 사용할 수 있게 한다.

get_option_choice 함수를 작성하고 사용자의 선택을 얻기 위한 옵션을 출력한 후에 사용하자. 그런 다음, 해당 옵션의 choose 메서드를 호출한다. 여러분이 직접 코드를 먼저 만든 후에 다음 코드와 비교해 보자.

리스트 6.13 **사용자의 메뉴 옵션 선택 얻기**

```
def option_choice_is_valid(choice, options):
    return choice in options or choice.upper() in options

def get_option_choice(options):
    choice = input('Choose an option: ')
    while not option_choice_is_valid(choice, options):
        print('Invalid choice')
        choice = input('Choose an option: ')
    return options[choice.upper()]

if __name__ == '__main__':
    ...

    chosen_option = get_option_choice(options)
    chosen_option.choose()
```

사용자가 입력한 문자가 options 딕셔너리에 있는 키 중에 하나와 일치한다면 그 선택은 유효하다.

사용자의 선택을 얻는다.

사용자의 선택이 유효하지 않다면, 다음 입력을 기다린다.

유효한 선택을 했다면 일치하는 옵션을 반환한다.

이 시점에서 Bark를 실행해 보면 북마크를 나열하는 것과 종료하는 명령에 응답할 것이다. 하지만 몇 가지 옵션은 필자가 앞에서 언급했듯이 몇 가지 준비를 추가해야 한다. 북마크를 추가하려면 제목과 설명 등을 제공해야 하며, 북마크를 삭제하려면 삭제할 북마크의 아이디를 지정해야 한다. 선택할 메뉴 옵션에 대한 사용자 입력이 있는 것처럼, 이러한 북마크 데이터를 입력하라는 메시지가 사용자에게 표시되어야 한다.

다음은 몇 가지 동작을 캡슐화하기 위한 또 다른 기회다. 각 정보에 대해 다음 작업이 필요하다.

1 예를 들어, '제목Title' 또는 '설명Description' 등의 레이블을 사용자에게 표시한다.

2 해당 정보가 필요하므로 사용자가 정보를 입력하지 않고 Enter를 누르면 계속해서 그대로 표시한다.

계속해서 사용자에게 입력을 묻는 동작 하나와 북마크를 추가하거나 삭제하기 위한 정보를 얻는 각각의 함수를 작성하자. 그런 다음, 각 정보를 가져오는 함수로 prep_call을 해당 Option 인스턴스에 추가한다. 여러분의 코드를 먼저 만든 후에 다음 코드와 비교해 보자.

```
def get_user_input(label, required=True):          ◄───── 사용자에게 입력을 요구하는 일반적인 함수
    value = input(f'{label}: ') or None
    while required and not value:                   ◄─────
        value = input(f'{label}: ') or None              입력될 때까지
    return value                                         계속 표시하기


def get_new_bookmark_data():            ◄───── 새로운 북마크를 추가하기 위하여
    return {                                   필요한 데이터를 얻는 함수
        'title': get_user_input('Title'),
        'url': get_user_input('URL'),
        'notes': get_user_input('Notes', required=False),
    }                                          ◄───── 북마크의 메모는 선택 사항이므로
                                                      계속 표시하지 않는다.


def get_bookmark_id_for_deletion():     ◄─────
    return get_user_input('Enter a bookmark ID to delete')   북마크를 삭제하기 위하여
                                                             필요한 정보 얻기

if __name__ == '__main__':
    ...
    'A': Option('Add a bookmark', commands.AddBookmarkCommand(),
➡ prep_call=get_new_bookmark_data),
    ...
    'D': Option('Delete a bookmark', commands.DeleteBookmarkCommand(),
➡ prep_call=get_bookmark_id_for_deletion),
```

지금까지 잘 따라왔다면, Bark를 실행하여 북마크를 추가, 나열, 삭제할 수 있을 것이다! 축하한다, 작업이 끝났다.

심화학습

우리는 많은 것을 다루었다. 하지만 필자는 흥미로운 것을 지적하고 싶다. Bark를 구축한 방식으로 인해, 새로운 기능을 추가하고자 할 경우 명확한 로드맵이 있다.

1 database.py에 필요할 수 있는 새로운 데이터베이스 조작 방법을 추가한다.
2 commands.py에서 필요한 비즈니스 로직을 수행하는 명령 클래스를 추가한다.
3 bark.py의 새로운 메뉴 옵션에 새로운 명령을 연결한다.

멋지지 않은가? 관심사 분리는 새로운 기능을 추가할 때 어떤 코드 부분을 보강해야 하는지 명확하게 알게 한다.

이번 장을 끝내기 전에, 몇 가지 다듬어야 할 부분이 있다.

화면 지우기

메뉴를 출력하거나 명령을 실행하기 전에 화면을 지우는 것은 사용자의 현재 상황을 더 쉽게 확인할 수 있게 한다. 화면을 지우려면, 터미널의 텍스트를 지우는 운영체제의 커맨드라인 프로그램에 맡길 수 있다. 화면을 지우는 명령은 대부분 운영체제에서는 clear이지만 윈도우에서는 cls이다. 파이썬에서 os.name을 확인하여 윈도우인지 알아낼 수 있다. 윈도우에서는 'nt'이다. macOS는 Catalina인 것처럼, Windows NT는 Windows 10이다.

다음 코드처럼, os.system을 사용하여 올바르게 호출하도록 clear_screen 함수를 작성하자.

```python
import os


def clear_screen():
    clear = 'cls' if os.name == 'nt' else 'clear'
    os.system(clear)
```

print_options를 호출하기 직전과 사용자가 선택한 옵션의 .choose() 메서드를 호출하기 직전에 이것을 호출하자.

```python
if __name__ == '__main__':
    ...

    clear_screen()
    print_options(options)
    chosen_option = get_option_choice(options)
    clear_screen()
    chosen_option.choose()
```

이것은 메뉴와 명령 결과가 계속 출력되는 상황일 경우에 가장 유용하다. 이것이 이 퍼즐의 마지막 조각이다.

애플리케이션 루프

마지막 단계는 Bark를 루프에서 실행하여 사용자가 연속으로 작업을 수행하게 하는 것이다. 이를 위해 loop 메서드를 생성하고 if __name__ == '__main__' 블록에 있던 데이터베이스 초기화 작업을 제외한 모든 것을 이 메서드로 옮긴다. if __name__ == '__main__' 블록으로 돌아가서 while True: 블록 안에서 loop를 호출한다. loop 메서드의 마지막에 작업하기 전, 사용자가 Enter를 누를 때까지 기다리는 코드를 추가한다.

```
def loop():
    # All the steps for showing/selecting options
    ...
    _ = input('Press ENTER to return to menu')

if __name__ == '__main__':
    commands.CreateBookmarksTableCommand().execute()

    while True:
        loop()
```

메뉴 > 옵션 > 결과 루프에 대해
발생하는 모든 것은 여기로 온다.

계속 진행하기 전에 Enter를 누르라는
메시지를 표시하고 그 결과를 확인한다
(_는 '사용하지 않는 값'이라는 의미다).

무한 반복(사용자가 QuitCommand에
해당하는 옵션을 선택할 때까지)

이제 Bark는 작업 후에 메뉴로 돌아가는 방법을 제공하며 종료 옵션도 제공한다. 이로써 기초
적인 모든 것을 했다. 어떠한가? 이제부터 Bark를 사용해 보자.

요약

- 관심사 분리는 읽기 쉽고 유지보수하기 쉬운 코드를 만들기 위한 도구다.
- 일반 사용자용 애플리케이션은 영속 계층, 비즈니스 로직 계층, 표현 계층으로 구분된다.
- 관심사 분리는 캡슐화, 추상화, 느슨한 결합과 밀접하게 동작한다.
- 관심사를 효과적으로 분리하면 주변의 다른 코드에 영향을 주지 않고 기능을 추가, 변
  경, 삭제할 수 있게 해 준다.

확장성과 유연성

회사에 소속된 개발자의 일상 업무에는 새로운 애플리케이션을 만드는 것뿐만 아니라 기존 애플리케이션을 업데이트하는 일도 있다. 기존 애플리케이션에 새로운 기능을 추가하는 업무를 하게 되면, 해당 애플리케이션의 기능을 **확장**하는 것이 목표일 것이며 코드를 추가하여 새로운 동작을 도입할 것이다.

몇몇 애플리케이션은 이런 종류의 변경에 **유연**하여, 요구 사항 변경에 쉽게 적응할 수 있게 되어 있다. 그렇지 않은 애플리케이션이라면 필사적으로 노력해야 할 것이다. 이번 장에서는 Bark 애플리케이션에 '깃허브의 별표된 데이터 가져오기' 기능을 추가하면서 유연하고 확장 가능한 소프트웨어를 개발하는 전략을 배울 것이다.

7.1 확장 가능한 코드란?

새로운 동작을 추가해도 기존 동작에 거의 영향을 미치지 않는다면 확장할 수 있는 코드라고 한다. 바꿔 말해, 기존 코드를 변경하지 않고 새로운 동작을 추가할 수 있다면 확장 가능한 소프트웨어라고 할 수 있다.

구글 크롬이나 모질라 파이어폭스와 같은 웹 브라우저를 생각해 보자. 이런 브라우저에 무언가를 설치하여 광고를 차단시키거나 여러분이 읽은 기사를 에버노트와 같은 도구로 쉽게 저장할 수 있다. 파이어폭스는 이러한 설치 가능한 소프트웨어를 **애드-온**add-on이라 부르며, 크롬은 **확장 프로그램**extension이라 부른다. 이것 모두가 **플러그인 시스템**plugin system의 예다. 플러그인 시스템은 확장성의 구현체다. 크롬과 파이어폭스는 광고 차단기나 에버노트를 염두에 두고 제작한 것이 아니지만, 이러한 확장 프로그램을 구축할 수 있도록 설계되었다.

웹 브라우저와 같은 대규모 프로젝트는 수십만 명 사용자의 요구를 충족시킬 때 성공한다. 이러한 모든 요구 사항을 예측한다는 것은 엄청난 재주일 것이다. 따라서 확장 가능한 시스템은 출시 후에도 이러한 요구에 대한 솔루션을 구축할 수 있게 해 준다. 미래를 항상 예측할 필요는 없지만 이와 같은 개념을 사용하면 더 좋은 소프트웨어를 만들게 할 것이다.

소프트웨어 개발의 여러 측면처럼, 확장성은 연속적이며 반복적으로 진행되어야 할 부분이다. 관심사 분리 및 느슨한 결합과 같은 개념을 계속 연습하면 시간이 지남에 따라 코드의 확장성을 향상시킬 수 있다. 코드의 확장성이 향상되면, 새로운 기능을 추가하는 것이 더 빨라진다. 왜냐하면 새롭게 추가하는 기능이 다른 기능에 미치는 영향을 걱정하지 않고 추가하는 기능에만 온전히 집중할 수 있기 때문이다. 또한, 이것은 코드에 대한 유지보수와 테스트가 쉬워질 것임을 의미한다. 왜냐하면 기능들이 더욱 독립적이게 되니 혼란스러운 동작으로 발생하는 까다로운 버그가 거의 없기 때문이다.

7.1.1 새로운 동작 추가하기

앞에서 우리는 Bark 애플리케이션 개발을 시작하였다. 북마크 데이터를 유지하고, 조작하며, 표시하는 관심사를 분리하기 위하여 다층 아키텍처를 사용하였다. 그런 다음, 이러한 추상화 계층들 위에 기능들의 작은 세트를 구축하여 유용한 기능을 만들었다. 새로운 기능을 추가해야 한다면 어떻게 될까?

이상적인 확장 가능한 시스템에서 새로운 동작을 추가하려면 기존 코드를 변경하지 않고 새로운 동작을 캡슐화하는 새로운 클래스, 메서드, 함수, 데이터를 추가해야 할 것이다(그림 7.1 참고).

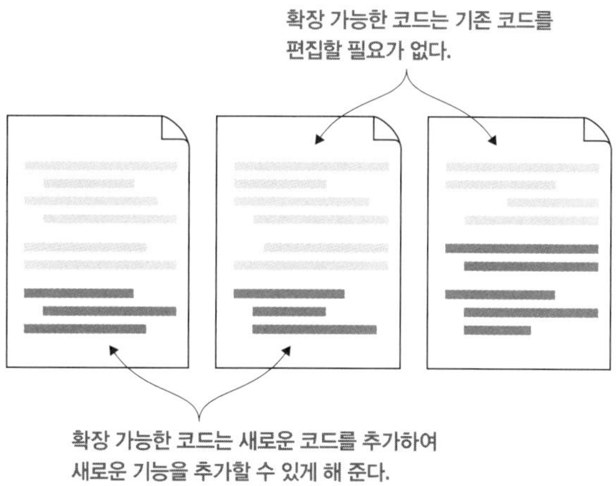

확장 가능한 코드는 기존 코드를
편집할 필요가 없다.

확장 가능한 코드는 새로운 코드를 추가하여
새로운 기능을 추가할 수 있게 해 준다.

그림 7.1 확장 가능한 코드에 새로운 동작 추가하기

새로운 기능을 추가하기 위해, 여기저기 함수와 메서드에 조건문을 추가해야 하는 확장성이
없는 시스템(그림 7.2 참고)과 비교해 보자. 수정해야 할 범위와 세분화된 모양 때문에 이것을
종종 **산탄총 수술**shotgun surgery이라고 부른다. 마치 산탄총에서 발사된 탄알들처럼 기능 하나를
추가하기 위해서는 여러 곳의 코드들을 수정해야 하기 때문이다[1]. 이것은 여러 관심사가 혼합
되었다는 점, 다시 말해 추상화 또는 캡슐화할 기회라는 점을 알려 준다. 이런 식의 변경이 필
요한 코드는 확장할 수 없으며, 새로운 동작을 생성하기가 쉽지 않다. 무언가를 업데이트하려
고 할 때면, 해당 코드를 정확히 찾기 위해 전체 코드를 검색해야만 할 것이다.

확장할 수 없는 코드에 새로운 기능을 추가하려면
코드 전체에 걸쳐 수정을 많이 해야 한다.

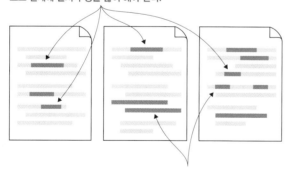

종종, 새로운 조건식 또는 새로운 else 문이 추가되므로
시간이 지날수록 코드를 이해하기 어려워진다.

그림 7.2 확장할 수 없는 코드에 새로운 동작 추가하기

---

1   Third International Conference on Information Technology: New Generations (2006)의 'An Investigation of Bad Smells in
    Object-Oriented Design'(*https://ieeexplore.ieee.org/document/1611587*)에서 산탄총 수술과 기타 코드 냄새에 대해 읽어 보자.

앞 장의 후반부에서 Bark 애플리케이션에 새로운 기능을 추가하는 것은 비교적 간단한 문제였다.

- 필요하다면, database 모듈에 새로운 데이터 지속 로직을 추가하기
- 기본 기능에 대한 command 모듈에 새로운 비즈니스 로직 추가하기
- 사용자 인터랙션을 처리하기 위하여 bark 모듈에 새로운 옵션 추가하기

 일부 코드를 복제하여 새로운 복사본을 만들고 그 복사본에 여러분이 원하는 작업을 추가하여 업데이트하는 것은 확장을 위한 완벽한 방법이다. 필자는 원래의 코드가 더 확장 가능하게 되도록 할 때마다 이 방법을 사용한다. 복제된 코드 버전을 생성하고 그것을 변경한 후에 두 버전의 차이점을 확인하면, 복제된 코드를 여러 용도의 단일 버전으로 다시 리팩토링하기 쉬워진다. 만약 사용하는 기능 전부를 완전히 이해하지 않은 상태에서 코드를 복제한다면, 너무 많은 코드를 추측하게 되는 불확실함과 함께, 앞으로의 변화에 유연하지 않은 코드가 될 위험이 있다. 따라서 잘못된 추상화보다 복제를 사용하는 게 낫다는 걸 기억하자.

만약 Bark 애플리케이션이 세 가지 동작을 수행하는 데 이상적이라면, 이미 존재하는 코드를 건드리지 않고 새로운 코드만 추가하면 된다. 이번 장 후반부에서 깃허브의 별표된 데이터를 가져오는 코드를 작성할 때, 이것이 앞에서 말한 경우에 해당하는지 아닌지를 알게 될 것이다. 하지만 실제 시스템이 이상적인 경우는 거의 없으므로 기존 코드를 주기적으로 변경해야 한다(그림 7.3 참고). 이런 상황에서 유연성을 어떻게 적용할 수 있을까?

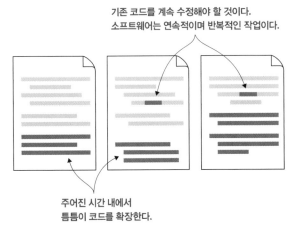

기존 코드를 계속 수정해야 할 것이다.
소프트웨어는 연속적이며 반복적인 작업이다.

주어진 시간 내에서
틈틈이 코드를 확장한다.

그림 7.3 **실제 확장성의 모습**

7.1.2 기존 동작 수정하기

본인 또는 다른 사람이 작성한 코드를 수정해야 하는 데는 여러 이유가 있다. 버그를 수정하거나 요구 사항으로 인해 수정해야 할 때처럼 코드의 동작을 변경해야 할 때가 있다. 동작의

일관성을 유지하면서 작업을 쉽게 하기 위해 리팩토링해야 할 수도 있다. 이런 경우, 새로운 동작을 하는 코드로 반드시 **확장**할 필요는 없지만, 코드의 **유연성**은 계속 큰 역할을 하게 된다.

유연성은 코드가 수정에 얼마나 저항하는지의 척도다. 이상적인 유연성은 코드 일부를 다른 구현체로 쉽게 교체할 수 있음을 의미한다. 산탄총 수술이 필요한 코드는 **경직되었다**rigid고 할 수 있다. 켄트 벡Kent Beck은 이렇게 말했다. "원하는 변경마다 변경을 쉽게 하여(경고: 이것이 어려울 수 있음) 쉬운 변경으로 만들어라."[2] 분해와 캡슐화 등의 방법으로 코드를 나누면, 원래 의도한 대로 수정할 수 있게 한다.

필자는 개인 프로젝트에서 작업 중인 코드에 연속적인 리팩토링을 거의 하지 않는다. 예를 들어, 여러분이 작업하는 코드에는 리스트 7.1과 같이 **if/else** 구문이 포함되었을 것이다. 만약 이 조건문에서 동작을 변경해야 할 때, 어디를 수정해야 하는지를 이해하려면 이 조건문의 코드를 읽어봐야 할 것이다. 또한, 원하는 수정을 각 조건문의 본문마다 해야 한다면 해당 수정을 여러 번 적용해야 할 것이다.

리스트 7.1 **조건과 결과를 경직된 형태로 매핑하기**

```
if choice == 'A':          ◄
    print('A is for apples')  ◄──── 이 조건문은 각 선택(choice)에 대해
elif choice == 'B':                 올바르게 업데이트되어야 한다.
    print('B is for bats')
...                                 옵션과 메시지를 매핑하고 해당 메시지를
                                    출력하는 관심사가 혼합되었다.
```

이것을 어떻게 개선할 수 있을까?

1 조건문의 비교와 본문 정보를 dict로 추출한다.
2 사용 가능한 선택을 확인하기 위하여 for 루프를 사용한다.

각 선택은 특정 결과에 매핑되므로 동작에 대한 매핑을 딕셔너리로 추출(1번)하는 것이 올바른 방법이다. 선택에 대한 문자를 메시지에 나오는 단어와 매핑함으로써, 새로운 버전의 코드는 선택된 것과 상관없이 매핑으로부터 올바른 단어를 가져올 수 있다. 이제 더는 조건에 elif 문을 추가하여 새로운 경우에 대한 동작을 정의할 필요가 없다. 그 대신에 리스트 7.2와 같이 선택된 문자에서 마지막에 출력할 메시지에 사용하는 단어로 하나의 새로운 매핑을 추가한다. 선택 사항과 메시지를 매핑하는 것은 실행 방법을 결정하기 위하여 프로그램에서 사용하는 정보 역할을 한다. 이것은 조건문 로직보다 이해하기 더 쉽다.

---

2 2012년 9월 25일, 켄트 백의 트위터(*https://twitter.com/kentbeck/status/250733358307500032*)

리스트 7.2 **조건과 결과를 매핑하는 더 유연한 방법**

```
choices = {          ◄─── 선택 사항과 메시지를 매핑하면 새로운 옵션을
    'A': 'apples',        추가할 때 더 간단하게 할 수 있다.
    'B': 'bats',
    ...
}
                                          결과는 집중되었으며,
                                          출력 동작은 다소 분리되었다.
print(f'{choice} is for {choices[choice]}')  ◄────
```

이 코드는 이전보다 가독성이 좋아졌다. 리스트 7.1은 각 조건과 그에 따라 어떤 작업을 하는지를 이해해야 했다. 하지만 이번 버전은 선택 사항의 세트와 선택 정보를 출력하는 한 줄의 코드로 명확하게 구조화되었다. 다른 것을 더 추가하거나 출력되는 메시지를 수정하기도 쉬워졌다. 왜냐하면 모두 분리되었기 때문이다. 이것이 바로 느슨한 결합loose coupling을 추구하는 이유다.

7.1.3 느슨한 결합

무엇보다 확장성은 느슨하게 결합한 시스템에서 나온다. 느슨한 결합이 없으면, 시스템에서 대부분의 수정은 산탄총 수술을 해야 할 것이다. 예를 들어, 다음 코드처럼 데이터베이스와 비즈니스 로직에 대한 추상화 계층 없이 Bark 애플리케이션을 만들었다고 해 보자. 이런 코드는 읽기 어려울 것이다. 부분적으로 물리적인 레이아웃(깊은 중첩)과 한 덩어리의 코드에서 너무 많은 일이 일어나기 때문이다.

리스트 7.3 **Bark에 대한 절차적 접근**

```
if __name__ == '__main__':
    options = [...]

    while True:
        for option in options:        깊은 중첩은 추가적인 분리가
            print(option)      ◄───   필요하다는 강력한 힌트다.

        choice = input('Choose an option: ')

        if choice == 'A':      ◄───   if/elif/else는 그 이유를
            ...                        추론하기 어렵다.
            sqlite3.connect(...).execute(...)  ◄───  데이터베이스 동작은 반복적이며
        elif choice == 'D':                           사용자 인터랙션과 혼합된다.
            ...
            sqlite3.connect(...).execute(...)
```

물론, 이 코드 역시 동작한다. 하지만 데이터베이스에 연결하는 방식에 영향을 미치는 수정이나 기존 데이터베이스를 바꾸는 수정에 대해 구현하는 것을 고려해야 한다. 이것은 큰 고통이

될 것이다. 이 코드는 각 부분에 상호 의존적인 부분이 많이 있기 때문에, 새로운 동작을 추가하려면 또 하나의 elif를 추가하고 SQL 문을 작성하는 등 적절한 위치를 찾아야 한다는 의미가 된다. 새로운 동작을 추가하려고 할 때마다 이러한 비용이 발생하기 때문에 이 시스템은 확장성이 떨어진다.

단단한 철 조각으로 된 원자들이 서로 단단하게 밀착되어 고정되었다고 상상해 보자. 그것은 철을 단단하게 만들며 구부러지거나 변형되는 것을 방지한다. 하지만 대장장이들은 철을 녹여서 그러한 성질을 극복하는 방법을 알아냈다. 철이 식더라도 철은 가단성을 가진다. 다시 말해, 철을 부수지 않고도 변경할 수 있다.

그림 7.4에서 보듯이, 이것은 우리가 원하는 코드의 모습이다. 만약 각 부분이 다른 부분과 느슨하게 결합되었기만 한다면, 의도치 않게 어떤 것을 파손하는 일 없이도, 더 자유롭게 움직일 수 있다. 코드를 너무 단단하게 결합해서 주변 코드에 매우 의존하게 한다면 코드를 수정하기 어려운 견고한 형태가 될 것이다.

Bark를 작성하면서 사용한 느슨한 결합은 DatabaseManager 클래스에 새로운 메서드나 기존의 (중앙 집중식) 메서드를 수정하여 새로운 데이터베이스 기능을 추가할 수 있음을 의미한다. 새로운 비즈니스 로직은 새로운 Command 클래스로 캡슐화할 수 있다. 메뉴에 추가하는 것은 bark 모듈의 options 딕셔너리에 새로운 옵션을 추가하고 그것을 해당 명령과 연결하는 것이다. 이것은 앞에서 설명한 브라우저의 플러그인 시스템과 약간 비슷하다. Bark 애플리케이션이 새롭고 특별한 기능을 처리할 것으로 기대하진 않지만, 일반적으로 잘 알고 있는 기능들이 추가될 수는 있다.

느슨하게 결합된 코드는
액체의 분자처럼 자유롭게 이동하며
모양을 바꿀 수 있다.

강하게 결합된 코드는 그 주위 코드에 의존한다.
하나의 코드만 수정하는 것은 어렵다. 왜냐하면 다른 코드들이
변경된 코드를 수용할 수 있도록 변해야 하기 때문이다.

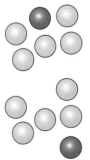
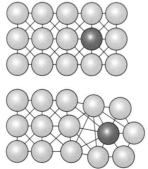

그림 7.4 경직과 대조되는 유연함

느슨한 결합을 요약하면, 여러분이 지금까지 배운 내용이 유연한 코드를 설계하는 데 얼마나 도움이 되는지 보여준다. 이제는 더 많은 유연성을 얻기 위한 몇 가지 새로운 기술을 살펴볼 것이다.

7.2 경직에 대한 해결책

경직된 코드는 뻣뻣한 관절과 비슷하다. 소프트웨어가 오래될수록, 가장 적게 사용되는 코드가 가장 경직되는 경향이 있으므로 다시 느슨하게 만들려면 약간의 주의가 필요하다. 특정 종류의 경직된 코드는 특별한 관리가 필요하며, 리팩토링해서 유연해질 기회가 있는지 정기적으로 코드를 검사해야 한다.

이제부터 코드의 경직성을 줄이기 위한 구체적인 방법들을 배워볼 것이다.

7.2.1 놓아주기: 제어 반전

조합은 특정 상속 계층으로 제한되지 않고 행동을 재사용할 수 있게 함으로써, 상속 이상의 이점을 제공한다고 이전 파트에서 배웠다. 관심사를 여러 개의 작은 클래스로 분리하고 클래스들의 동작을 다시 가져와서 조합하려고 할 경우, 그 클래스들의 인스턴스들을 사용하는 클래스를 만들 수 있다. 이것은 객체지향 코드 기반에서 일반적으로 행하는 방식이다.

자전거와 그 부품들을 다루는 모듈을 만든다고 상상해 보자. 자전거 모듈을 열어 보니 다음과 같은 코드가 있다. 이 코드가 어떤 작업을 하는지를 이해하기 위해 코드를 읽어 보고, 캡슐화와 추상화와 같은 방법을 따르는지 판단해 보자.

리스트 7.4 **다른 작은 클래스들에 의존하는 조합 클래스**

```
class Tire:                          ◄──┐  조합에 사용할
    def __repr__(self):                 │  작은 클래스들
        return 'A rubber tire'


class Frame:                            ┐  Bicycle은 필요한
    def __repr__(self):              ◄──┤  부품을 만든다.
        return 'An aluminum frame'


class Bicycle:                          ┐  자전거의 모든 부품을
    def __init__(self):              ◄──┤  출력하는 메서드
        self.front_tire = Tire()
        self.back_tire = Tire()
        self.frame = Frame()
```

```
    def print_specs(self):
        print(f'Frame: {self.frame}')
        print(f'Front tire: {self.front_tire}, back tire: {self.back_tire}')

if __name__ == '__main__':    ◀─┐ 자전거를 만들고
    bike = Bicycle()            │ 사양을 출력한다.
    bike.print_specs()
```

이 코드를 실행하면 다음과 같이 자전거 사양이 출력될 것이다.

```
Frame: An aluminum frame
Front tire: A rubber tire, back tire: A rubber tire
```

캡슐화는 잘된 듯하다. 자전거의 각 부품은 각자의 클래스로 되어 있다. 추상화도 괜찮은 수준이다. 최상단에는 Bicycle이 있으며, 각 부품은 그보다 하위에 있어서 접근할 수 있다. 그렇다면 뭐가 문제일까? 이 코드 구조로 하기 어려운 일이 있을까?

1 새로운 부품을 자전거에 추가하기

2 자전거의 부품을 업그레이드하기

자전거에 새로운 부품을 추가하는 것(1번)은 그렇게 어렵지 않다. 다른 부품처럼, 새로운 부품의 인스턴스를 생성하고 __init__ 메서드의 Bicycle 인스턴스에 저장하면 된다. 하지만 Bicycle 인스턴스의 부품을 동적으로 업그레이드(변경)하는 것은 지금 구조에서는 어렵다. 왜냐하면 이들 부품 클래스는 초기화에 하드코딩되어 있기 때문이다.

Bicycle은 Tire, Frame 등 필요한 다른 부품에 **의존적**이다. 이러한 부품들이 없다면 자전거는 동작하지 않는다. 만약 여러분이 CarbonFiberFrame을 원한다면 Bicycle 클래스의 기존 코드를 깨뜨리고 다시 만들어야 할 것이다. 이 때문에 Tire는 현재 Bicycle이 강하게 의존하고 있음을 알 수 있다.

제어 반전 Inversion of control은 클래스 내에서 종속적인 인스턴스를 생성하는 대신에 클래스에 대한 기존의 인스턴스를 전달하여 사용할 수 있다고 말한다(그림 7.5 참고). Bicycle을 생성하는 모든 코드에 제어 기능을 제공하여 종속성이 생기는 것을 제어할 수 있다. 이것은 매우 강력한 방법이다.

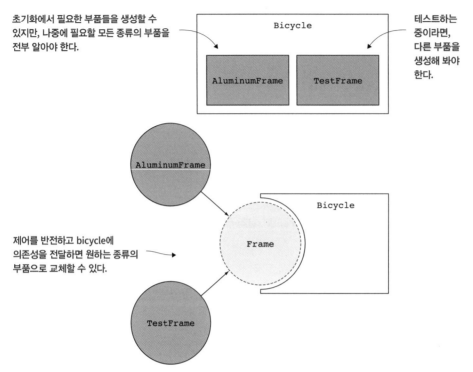

초기화에서 필요한 부품들을 생성할 수 있지만, 나중에 필요할 모든 종류의 부품을 전부 알아야 한다.

테스트하는 중이라면, 다른 부품을 생성해 봐야 한다.

제어를 반전하고 bicycle에 의존성을 전달하면 원하는 종류의 부품으로 교체할 수 있다.

그림 7.5 **제어 반전을 사용하여 유연성 확보하기**

각 종속에 대한 인자를 받도록 Bicycle.__init__ 메서드를 업데이트하자. 여러분이 작성한 것과 다음 코드를 비교해 보자.

리스트 7.5 **제어 반전 사용하기**

```python
class Tire:
    def __repr__(self):
        return 'A rubber tire'


class Frame:
    def __repr__(self):
        return 'An aluminum frame'


class Bicycle:
    def __init__(self, front_tire, back_tire, frame):    ◀── 종속성은 초기화 작업에서
        self.front_tire = front_tire                          클래스로 전달된다.
        self.back_tire = back_tire
        self.frame = frame

    def print_specs(self):
        print(f'Frame: {self.frame}')
        print(f'Front tire: {self.front_tire}, back tire: {self.back_tire}')
```

```
if __name__ == '__main__':
    bike = Bicycle(Tire(), Tire(), Frame())
    bike.print_specs()
```

Bicycle을 생성하는 코드는
적절한 인스턴스를 제공한다.

이것은 이전과 동일한 결과를 제공한다. 모든 문제가 해결된 듯하며 어느 정도 유연해졌다. 이 제 원하는 고급 타이어 또는 프레임을 생성하고 사용할 수 있다. 고급 타이어(FancyTire)가 다른 타이어와 동일한 메서드와 속성을 가진다면 Bicycle은 신경 쓸 게 없다.

새로운 CarbonFiberFrame을 생성하고 이것을 사용하도록 업그레이드해 보자. 여러분이 작성한 코드와 다음 코드를 비교하자.

리스트 7.6 **새로운 종류의 프레임을 사용하기**

```
class CarbonFiberFrame:
    def __repr__(self):
        return 'A carbon fiber frame'

...

if __name__ == '__main__':
    bike = Bicycle(Tire(), Tire(), CarbonFiberFrame())
    bike.print_specs()
```

탄소 섬유 프레임은
일반 프레임처럼
쉽게 사용할 수 있다.

이제 출력된 사양에 탄소 섬유
프레임이 표시될 것이다.

최소의 노력으로 종속성을 교체할 수 있는 이 방법은 코드를 테스트할 때 유용하다. 클래스에서 동작을 완전히 분리하기 위하여, 종속성의 실제 구현체를 테스트용으로 대체하고 싶을 때가 있다. Tire에 대한 의존도가 높으면 동작의 분리를 위하여 Bicycle 테스트마다 Tire 클래스를 모방한 것을 만들어야 한다. 제어 반전은 이러한 제약에서 벗어나게 해 준다. 예를 들어, MockTire 인스턴스를 전달하게 할 수 있다. 이러한 방식은 무언가를 모방하여 만드는 것을 잊지 않게 해 준다. 왜냐하면 생성한 Bicycle 인스턴스에는 어떤 종류의 타이어를 전달해야 하기 때문이다.

이 책에서 배운 방법을 따라야 하는 가장 큰 이유는 테스트를 더 쉽게 만들어 주기 때문이다. 만약 여러분의 코드가 테스트하기 힘든 상태라면 그 코드를 이해하는 것도 힘든 상태일 것이다. 반대로, 테스트하기 쉽다면 이해하기도 쉬울 것이다. 반드시 그렇다는 건 아니지만 상관관계가 있는 건 분명하다.

7.2.2 악마는 디테일에 있다: 인터페이스에 의존하기

Bicycle이 Tire와 다른 부품에 의존하는 것을 보았으며, 대부분의 코드는 필연적으로 이런 의존성을 갖게 될 것이다. 하지만 강한 의존성을 나타내는 또 다른 방법은 상위의 코드가 하위 종속성의 세부 사항에 너무 강력하게 의존하는 경우다. 앞에서 필자는 FancyTire가 다른 타이어와 동일한 메서드와 속성을 가진다면 장착할 수 있다고 말했다. 조금 더 공식적으로 말하자면, 타이어 인터페이스를 가진 모든 객체로 교체할 수 있다.

Bicycle 클래스는 특정 타이어의 세부 사항을 많이 알고 있지 않으며, 큰 관심도 없다. 그저 특정 정보와 동작을 가졌는지만 신경 쓴다. 그 외에는 타이어가 원하는 것을 자유롭게 할 수 있다.

클래스 중심의 세부 사항과는 대조적으로, 상위 코드와 하위 코드 간에 합의된 인터페이스를 공유하는 것은 상위/하위 구현체를 자유롭게 전환할 수 있게 해 준다. 파이썬에 덕 타이핑이 있다는 것은 엄격한 인터페이스가 필요하지 않다는 것을 의미한다. 어떤 메서드와 속성으로 인터페이스를 구성할지는 여러분에게 달려 있다. 여러분의 클래스가 사용될 곳에서 원하는 인터페이스를 준수하도록 만드는 것은 온전히 개발자인 여러분에게 달려 있다.

Bark 애플리케이션에서 비즈니스 로직의 Command 클래스는 인터페이스의 일부로 execute 메서드를 제공한다. 표현 계층은 사용자가 메뉴를 선택할 때 이 인터페이스를 사용한다. 특정 명령에 대한 구현체는 필요에 따라 수정할 수 있으며, 인터페이스가 동일하게 유지되는 한 표현 계층을 수정할 필요는 없다. 표현 계층을 수정해야 할 경우가 있는데, 예를 들어 Command 클래스의 execute 메서드에 인수가 추가로 필요한 때다.

이것은 다시 응집력으로 돌아간다. 밀접하게 관련된 코드는 인터페이스에 의존할 필요가 없다. 오히려 인터페이스를 넣으면 인위적으로 느껴질 정도로 매우 밀접하기 때문이다. 반면, 다른 클래스나 모듈에 있는 코드는 이미 분리되었으므로 다른 클래스에 직접 접근하는 것보다 공유된 인터페이스를 사용하는 것이 좋다.

7.2.3 엔트로피와의 싸움: 견고성의 원칙

엔트로피entropy는 어떤 조직이 시간이 지남에 따라 해체되는 경향을 말한다. 코드는 작고 깔끔하며 이해하기 쉬운 상태로 시작되지만, 시간이 지남에 따라 복잡해지는 경향이 있다. 다른 입력을 수용하기 위하여 코드가 커지기 때문이다.

포스텔의 법칙 Postel's Law으로 잘 알려진 **견고성의 원칙**robustness principle에서는 다음과 같이 명시한다. '여러분이 하는 일에는 보수적으로 하고, 다른 사람으로부터 받아들일 때는 너그럽게 하라.' 이것은 불완전하거나 예상치 못한 입력에는 개방적인 상태에서 원하는 결과를 달성하는 데 필요한 동작만 제공해야 한다는 것이다. 그렇다고 세상의 모든 입력을 받아들여야 한다는 것은 아니지만, 유연하게 만드는 것이 여러분의 코드를 사용하는 다른 개발을 쉽게 할 수 있다. 가능한 넓은 범위의 입력들과 제한된 범위의 결과를 매핑하면, 정보의 흐름을 더 제한하고 예상한 범위로 향하게 할 수 있다(그림 7.6 참고).

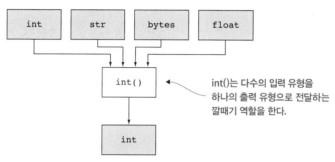

그림 7.6 입력과 출력을 매핑하여 엔트로피 줄이기

모든 입력을 정수로 변환하는 내장 함수인 int() 함수를 살펴보자. 이 함수는 정수 입력에 대해 당연히 동작한다.

```
>>> int(3)
3
```

이 함수는 문자열에도 동작한다.

```
>>> int('3')
3
```

심지어 부동 소수점 수에도 동작하며 정수 부분만 반환한다.

```
>>> int(6.5)
6
```

int 함수는 여러 데이터 타입을 허용하며 입력에 정수를 반환하지만, 확실하지 않은 경우에만 예외가 발생한다.

```
>>> int('Dane')
ValueError: invalid literal for int() with base 10: 'Dane'
```

여러분의 코드를 사용하는 곳에서 합리적으로 제공할 것으로 예상하는 입력 범위를 파악한 다음, 해당 입력을 사용하여 여러분의 시스템이 기대하는 것을 반환하자. 이것은 시스템의 진입점에 유연성을 제공하는 동시에 시스템의 코드가 관리할 수 있는 경우의 수를 유지해 준다.

7.3 확장 실습

확장 가능하고 유연한 설계를 배웠으니, Bark에 기능을 추가하면서 이들 개념을 적용해 보자. 현재 Bark는 수동적인 도구다. 북마크를 추가할 수는 있지만, 사용자가 가진 모든 URL과 설명을 한 번에 하나씩 입력해야 한다. 다른 북마크 도구에 저장된 것을 옮겨야 한다면, 이것은 매우 지루한 작업이 될 것이다.

우리는 Bark에 깃허브의 별표된 데이터를 가져오는 기능을 구축할 것이다(그림 7.7 참고). 표현 계층에서의 새로운 메뉴 옵션은 다음 작업을 해야 한다.

1 가져올 깃허브 사용자 이름을 묻는다.

2 별표된 데이터의 기존 타임스탬프를 유지할지 묻는다.

3 해당 명령을 실행한다.

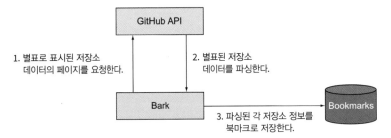

그림 7.7 **깃허브의 별표된 데이터를 가져오는 기능에 대한 플로우**

별표된 데이터를 가져오려면 GitHub API를 사용하는 명령을 실행한다[3]. 필자는 요청 패키지 (*https://github.com/psf/requests*)를 설치하고 사용하는 것을 추천한다.

---

3   깃허브의 별표된 저장소에 대해서는 *http://mng.bz/lony*를 참고하자.

별표된 데이터는 페이징되어 있으므로 다음과 같이 작업하게 될 것이다.

1 별표된 초기 페이지(*https://api.github.com/users/{github_username}/starred*)를 가져온다.

2 별표된 저장소에 대해 AddBookmarkCommand를 실행하기 위하여 응답 데이터를 파싱한다.

3 Link: <...>; rel=next 헤더가 존재한다면 가져온다.

4 다음 페이지가 있다면 반복하고, 그렇지 않다면 멈춘다.

 깃허브의 별표된 데이터의 타임스탬프를 얻으려면, API 요청에 Accept:application/vnd. github.v3.star+json 헤더를 전달해야 한다.

사용자 관점에서 보면, 인터랙션은 다음과 같다.

```
$ ./bark.py
(A) Add a bookmark
(B) List bookmarks by date
(T) List bookmarks by title
(D) Delete a bookmark
(G) Import GitHub stars
(Q) Quit

Choose an option: G
GitHub username: daneah
Preserve timestamps [Y/n]: Y
Imported 205 bookmarks from starred repos!
```

개발된 **Bark**는 북마크 타임스탬프와 관련해서는 확장성이 완벽하지 않다. 현재 **Bark**는 북마크가 생성된 시간을 타임스탬프로 강제 설정한다(datetime.datetime.utcnow().isoformat() 사용). 하지만 깃허브의 별표된 데이터의 타임스탬프를 그대로 유지하는 방법이 필요하다. 이것은 제어 반전을 사용하여 개선할 수 있다.

원래 동작을 폴백fallback 기능을 사용하여 타임스탬프를 선택 사항으로 받도록 AddBookmark Command를 업데이트해 보자. 여러분이 작성한 코드와 다음 코드를 비교해 보자.

리스트 7.7 **북마크에 대한 타임스탬프의 제어 반전**

```
class AddBookmarkCommand:

    def execute(self, data, timestamp=None):    ◀─── timestamp 인자를
        data['date_added'] = timestamp or datetime.utcnow().isoformat()    선택 사항으로 한다.
        db.add('bookmarks', data)               timestamp가 제공되면
        return 'Bookmark added!'                전달받은 타임스탬프를 사용하고,
                                                폴백으로 현재 시각을 사용한다.
```

이제 AddBookmarkCommand의 유연성이 향상되어 깃허브의 별표된 데이터를 가져오는 데 필요한 것을 충분히 처리할 정도로 확장할 수 있다. 새롭게 추가될 기능에 대해, 영속 계층에는 필요한 작업이 없으므로 표현 계층과 비즈니스 로직에만 집중하면 된다. 여러분이 먼저 코드를 작성해 보고 다음 코드 두 개와 비교해 보자.

리스트 7.8 **깃허브의 별표된 데이터를 가져오는 명령**

```python
class ImportGitHubStarsCommand:
    def _extract_bookmark_info(self, repo):          ◀── 저장소 딕셔너리가 주어지면,
        return {                                          북마크를 생성하기 위해 필요한
            'title': repo['name'],                        부분들을 추출한다.
            'url': repo['html_url'],
            'notes': repo['description'],
        }

    def execute(self, data):
        bookmarks_imported = 0

        github_username = data['github_username']
        next_page_of_results =                       ◀── 별표 데이터 결과의
➥ f'https://api.github.com/users/{github_username}/starred'    첫 페이지에 대한 URL

      ┌▶ while next_page_of_results:                 ◀── API에 타임스탬프를 반환하기 위하여 올바른
결과 페이지가      stars_response = requests.get(          헤더를 사용하여 다음 결과 페이지를 얻는다.
더 있다면             next_page_of_results,
해당 데이터를          headers={'Accept': 'application/vnd.github.v3.star+json'},
계속 수집한다.     )
            next_page_of_results =                   ◀── rel=next를 가진 링크 헤더는
➥ stars_response.links.get('next', {}).get('url')        다음 페이지에 대한 링크를 포함한다.

            for repo_info in stars_response.json():
                repo = repo_info['repo']             ◀── 별표된 저장소에 대한 정보

                if data['preserve_timestamps']:
                    timestamp = datetime.strptime(
                        repo_info['starred_at'],     ◀── 별표가 생성되었을 때의 타임스탬프
                        '%Y-%m-%dT%H:%M:%SZ'
                    )                                    타임스탬프를 Bark의
                else:                                    기존 북마크가 사용하는 것과
                    timestamp = None                     동일한 형식으로 만들기

                bookmarks_imported += 1
                AddBookmarkCommand().execute(        ◀── 저장소 데이터로 채워진
                    self._extract_bookmark_info(repo),    AddBookmarkCommand를
                    timestamp=timestamp,                  실행하기
                )

        return f'Imported {bookmarks_imported} bookmarks from starred repos!'  ◀──
                                                     가져온 데이터 수를 나타내는
                                                     메시지 반환하기
```

```
...

def get_github_import_options():     ◀──── 별표 데이터를 가져오기 위하여
    return {                                깃허브의 username을 얻는 기능
        'github_username': get_user_input('GitHub username'),
        'preserve_timestamps':   ◀──── 별표했을 때 원래 시간을
            get_user_input(             유지할지 여부
                'Preserve timestamps [Y/n]',
                required=False
            ) in {'Y', 'y', None},   ◀──┐ "Y", "y", 또는 그냥 Enter를
    }                                     누르면 '그렇다'는 의미로 받음


def loop():
    ...


    options = OrderedDict({
        ...                    ┌── 깃허브의 가져오기(import) 옵션을
        'G': Option(      ◀───┘   메뉴에 추가하기
            'Import GitHub stars',
            commands.ImportGitHubStarsCommand(),
            prep_call=get_github_import_options
        ),
    })
```

조금 더 연습하기

Bark 애플리케이션 더 확장해 보고자 한다면, 기존 북마크를 편집하는 기능을 구현해 보자.

데이터베이스 레코드를 업데이트하려면 DatabaseManager에 새로운 메서드를 추가해야 한다. 레코드를 업데이트하려면 사용자가 업데이트(삭제 작업과 유사함)할 레코드를 지정하고 업데이트할 칼럼 이름과 사용할 새로운 값을 지정해야 한다. 이미 만든 add, select, delete를 참고할 수 있다.

표현 계층은 업데이트할 북마크의 아이디, 업데이트할 칼럼, 사용할 새로운 값을 입력하라고 표시해야 한다. 이것은 비즈니스 로직 계층의 새로운 Edit-BookmarkCommand에 연결될 것이다.

여러분은 프로이니 한번 해 보자! 필자가 만든 버전은 소스 코드에 있다(*https://github.com/daneah/practices-of-the-python-pro* 참고).

확장 가능한 시스템에 새로운 동작을 추가하는 것은 마찰이 적은 일이라는 것을 확인하였다. 기존의 구조를 조합하여 새로운 기능을 연결하는 식으로, 원하는 동작을 만드는 데 완전히 집중할 수 있다는 것은 즐거운 점이다. 마치 엄청난 하모니를 위하여 현악기와 목관악기 그리고 타악기를 천천히 한 층씩 쌓아 올리는 오케스트라의 지휘자가 된 듯한 기분일 것이다. 여러분

의 오케스트라가 자꾸 불협화음을 낸다고 해서 낙심하지 말자. 불협화음의 원인이 되는 지점을 찾아서 우리가 배운 것을 사용하여 해결할 방법을 찾아보자.

다음 장에서는 상속과 적절한 해결책이 필요한 경우를 살펴볼 것이다.

요약

- 새로운 기능을 추가한다는 것은 기존 코드를 수정하지 않고 새로운 함수나 메서드, 또는 클래스를 추가하는 코드를 만든다는 의미다.
- 제어 반전은 기본이 되는 구현체를 수정하지 않고도 다른 코드의 필요에 따라 동작을 커스터마이징할 수 있게 해 준다.
- 클래스들 간 세부 정보를 주고받는 대신에 합의된 인터페이스를 공유하면 **결합도**coupling를 줄여 준다.
- 처리하려는 입력 타입을 신중히 고려하고 출력 타입에 엄격해야 한다.

CHAPTER

상속의
규칙과 예외

> **이 장에서 다루는 내용**
>
> - 시스템을 모델링하기 위하여 상속과 조합을 함께 사용하기
> - 객체 타입을 검사하기 위하여 파이썬의 내장 기능 사용하기
> - 인터페이스 만들기

자신만의 클래스를 만들거나 파이썬의 클래스 기반 프레임워크를 사용했다면, 여러분은 이미 상속을 경험한 것이다. 클래스는 다른 클래스로부터 사용할 수 있으며, 부모 클래스의 데이터 와 동작을 받게 된다. 이번 장에서는 파이썬의 상속을 자세히 배울 것이며, 어디에서 사용해 야 하고 어디에서 피해야 하는지 배울 것이다.

8.1 과거 프로그래밍에서의 상속

상속은 컴퓨터 프로그래밍 초기에 고안되었지만, 그 개념이 오랫동안 지속되고 있음에도 사람 들은 언제, 어떻게 사용해야 하는지 논쟁이 계속되고 있다. 객체지향 프로그래밍의 역사에서 상속은 가장 중요한 것이었다. 많은 애플리케이션은 어떤 종류의 분명하고 깔끔한 구조로 이 어지길 희망하면서 현실 세계를 신중하게 선별된 객체의 계층구조로 모델링하려고 하였다. 이 패러다임은 객체지향 프로그래밍에 깊게 포함되어서 두 개의 개념(객체지향 프로그래밍과 상속) 은 거의 분리할 수 없었다.

8.1.1 실버 불릿

망치만 가진 사람에게는 모든 것이 못으로 보이는 것처럼, 상속은 좋은 도구이지만 너무 많이 사용되기도 한다. 상속이라는 것은 이해하기 힘든 '실버 불릿silver bullet'이다. 하지만 실버 불릿처럼 어떤 패러다임이 모든 요구 사항을 충족한다는 것은 영화 속 이야기일 뿐이다.

객체지향 프로그래밍에서 클래스 상속은 많은 개발자에게 좌절감을 안겨 주었고 점점 더 많은 사람이 객체지향 프로그래밍을 포기하게 되었다. 이것은 불행한 결과다. 객체지향은 문제의 정신적 모델링에 이점이 많다. 상속은 올바른 계층구조를 모델링할 때도 사용한다. 상속이 모든 데이터 모델링 문제에 대한 해결책은 아니지만, 특정 유스케이스use case에 적합한 해결책이며 이는 이번 장의 후반부에서 살펴볼 것이다.

하지만 그에 앞서, 어떻게 했기에 클래스 상속이 그 많은 좌절을 만들었는지 이해하는 것이 중요하다.

8.1.2 계층구조의 과제

정보와 행동의 분리, 캡슐화, 분류는 객체지향 프로그래밍에 대한 모든 것이다. 필자는 많은 사서와 일한다. 그들은 사물의 범주를 나누기 위해 분류 또는 온톨로지ontology를 만들어 사물 간 관계를 식별하는 작업을 한다[1]. 이것은 원시정보를 구성하는 데 효과적이지만, 소프트웨어 동작이 포함되면 고통이 시작된다. 소프트웨어가 성장함에 따라 클래스 간 부모-자식 관계를 똑바로 유지하기가 어려워지기 때문이다.

 부모 클래스는 파이썬에서(그리고 다른 많은 언어에서) **슈퍼클래스**(superclass)라고 한다. 자식 클래스는 **서브클래스**(subclass)라고 한다. 이번 장의 나머지 부분에서는 이 명명법을 사용할 것이다.

클래스는 슈퍼클래스의 모든 정보와 동작을 상속받으며, 상속받은 것과는 다른 동작을 하기 위해서 오버라이드할 수 있다(그림 8.1 참고). 이것은 아마도 프로그래밍에 존재하는 가장 강한 결합일 것이다. 디폴트로 상속한 클래스는 그 슈퍼클래스의 정보와 행동과 동일하기 때문에 슈퍼클래스에 완전히 결합된 상태다.

---

1   정보 과학 분야에서의 온톨로지를 자세히 알고 싶다면 위키피디아(*https://ko.wikipedia.org/wiki/온톨로지*)를 참고하자.

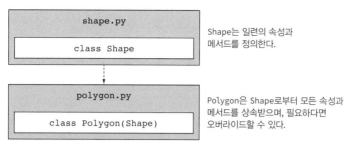

Shape는 일련의 속성과
메서드를 정의한다.

Polygon은 Shape로부터 모든 속성과
메서드를 상속받으며, 필요하다면
오버라이드할 수 있다.

그림 8.1 하나의 슈퍼 클래스와 하나의 서브 클래스로의 상속

클래스의 계층구조가 커지면 이러한 결합도를 발견하는 것은 매우 어렵다. 왜냐하면 어떤 클래스가 어떤 클래스를 상속하는지 명확하지 않기 때문이다. 이로 인해 그림 8.2와 같이, 의도하지 않은 동작의 변경으로 버그가 발생하게 된다.

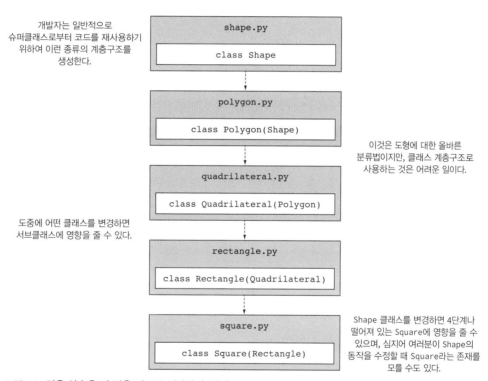

개발자는 일반적으로
슈퍼클래스로부터 코드를 재사용하기
위하여 이런 종류의 계층구조를
생성한다.

이것은 도형에 대한 올바른
분류법이지만, 클래스 계층구조로
사용하는 것은 어려운 일이다.

도중에 어떤 클래스를 변경하면
서브클래스에 영향을 줄 수 있다.

Shape 클래스를 변경하면 4단계나
떨어져 있는 Square에 영향을 줄 수
있으며, 심지어 여러분이 Shape의
동작을 수정할 때 Square라는 존재를
모를 수도 있다.

그림 8.2 깊은 상속은 더 많은 버그로 이어질 수 있다

비유하자면, 양자 물리학에서 두 입자가 공간에서 얼마나 떨어졌는지에 관계없이 하나의 변화가 다른 입자의 동일한 변화에 영향을 미치는 방식으로 얽혔을 수 있다. 아인슈타인은 그것을 '먼 거리에서의 빠른 동작'이라고 했으며, 이것은 입자의 상태를 확실하게 결정할 수 없다는 의미다. 왜냐하면 그 상태는 쌍둥이 입자 상태로 변하기 때문에 언제든지 변경될 수 있기 때문이다. 물리학에서는 매우 흥미로운 일이겠지만 소프트웨어에서는 엄청나게 위험한 일이다. 하나의 클래스가 변경되면 인지하지 못한 다른 서브클래스의 기능이 변경되거나 최악의 경우 더 나빠질 수 있다. 마치 영화 나비효과Butterfly Effect처럼 말이다(스포일러 경고: 애쉬튼 커처의 캐릭터는 좋게 끝나지 않는다).

개발자는 코드를 재사용하기 위하여 상속을 종종 사용하지만, 이것은 나중에 문제를 발생하곤 한다. 깊은 계층구조에서 서로 다른 계층의 클래스들이 슈퍼클래스의 동작을 오버라이드하거나 보완했을 것이다. 오래지 않아, 여러분의 클래스들이 정보의 흐름을 따르도록 하기 위하여 계층 위아래로 이동하게 될 수 있다. 필자는 개발자인 우리가 하는 일은 이해를 높이고 **인지 부하**cognitive load를 줄여야 한다고 말해 왔으며, 깊은 계층구조는 이 목표에 반한다. 그렇다면 왜 우리는 여전히 상속을 사용하고 있는가?

8.2 프로그래밍의 상속

복잡한 계층구조로 인한 고통 때문에, 상속은 나쁜 평판을 얻어 왔다. 상속이 처음부터 나빴던 건 아니다. 다만 너무 자주 사용되고, 잘못된 이유로 사용되었을 뿐이다.

8.2.1 실제로 상속은 어디에 쓰는 것인가?

많은 사람이 어떤 클래스의 코드를 재사용하기 위하여 상속을 사용하지만, 그것이 상속의 목적은 아니다. 상속은 동작의 **특화**specialization를 위한 것이다. 다시 말해, 코드를 재사용하기 위해서만 서브클래스로 만드는 것은 피해야 한다. 다른 값을 반환하거나 다른 작업을 하기 위한 서브클래스를 만들자.

이런 의미에서 서브클래스는 슈퍼클래스의 **특별한 경우**special case처럼 취급되어야 한다. 서브클래스는 슈퍼클래스의 코드를 재사용하지만, 서브클래스의 인스턴스는 슈퍼클래스의 인스턴스라는 개념이 자연스러운 결과를 만든다.

클래스 B가 클래스 A로부터 상속될 때, 우리는 B 'is-an' A라고 한다. 이것은 B의 인스턴스가 실제로 A의 인스턴스이며 A처럼 보일 것임을 강조하기 위한 것이다. 이와 대조적으로, 클래스 C의 인스턴스가 클래스 D의 인스턴스를 사용한다면, 우리는 C가 D로 구성되었음을 강조하기 위하여 C 'has-a' D라고 한다.

지난 장에서 Bicycle 예제를 다시 떠올려 보자. AluminumFrame을 CarbonFiberFrame으로 업그레이드하고 Tire를 FancyTire로 업그레이드하면서 여러 종류의 자전거 프레임을 도입하였다. CarbonFiberFrame과 FancyTire는 각각 Frame과 Tire에서 상속되었다고 가정하자. 다음 중 어떤 것이 상속과 조합을 사용하여 자전거를 모델링하는 방식일까?

1 Tire has-a Bicycle

2 Bicycle has-a Tire

3 CarbonFiberFrame is-a Frame

4 CarbonFiberFrame has-a Frame

타이어는 자전거로 구성된 것이 아니므로 1번은 틀렸고 2번이 맞다. 이것이 조합이다. 탄소 섬유 프레임은 프레임이므로 4번은 틀리고 3번이 맞다. 이것은 상속이다. 다시 말하지만, 상속은 특화를 위한 것이며 조합은 재사용할 수 있는 동작을 위한 것이다(그림 8.3 참조).

동작을 특화하기 위하여 상속을 사용하는 것은 첫 단계일 뿐이다. 알루미늄 프레임을 탄소 섬유 프레임으로 어떻게 교체했는지 생각해 보자. 각 프레임이 동일한 연결 포인트가 있기 때문에 할 수 있었다. 올바른 연결이 없었다면 실패했을 것이며, 소프트웨어에서도 마찬가지다.

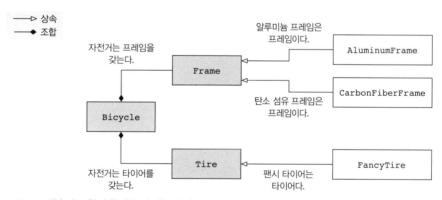

그림 8.3 **상속과 조합이 함께 동작하는 방법**

8.2.2 치환 가능성

MIT의 바바라 리스코프Barbara Liskov 교수는 상속과 관련하여 **치환 가능성**substitutability 개념을 설명하는 원칙을 개발했다. 리스코프 치환 원칙에 따르면, 프로그램에서 클래스의 모든 인스턴스는 프로그램의 정확성에 영향을 미치지 않으면서 서브클래스 중 하나의 인스턴스로 대체 가능해야 한다[2]. 콘텍스트의 정확성은 프로그램에 오류가 없으며, 정확한 결과는 각각 다르거

---

2 리스코프 치환 원칙에 대한 자세한 내용은 위키피디아(*https://ko.wikipedia.org/wiki/리스코프_치환_원칙*)를 참고하자.

나 다른 방식으로 달성되겠지만, 동일한 기본 결과를 달성한다는 것을 의미한다. 치환 가능성은 슈퍼클래스의 인터페이스를 엄격하게 준수하는 서브클래스에서 발생한다.

파이썬에서 이 원칙을 벗어나는 것은 어렵지 않다. 다음 코드를 살펴보자. 민달팽이slug와 달팽이snail를 모델링하는 완벽하게 유효한 파이썬 코드다. Snail은 Slug로부터 상속된다(껍질을 제외하고 달팽이와 민달팽이는 동일하다). 그리고 Snail에 껍질 정보를 추가하여 Slug로부터 특화시킨다. 하지만 Snail은 치환 가능성을 깨뜨리고 있다. 왜냐하면 Slug를 이용하는 프로그램에서 다음 코드와 같이 __init__ 메서드에 shell_size 인수를 Snail에 추가하지 않고 Slug를 Snail로 치환할 수 없기 때문이다.

리스트 8.1 치환 가능성을 깨뜨리는 서브클래스

```
class Slug:
    def __init__(self, name):
        self.name = name

    def crawl(self):
        print('slime trail!')


class Snail(Slug):              ←  Snail은 Slug로부터
    def __init__(self, name, shell_size):   상속된다.
        super().__init__(name)   ←  서로 다른 인스턴스 생성자를
        self.name = name            사용하는 것은 치환 가능성을
        self.shell_size = shell_size  위반하는 일반적인 방법이다.


def race(gastropod_one, gastropod_two):
    gastropod_one.crawl()
    gastropod_two.crawl()       ←  두 개의 Slug 인스턴스를
                                   생성하고 경주시킬 수 있다.

race(Slug('Geoffrey'), Slug('Ramona'))       ←  shell_size 인자 없이 Snail을
race(Snail('Geoffrey'), Snail('Ramona'))        사용하려고 하면 예외가 발생한다.
```

이 작업을 수행하기 위해서 더 많은 기술을 꺼낼 수 있겠지만, 조합을 사용하기에 적합한 경우라고 생각해 보자. 결국 달팽이는 껍질을 가지고 있다.

필자는 특정 클래스의 **역할**이 어떤 것인지를 조사함으로써 치환 가능성을 생각하곤 한다. 만약 계층구조의 각 클래스가 해당 역할을 수행할 수 있다면, 그 클래스는 치환 가능한 것이다. 만약 서브클래스가 어떤 메서드 서명을 변경하거나 특화하는 작업의 일부로 예외를 발생시킨다면, 이것은 해당 역할을 수행하지 못할 수 있으며, 클래스 계층구조를 다르게 배열되어야 한다는 힌트가 될 수 있다.

8.2.3 상속에 대한 이상적인 경우

스몰토크Smalltalk(객체지향 프로그래밍의 선구자 중 하나인 앨런 케이Alan Kay가 일부 작성한 프로그래밍 언어) 커뮤니티 출신인 루비 프로그래머 샌디 메츠Sandi Metz는 상속을 사용해야 할 시점에 대한 훌륭한 규칙을 만들었다[3].

- 해결하려는 문제는 얕고 좁은 계층구조다.
- 서브클래스는 객체 그래프의 잎 노드leaf node에 있다. 즉, 다른 객체들은 사용하지 않는다.
- 서브클래스는 자신의 슈퍼클래스의 모든 동작을 사용하거나 특화한다.

이들을 조금 더 자세히 이야기해 보자.

얕고 좁은 계층구조

이 규칙에서 **얕음**shallow은 앞에서 배운 깊은 상속 계층구조의 문제를 해결한다. 깊게 중첩된 클래스 계층구조는 관리를 어렵게 하며 버그를 발생시킬 수 있다. 계층구조를 작게 유지하면 필요할 때를 쉽게 판단할 수 있다.

이 규칙에서 **좁음**narrow은 계층구조 내 클래스가 너무 많은 서브클래스를 갖지 않음을 의미한다. 서브클래스의 수가 증가함에 따라 어떤 서브클래스가 특화된 것인지 알기 어려워지며 다른 개발자가 자신에게 필요한 서브클래스를 찾지 못하게 되면 중복된 서브클래스가 생길 수 있다.

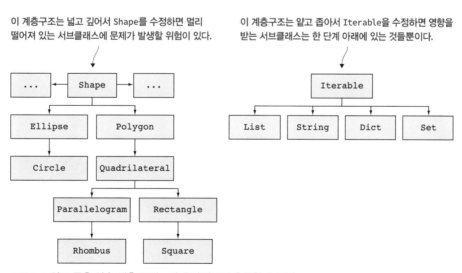

그림 8.4 **얕고 좁은 상속 계층구조는 더 효과적으로 추론할 수 있다.**

---

3   RailsConf 2014에서의 샌디 메츠의 'All the Little Things'(*www.youtube.com/watch?v=8bZh5LMaSmE*)를 참고하자.

객체 그래프의 잎 노드에 있는 서브클래스

소프트웨어의 모든 객체를 그래프의 노드_{node}로 생각할 수 있다. 각 객체는 상속 또는 조합을 사용하는 다른 객체를 가리킨다. 상속을 사용할 경우, 클래스는 다른 객체를 가리킬 수 있지만 그 클래스의 서브클래스는 일반적으로 더 이상의 종속성이 없어야 한다. 서브클래스가 특화된 동작을 위한 것이지만, 서브클래스가 슈퍼클래스 또는 다른 서브클래스가 가지고 있지 않은 고유한 종속성을 가지고 있다면 조합이 해당 부분을 수행하기 위한 더 좋은 방법일 수 있다. 여러분의 서브클래스가 새로운 결합을 추가하지 않고 동작을 특화하는지 확인하는 게 좋다.

서브클래스는 슈퍼클래스의 모든 동작을 사용한다

이것은 앞에서 배운 'is-a' 관계의 결과다. 만약 서브클래스가 자신의 슈퍼클래스의 동작을 모두 사용하지 않는다면, 이것은 정말로 슈퍼클래스의 인스턴스인가? 새_{bird} 클래스를 살펴보자.

```
class Bird:
    def fly(self):
        print('flying!')
```

어떤 종류의 새는 다른 동작의 fly를 수행하므로 서브클래스로 만들 수 있다.

```
class Hummingbird(Bird):
    def fly(self):
        print('zzzzzooommm!')
```

펭귄이나 키위(옮긴이 키위새, 날지 못하는 조류), 타조는 어떠할까? 이들은 전혀 날지 못하는 새다. 한 가지 해결 방법은 fly를 오버라이드하는 것이다.

```
class Penguin(Bird):
    def fly(self):
        print('no can do.')
```

아무것도 하지 않거나 어떤 종류의 예외가 발생하도록 fly를 오버라이드할 수도 있다. 하지만 그것은 치환 가능성 원칙에 위배된다. Penguin을 다룬다는 것을 아는 모든 코드는 절대로 fly를 호출하지 않을 것이므로 그 동작은 사용되지 않는다. 다시 말하지만, 비행 동작을 그것이 필요한 클래스로 조합하는 것이 여기서는 더 나은 선택일 수 있다.

연습

이제 어느 부분을 봐야 하는지 알았으니, Bicycle 예제에 상속과 조합 규칙을 적용해 보자. bicycle 모듈은 이번 장의 소스 코드에서 찾을 수 있다(*https://github.com/daneah/practices-of-the-python-pro*).

Bicycle 예제는 메츠가 설명한 상속 규칙을 얼마나 잘 따르고 있는가? bicycle 모듈의 객체가 각 규칙을 준수하는지를 여러분이 확인해 보자.

다시 돌아와서 여러분이 한 것과 비교해 보자.

- Frame과 Tire 모두 얇고 좁은 계층구조를 가진다. 이들은 하위로 한 단계를 가지며, 최대 2개의 서브클래스가 있다.
- 서로 다른 타입의 타이어와 프레임은 다른 객체에 의존하지 않는다.
- 서로 다른 타입의 타이어와 프레임은 그들의 슈퍼클래스의 모든 동작을 사용하거나 특화한다.

여러분이 생성한 모델은 필요한 곳에 적절하게 사용하며 서로 다른 조각들을 하나로 조합하고 있다. 계속해서 상속을 검사하고 사용하기 위하여 파이썬이 제공하는 도구를 살펴보자.

8.3 파이썬의 상속

파이썬은 클래스와 그들의 상속 구조를 검사하기 위한 도구와 함께, 상속과 조합에 접근하는 여러 방법을 제공한다. 이번 절에서는 이들을 설명할 것이며, 상속을 사용할 때 코드를 디버깅하고 테스트하는 노하우를 갖게 할 것이다.

8.3.1 타입 검사

코드를 디버깅할 때 알아야 할 가장 일반적인 사항은 특정 코드 줄에서 처리하는 객체의 타입이다. 파이썬의 동적 타이핑이 항상 명확하지 않다는 의미이므로 검사하는 것이 좋다.

> **타입 검사**
>
> 파이썬의 최신 버전은 타입 힌트(type hinting)를 지원한다. 이는 개발자와 자동화된 도구에 함수 또는 메서드가 기대하는 객체의 타입이 무엇인지를 알려 주는 방법이다. 도구를 사용하면 코드를 실행하지 않아도 타입을 위반할 수 있는 호출을 확인해 준다. 파이썬은 실행 중에 타입을 강제하지 않는다는 것에 주의하자. 이 기능은 개발 보조 도구다.

객체의 타입을 검사하는 기본 방법은 내장 함수인 type()을 사용하는 것이다. type(some_object)은 해당 객체가 어떤 클래스의 인스턴스인지 알려 준다.

```
>>> type(42)
<class 'int'>
>>> type({'dessert': 'cookie', 'flavor': 'chocolate chip'})
<class 'dict'>
```

이 방법도 유용하지만, 객체가 특정 클래스 또는 그것의 서브클래스의 인스턴스인지도 자주 알고 싶어 할 것이다. 이를 위해 파이썬은 isinstance() 함수를 제공한다.

```
>>> isinstance(42, int)
True
>>> isinstance(FancyTire(), Tire)        ◀── 참조하는 클래스는 네임스페이스로
True                                          임포트되어야 한다.
```

마지막으로 파이썬은 어떤 클래스가 다른 클래스의 서브클래스인지를 판별하기 위해 issubclass() 함수를 제공한다.

```
>>> issubclass(int, int)
True
>>> issubclass(FancyTire, Tire)
True
>>> issubclass(dict, float)
False
```

 issubclass는 다소 혼란스러운 이름이다. 이 함수는 클래스를 자기 자신의 서브클래스로 간주하기 때문에 동일한 두 개의 클래스를 비교해도 True를 반환한다.

이러한 도구들은 실제 코드에서 유용할 수도 있지만, 이들 도구를 사용한다는 것은 위험 신호이기도 하다. 왜냐하면 데이터 타입에 따라 동작을 변경하는 것은 바로 서브클래스가 해야 할 일이기 때문이다. 이러한 내장 함수들은 객체를 검사하는 데 유용하지만, 파이썬 역시 클래스 내에서 상속을 처리하는 데 유용한 기능들을 제공한다.

8.3.2 슈퍼클래스 접근

서브클래스를 만들고 슈퍼클래스의 원래 동작을 사용하면서 해당 동작을 특화해야 한다고 가정하자. 파이썬으로 이 작업을 어떻게 할 수 있을까? 다음 코드에서 보듯이, 내장된

super() 함수를 사용하면 슈퍼클래스의 속성과 메서드에 접근할 수 있다.

리스트 8.2 **슈퍼클래스 동작에 접근하기 위하여 super() 사용하기**

```
class Teller:
    def deposit(self, amount, account):
        account.deposit(amount)


class CorruptTeller(Teller):          ◀──  부패한 점원(CorruptTeller)도
    def __init__(self):                     점원(Teller)이다.
        self.coffers = 0

                                            부패한 점원은 디폴트 입금 동작을
                                            오버라이드한다.
    def deposit(self, amount, account):   ◀──
        self.coffers += amount * 0.01          부패한 점원은 곧바로
        super().deposit(amount * 0.99, account)   ◀── 약간의 돈을 착복한다.

                           착복한 나머지 돈을
                     다른 점원이 하는 것처럼 입금한다.
```

super()를 사용하는 코드는 치환 가능성이 깨지면 큰 혼란을 일으킬 수 있다. 다른 개수의
인자를 받기 위해 메서드를 오버라이드하고 super()를 사용하여 인자의 일부만 전달하는 것
은 혼란을 일으킬 수 있으며, 유지보수성이 크게 떨어지게 된다. 치환 가능성은 파이썬의 **다중
상속**multiple inheritance에서 특히 중요하다.

8.3.3 다중 상속과 메서드 결정 순서

지금까지 필자는 서브클래스가 정확히 하나의 슈퍼클래스를 가지는 **단일 상속**single inheritance을
주로 설명하였다. 하지만 파이썬은 그림 8.5와 같이 하나의 서브클래스가 둘 이상 슈퍼클래스
를 갖는 다중 상속이라는 개념도 지원한다.

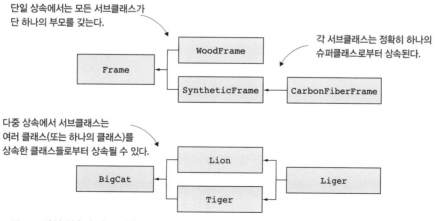

그림 8.5 **단일 상속과 다중 상속**

다중 상속은 플러그인 아키텍처 내에서 사용되거나 하나의 클래스에서 여러 인터페이스를 구현하고자 할 때 사용된다. 예를 들어, 수상 차량은 보트와 자동차의 인터페이스를 갖는다.

리스트 8.3과 같이, 클래스 정의에 둘 이상의 클래스를 제공하여 서브클래스가 여러 클래스로부터 상속되게 할 수 있다. 이 코드를 "cats" 모듈로 만들자. 이 코드를 실행하기 전에, print(liger.eats())가 어떤 동작을 할지 예측해 보자.

리스트 8.3 **파이썬에서의 다중 상속**

```
class BigCat:
    def eats(self):
        return ['rodents']


class Lion(BigCat):          ◀── 단일 상속을 통해,
    def eats(self):              Lion은 BigCat이다.
        return ['wildebeest']


class Tiger(BigCat):         ◀── 단일 상속을 통해,
    def eats(self):              Tiger는 BigCat이다.
        return ['water buffalo']


class Liger(Lion, Tiger):    ◀── Liger는 다중 상속을 사용하며,
    def eats(self):              Lion이자 Tiger다.
        return super().eats() + ['rabbit', 'cow', 'pig', 'chicken']


if __name__ == '__main__':
    lion = Lion()
    print('The lion eats', lion.eats())
    tiger = Tiger()
    print('The tiger eats', tiger.eats())
    liger = Liger()
    print('The liger eats', liger.eats())
```

liger.eats()는 여러분이 예상한 대로 출력되는가?

```
The liger eats ['wildebeest', 'rabbit', 'cow', 'pig', 'chicken']
```

Liger는 Lion과 Tiger를 모두 상속하기 때문에, 최소한 같은 먹이를 먹을 것이라 예상했을 것이다. 다중 상속에서 super()는 조금 다르게 동작한다. super.eats()라고 호출하면, 파이썬은 사용할 eats()의 정의를 찾기 시작한다. 여기서 파이썬은 파이썬이 검색할 클래스 목록을

순서대로 결정하는 **메서드 결정 순서**method resolution order라는 프로세스를 통해 이를 수행한다.

메서드 결정 순서는 다음과 같이 동작한다.

1 왼쪽에서 오른쪽으로 슈퍼클래스의 깊이를 우선하는 순서를 생성한다. Liger의 경우, 그 순서는 가장 왼쪽 부모인 Lion, Lion의 유일한 부모인 BigCat, BigCat의 암묵적인 부모인 object, Liger의 다음 부모인 Tiger, Tiger의 유일한 부모인 BigCat, object가 된다(그림 8.6 참고).

2 중복을 제거한다. 그러면 Liger, Lion, BigCat, object, Tiger가 된다.

3 각 클래스를 이동하여 슈퍼클래스가 서브클래스 다음에 표시되게 한다. 이렇게 한 최종 결과는 Liger, Lion, Tiger, BigCat, object가 된다.

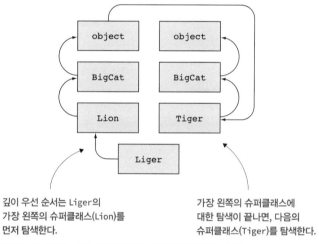

깊이 우선 순서는 Liger의 가장 왼쪽의 슈퍼클래스(Lion)를 먼저 탐색한다.

가장 왼쪽의 슈퍼클래스에 대한 탐색이 끝나면, 다음의 슈퍼클래스(Tiger)를 탐색한다.

그림 8.6 **클래스 상속 구조에 대한 깊이를 우선하는 순서**

Liger에 대한 탐색은 어떠할까? 그림 8.7은 전체 과정에 대해 보여준다.

super().eats()를 요청하면, (super()를 호출하는 것을 제외하고) 파이썬은 클래스 중 하나에서 eats() 메서드를 찾을 때까지 메서드 결정 순서에 따라 동작할 것이다. 앞에서 보았듯이, Lion를 먼저 발견하게 되어 ['wildebeest']를 반환한다. 그런 다음, Liger는 자신의 먹이를 추가하여 결과로 표시하게 된다.

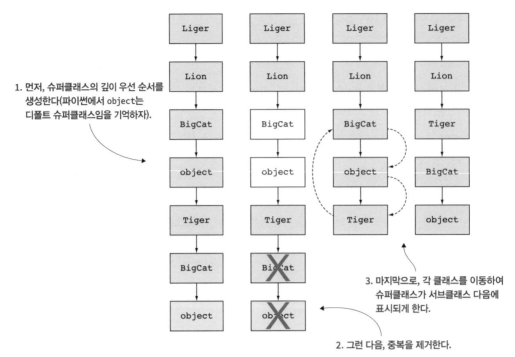

1. 먼저, 슈퍼클래스의 깊이 우선 순서를 생성한다(파이썬에서 object는 디폴트 슈퍼클래스임을 기억하자).

3. 마지막으로, 각 클래스를 이동하여 슈퍼클래스가 서브클래스 다음에 표시되게 한다.

2. 그런 다음, 중복을 제거한다.

그림 8.7 **파이썬이 클래스에 대한 메서드 결정 순서를 결정하는 방법**

메서드 결정 순서 조사하기

__mro__ 속성을 사용하면 클래스의 메서드 결정 순서를 볼 수 있다.

```
>>> Liger.__mro__
(<class '__main__.Liger'>, <class '__main__.Lion'>,
↪<class '__main__.Tiger'>, <class '__main__.BigCat'>, <class 'object'>)
```

협동적cooperative **다중 상속**을 통하여 여러분이 기대한 다중 상속 작업을 수행할 수 있다. 협동적 다중 상속에서 각 클래스는 동일한 메서드 서명(치환 가능성)을 갖도록 하며, 자신의 some_method()에서 super().some_method()를 호출한다. 각 메서드에 super()가 존재한다는 것은 파이썬이 메서드를 찾은 후에도 메서드 결정 순서를 계속 진행한다는 의미다. 이것은 클래스가 실행을 차단하거나 예기치 않은 인터페이스로 작업이 중단되는 것을 막아준다. 클래스들은 서로 잘 협력하게 된다.

Lion 클래스와 Tiger 클래스가 super().eats()를 호출하도록 업데이트하고, Liger.eats() 메서드도 같은 식으로 동작하게 하자. 코드를 다시 실행하고 다음 결과와 같은지 확인하자.

```
The liger eats ['rodents', 'water buffalo', 'wildebeest', 'rabbit', 'cow',
➥ 'pig', 'chicken']
```

다중 상속을 자주 사용하지 않겠지만, 다중 상속을 봤을 때 어떻게 대처해야 하는지 아는 것이 중요하다. 여러분의 소프트웨어가 시간이 지남에 따라 성장하게 되면, 다양한 패러다임을 사용해야 할 가능성이 커지므로 준비하자.

8.3.4 추상 기본 클래스

지금까지 필자는 파이썬에서 인터페이스를 사용할 수 없다는 약간의 거짓말을 했다. 상속과 조합을 언제 어떻게 효과적으로 사용할지를 살펴봐야 했는데, 이제야 더 깊게 살펴볼 시간이 되었다.

파이썬의 **추상 기본 클래스**abstract base class는 상속처럼 보이는 것을 사용하여 효과적으로 인터페이스 역할을 하도록 하는 방법이다. 다른 언어에서 인터페이스와 같은 추상 기본 클래스는 서브클래스가 반드시 구현해야 하는 메서드와 속성을 언급한다. 이것은 8.2.2절에서 언급한 치환 가능성을 수행한다는 개념으로 돌아가게 한다. 추상 기본 클래스의 인스턴스는 직접 생성할 수 없다. 이것은 다른 클래스가 어떻게 동작해야 하는지 템플릿 역할을 한다.

파이썬은 추상 기본 클래스를 쉽게 생성하는 abc 모듈을 제공한다. abc 모듈은 다음과 같은 유용한 생성자를 제공한다.

- ABC 클래스로부터 상속하여 여러분의 클래스가 추상 기본 클래스임을 나타낼 수 있다.
- @abstractmethod 데코레이터를 사용하여 여러분의 추상 기본 클래스에 정의된 메서드가 추상화되었음을 표시할 수 있다(데코레이터는 이 책의 범위를 벗어난다. abstractmethod를 여러분이 정의한 메서드에 대한 레이블이라고 생각하자). 이것은 해당 메서드가 여러분의 추상 클래스의 서브클래스에 반드시 정의되어야 한다는 규칙이 생기도록 해 준다.

여러분이 먹이 사슬을 모델링하고 있으며, 모든 포식자 클래스는 먹이를 먹는 eat 메서드를 포함하는 인터페이스가 있도록 하고 싶다고 가정하자. 추상 기본 클래스를 Predator라고 생성하고 이 메서드와 서명을 정의할 수 있다. 그런 다음 Predator를 서브클래싱한 어떤 서브클래스가 eat을 정의하지 않았다면 다음 코드에 표시한 것처럼 예외가 발생할 것이다.

```
from abc import ABC, abstractmethod
                    ABC로부터 상속하면 이 클래스는          이것은 이 메서드가 모든 서브클래스에서
                    추상 기본 클래스가 된다.              정의되어야 함을 나타낸다.
class Predator(ABC):
    @abstractmethod                              이 메서드 서명은 모든 서브클래스의
    def eat(self, prey):                         IDE에서 확인할 수 있다.
        pass         추상 메서드는 디폴트
                     구현체를 갖지 않는다.
                                          추상 기본 클래스를 서브클래싱하여
                                          인터페이스를 구현하려는 의도를 나타낸다.
class Bear(Predator):
    def eat(self, prey):              이 메서드는 반드시 정의되어야 한다.
        print(f'Mauling {prey}!')     그렇지 않으면 예외가 발생할 것이다.


class Owl(Predator):
    def eat(self, prey):
        print(f'Swooping in on {prey}!')


class Chameleon(Predator):
    def eat(self, prey):
        print(f'Shooting tongue at {prey}!')


if __name__ == '__main__':
    bear = Bear()
    bear.eat('deer')
    owl = Owl()
    owl.eat('mouse')
    chameleon = Chameleon()
    chameleon.eat('fly')
```

 만약 여러분이 IDE를 사용한다면, 잘못된 메서드 서명에는 IDE가 경고를 줄 것이다. 파이썬은 이런 것을 런타임에서 검사하지는 않지만, 인자를 잘못 사용하는 일반적인 실수(너무 많은 인자나 너무 적은 인자)에 대해 오류가 발생할 것이다.

eat 메서드 없이 새로운 Predator를 생성하고, 모듈의 끝에서 그 인스턴스를 생성해 보자. 그렇게 하면, 인스턴스를 생성할 수 없다는 TypeError를 표시할 것이다. 왜냐하면 추상 메서드인 eat()에 대한 구현체를 정의하지 않았기 때문이다.

이제 Bear 클래스에 메서드를 추가하여 포효(roar)할 수 있게 하자. 이렇게 하면, 어떤 일이 발생할까?

1 인스턴스를 생성할 때 TypeError가 발생한다. 왜냐하면 Predator는 추상 메서드로 roar를 정의하지 않았기 때문이다.

2 roar()가 호출되면 RuntimeError가 발생한다. 왜냐하면 Predator는 추상 메서드로 roar를 정의하지 않았기 때문이다.

3 다른 일반 클래스의 메서드처럼 잘 동작한다.

추상 기본 클래스의 서브클래스에 추가로 메서드를 정의한 것은 잘 동작한다(3번). 추상 기본 클래스는 정의한 메서드를 서브클래스가 **최소한으로** 구현하도록 강제하지만, 서브클래스가 원하는 인터페이스를 구현하는 동작을 추가하는 것은 괜찮다. 물론 기본 클래스에 추가할 동작을 넣고 서브클래스가 그것을 상속하도록 할 수도 있다. 하지만 이런 방법은 피하자. 왜냐하면 추상화된 클래스에 실제 동작을 두는 것은 코드를 읽는 사람에게 혼란을 줄 수 있기 때문이다.

추상 기본 클래스는 파이썬의 덕 타이핑에 대한 훌륭한 보조제다. 클래스가 준수해야 하는 인터페이스에 추가적인 보호나 보증이 필요하다면 추상 기본 클래스가 도와줄 것이다. 필자의 경우는 이것을 자주 사용하진 않는다. 제어 반전을 통한 조합이면 일반적으로 충분했기 때문이다. 모두를 사용해 보고 여러분에게 맞는 것을 코드에 적용하자.

상속에 대한 다양한 측면을 살펴봤으니, Bark로 돌아가서 상속과 조합을 적용할 부분이 있는지 살펴보자.

8.4 Bark에서의 상속과 조합

지금까지 Bark 애플리케이션에서는 상속을 사용하지 않았다. 상속을 사용하지 않고 계속 개발할 순 있겠지만, 이제는 상속을 배웠으니 올바르게 사용한다면 큰 도움이 될 것이다. 이번 절에서는 상속을 사용하여 Bark 애플리케이션을 더욱 강력하게 만들 것이다.

8.4.1 추상 기본 클래스를 사용하기 위한 리팩토링

인터페이스는 클래스가 특정 메서드와 속성을 구현한다는 것을 선언하는 방법이며, 추상 기본 클래스를 사용하면 파이썬에서 인터페이스 개념을 보강할 수 있다는 것을 배웠다. 다음 중 Bark에서 인터페이스로 할 수 있는 것은 무엇일까?

1 commands 모듈의 명령들

2 database 모듈에 있는 데이터베이스 구문 실행

3 bark 모듈에 있는 옵션들

bark 모듈에 있는 모든 옵션은 비슷하게 동작하지만, 각 옵션에 대해 고유한 **클래스**가 없이 Option의 개별 **인스턴스**만 있다. 이것은 인터페이스처럼 보이지 않는다. 데이터베이스 구문 실행도 단일 클래스 내에 포함되어 있다. 1번의 명령들을 인터페이스로 사용하자. 각 명령 클래스는 명령이 실행되면 호출되는 execute() 메서드를 구현한다.

앞으로의 모든 명령이 execute() 메서드를 구현해야 함을 기억하도록, 추상 기본 클래스를 사용하여 commands 모듈을 리팩토링했으면 한다. Command를 기본 클래스로 하고 execute() 메서드를 디폴트로 NotImplementedError를 발생시키는 abstractmethod로 정의해야 한다. 그런 다음, 기존의 각 명령 클래스는 Command를 상속하도록 한다.

기존의 모든 명령 클래스는 execute() 메서드를 이미 구현하였고 각각을 처리하였다. 하지만 execute() 메서드에 대한 서명이 약간 다르다. 이는 우리가 배운 치환 가능성이나 추상 기본 클래스로 처리하고자 할 때 좋지 않다. 어떤 것들은 data 인자로 호출되고 어떤 것들은 인자를 받지 않는다. 이 메서드들이 동일한 서명을 갖도록 메서드를 정규화하는 방법을 생각해 보자. 다음 중 어느 것이 좋을까?

1 data를 인자로 받는 execute() 메서드에서 data 인자를 제거한다.

2 data 인자를 받지 않는 execute() 메서드에 옵셔널 키워드로 data 인자를 추가한다.

3 모든 execute() 메서드에 가변 개수로 위치 매개변수(* args)를 받도록 만든다.

data 인자를 제거하는 것(1번)은 명령 내부에서 해당 데이터를 작업할 수 없게 되므로 Bark의 많은 기능이 없어질 수 있다. 3번은 잘 동작하겠지만, 광범위하게 서로 다른 매개변수의 개수를 처리할 유연성이 필요하기 전까진 매개변수를 명시적으로 하는 것이 좋다. 현재, execute()는 인자가 없거나 하나가 필요하다. 따라서 각각에 인자로 data를 추가하는 것(2번)을 선택하자.

Command를 추상 기본 클래스로 생성하고 모든 명령이 이것을 상속하도록 하자. 이 과정에서 execute() 메서드의 이름을 일시적으로 바꾸거나 메서드 서명을 변경하여 사용하는 IDE(또는 Bark)가 깨진 인터페이스에 어떻게 반응하는지도 확인해 보자. 다 했다면, 다음 코드와 비교해 보자.

리스트 8.5 커맨드 패턴을 위한 추상 기본 클래스

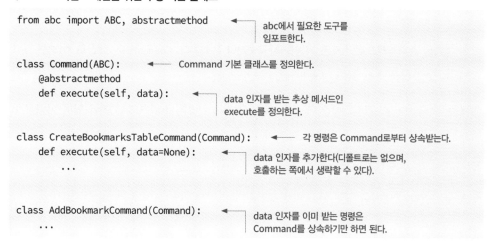

```
from abc import ABC, abstractmethod          ◀——   abc에서 필요한 도구를
                                                    임포트한다.

class Command(ABC):          ◀——   Command 기본 클래스를 정의한다.
    @abstractmethod
    def execute(self, data):   ◀——   data 인자를 받는 추상 메서드인
        ...                           execute를 정의한다.

class CreateBookmarksTableCommand(Command):   ◀——   각 명령은 Command로부터 상속받는다.
    def execute(self, data=None):   ◀——   data 인자를 추가한다(디폴트로는 없으며,
        ...                                호출하는 쪽에서 생략할 수 있다).


class AddBookmarkCommand(Command):   ◀——   data 인자를 이미 받는 명령은
    ...                                     Command를 상속하기만 하면 된다.
```

execute()는 일관된 서명을 갖게 되었으므로 choose() 메서드에서 명령을 실행하는 옵션이 있는 bark 모듈의 코드도 간단하게 만들 수 있다.

```
class Option:
    ...

    def choose(self):
        ...
                                                       execute에 data를
        message = self.command.execute(data)   ◀——    항상 전달한다.
```

Bark 애플리케이션은 이전과 완전히 동일하게 동작해야 한다. 추상 기본 클래스를 추가하여 앞으로 새로운 명령을 생성할 경우에 조금 더 안전하도록 하였다. 만약 여러분의 명령에 메서드를 추가로 구현하거나 인자를 추가로 받아야 한다고 결정한다면, Command에 추가하자. 그러면 여러분이 사용하는 IDE가 업데이트해야 할 곳을 찾아줄 것이다. 이것은 개발하기 편한 방법이다.

8.4.2 상속이 잘 동작하는지 마지막 점검

조합을 더 강력하게 하기 위하여 상속을 성공적으로 사용했다. 상속을 잘 사용하기 위해 Metz 테스트를 통과하는지 한번 더 확인해 보자.

- **명령은 얕고 좁은 계층구조를 갖는다.** 7개의 명령 클래스가 있으며, 각 계층구조의 깊이는 한 단계다.

- **명령은 다른 객체를 알지 못한다.** 명령은 데이터베이스 연결 객체를 사용하지만 데이터베이스 인터페이스를 준수하는 전역 상태다.
- **명령은 슈퍼클래스로의 모든 기능을 사용하거나 특화한다.** Command는 스스로 어떠한 동작도 갖지 않은 추상 클래스다.

훌륭하다. 상속이 필요하지 않은 것에는 상속 구조를 강요하지 않으면서 의미 있고 가치를 더하는 곳에 상속을 사용하였다. 이러한 종류의 비판적인 검사는 코드를 작성하거나 리팩토링할 때 유용하다.

다음 장에서는 클래스를 작게 유지하여 관리가 용이하게 하는 방법을 배울 것이다.

요약

- is-a 관계를 나타내기 위하여 상속을 사용한다(동작을 특화하는 데 좋다).
- has-a 관계를 위해 조합을 사용한다(코드의 재사용성에 좋다).
- 메서드 결정 순서는 다중 상속을 올바르게 유지하는 데 중요하다.
- 추상 기본 클래스는 파이썬에서 인터페이스와 유사한 제어와 안정성을 제공한다.

CHAPTER

9

경량화하기

> **이 장에서 다루는 내용**
> - 복잡도를 측정하여 리팩토링할 코드 식별하기
> - 코드를 분해하기 위한 파이썬 언어의 기능 알아보기
> - 파이썬 언어의 기능들을 이용하여 이전 버전과의 호환성을 지원하기

소프트웨어 개발 과정에서 관심사 분리에 주의를 기울여야 하지만, 일반적으로는 잘못된 추상화를 피하고자 합리적인 구조가 나타날 때까지 기다리게 된다. 이것은 클래스가 엉망이 될 때까지 조금씩 커지도록 둔다는 의미다.

이것은 분재 나무를 키우는 것과 매우 흡사하다. 나무가 자라도록 시간을 주어야 한다. 그런 다음, 나무가 어디로 자라야 하는지 안내하고 그쪽으로 크도록 격려해야 한다. 나무를 너무 자주 자르면 스트레스를 받게 되며, 부자연스러운 형태를 강요하면 성장에 방해가 될 수 있다.

이번 장에서는 코드가 건강하게 잘 성장할 수 있도록 정리하는 방법을 배우게 될 것이다.

9.1 클래스/함수/모듈이 얼마나 커야 할까?

소프트웨어 유지보수에 대한 수많은 온라인 포럼에는 이러한 질문이 있다. 필자는 우리가 이런 질문을 왜 계속하는지 궁금하다. 왜냐하면 그 답은 항상 명확하므로 시간이 지나면 이해하게 될 것이기 때문이다. 각 토론에는 의견과 일화, 몇몇 데이터가 포함되어 있다.

이 질문에 대한 최종적인 답을 찾으려는 욕심은 본질적으로 나쁘지 않다. 코드에 시간을 투자해야 할 때를 인식할 수 있는 가이드라인과 중간점을 찾는 것이 유용하다. 하지만 이 질문에 접근하기 위해 사용하는 측정 항목의 장단점을 이해하는 것도 중요하다.

9.1.1 물리적 크기

어떤 사람은 함수, 메서드, 클래스에 대한 코드 줄의 수를 제한하려고 한다. 이것은 쉽게 측정할 수 있기 때문에 유용한 것처럼 보인다. 예를 들어, '함수는 17줄로 제한한다'처럼 말이다. 이 방법은 개발자에게 함수를 분해하도록 강요하기 때문에 가독성을 깨뜨려서, 인지 부하를 증가시킬 수 있어 문제가 된다.

만약 백사장을 그리는 함수를 코드 다섯 줄로 했는데, 여섯 줄로 함수를 만들었다고 갑자기 문제가 되지 않는다. 이것은 개발자에게 동일한 로직을 누가 더 적은 줄로 만드는지 '코드 골프'를 하게 만든다(옮긴이 낮은 타수로 승부를 내는 골프처럼, 적은 코드 줄에 집착하게 만든다). 물론 파이썬에서도 이런 식의 게임이 가능하긴 하다.

```
def valuable_customers(customers):
    return [customer for customer in customers if customer.active and
➡ sum(account.value for account in customer.accounts) > 1_000_000]
```

위 코드를 바로 이해할 수 있는가? 아주 이상한 코드는 아니지만, 한 줄 코드로 만들면 가치가 더해지는가?

다시 작성된 다음 코드를 살펴보자. 절마다 고유한 코드가 있다.

```
def valuable_customers(customers):
    return [
        customer
        for customer in customers
        if customer.active
        and sum(account.value for account in customer.accounts) > 1_000_000
    ]
```

논리에 따라 나누면 코드를 읽는 사람이 각 절에 대한 내용을 소화할 수 있어 어떤 작업을 하는지 정신적 모델을 형성할 수 있다.

필자가 봤던 코드 줄 수의 제한과 비슷한 형태로, '클래스는 한 화면에 맞게 들어가야 한다'는 것이 있다. 이것은 화면의 크기와 해상도가 서로 다르기 때문에 또 다른 문제가 생긴다.

이러한 측정 방법의 핵심은 '간단하게 유지하자'라는 것이며 필자 역시 동의한다. 하지만 '간단하다'를 정의하는 다른 방법이 있다.

9.1.2 단일 책임

클래스, 메서드, 함수의 크기에 대해 조금 더 개방된 측정 방법은 그것이 얼마나 다양한 작업을 하는가다. 관심사 분리를 배운 것처럼, 이상적인 작업 개수는 하나다. 함수와 메서드의 경우, 하나의 계산 또는 작업을 수행함을 의미한다. 클래스에서는 여러 가지 큰 비즈니스 문제 중 하나의 집중된 측면만 다룬다는 의미다.

만약 두 작업을 수행하는 함수나 두 가지 별개의 영역을 포함하는 함수를 발견한다면, 이것은 분리해야 한다는 강력한 신호다. 하지만 단일 작업처럼 느껴지는 것도 계속해서 세분화될 만큼 매우 복잡한 경우가 있다.

9.1.3 코드의 복잡도

코드에 대한 인지와 유지보수에 미치는 영향을 이해하는 더욱 강력한 방법은 코드의 **복잡도**로 알아보는 것이다. 시간 복잡도와 공간 복잡도처럼, 코드의 복잡도는 코드의 특성을 정량적으로 측정한 것이지 코드를 읽고 얼마나 혼란을 주는가의 주관적인 측정이 아니다.

복잡도 측정 도구는 여러분이 가지고 있어야 할 중요한 도구다. 이런 도구들은 사람이 읽고 이해하는 데 어려움을 겪는 코드를 정확하게 집어낸다. 이제부터 코드를 측정하기 위한 몇 가지 도구와 함께 코드의 복잡도가 어떤 모양을 하는지 보여줄 것이다.

코드의 복잡도 측정하기

복잡도의 일반적인 척도는 **순환 복잡도**cyclomatic complexity다. 매우 과학적인 이름처럼 들리지만, 순환 복잡도를 측정하는 것은 함수 또는 메서드로 실행 경로의 수를 측정하는 것을 포함한다. 함수의 구조(다시 말해, 복잡도)는 포함하는 조건문과 반복문의 수에 영향을 받는다.

함수나 메서드의 복잡도가 높을수록, 더 많은 조건문과 반복문이 포함되었다는 것으로 예상할 수 있다. 기준값이 있는 것은 아니다. 시간이 지나면서 트렌드가 바뀌고 코드 변경을 반영하는 방식은 유지 관리가 가능한 소프트웨어를 작성하는 데 도움이 된다. 시간이 지나면서 복잡도 점수를 낮추기 위해 노력하고, 리팩토링 시간을 투자할 곳을 결정할 때는 복잡도가 높은 코드부터 하자.

함수의 복잡도를 직접 측정할 수 있다. 제어 흐름의 그래프(즉, 코드가 실행되는 경로)를 생성하여 그래프의 **노드**node와 **엣지**edge 수를 카운팅하고 순환 복잡도를 계산할 수 있다. 다음은 프로그램의 제어 흐름 그래프에서 노드로 표시되는 것들이다.

- 함수의 '시작'(제어 흐름이 출발하는 위치)

- if/elif/else 조건(각 조건은 자체 노드다)

- for 루프

- while 루프

- 루프의 '끝'(루프의 시작 위치로 실행 경로를 다시 돌려보내는 위치)

- return 구문

다음 코드에 있는 함수를 살펴보자. 문자열 또는 단어의 리스트로 문장을 받으며, 그 문장에 긴 단어가 포함되는지를 판단한다. 이 함수는 반복문 하나와 조건문 여러 개를 포함한다.

리스트 9.1 **조건문과 반복문을 가진 함수**

```
def has_long_words(sentence):          ┐ 문장이 문자열이라면
    if isinstance(sentence, str):  ◀── ┘ 단어들로 나눈다(조건문).
        sentence = sentence.split(' ')
                                       ┐ 각 단어에 대해
    for word in sentence:          ◀── ┘ 작업을 한다(반복문).
        if len(word) > 10:         ◀─┐ 긴 단어를 찾았다면
            return True              ┘ True를 반환한다(조건문).

    return False  ◀──┤ 긴 단어가 없다면 False를 반환한다.
```

엣지는 여러분의 코드가 취할 수 있는 다른 실행 경로로 향하는 화살표다. 함수 또는 메서드에 대한 순환 복잡도 M은 엣지의 수에서 노드의 수를 빼고 2를 더한 것과 같다. 함수를 도식화하는 데 도움이 된다면 조건문 블록이나 반복문 안에 없는 코드에 대한 노드와 엣지를 추가할 수도 있지만, 전체 복잡도에는 영향을 미치지 않을 것이다. 하나의 노드와 하나의 엣지를 추가한다고 해도 수학적으로(수식에서) 보면 하나 더하고 하나 빼는 것이기 때문에 의미가 없다.

has_long_words 함수는 입력값이 문자열인지를 확인하는 하나의 조건문, 문장의 각 단어에 대한 루프, 긴 단어인지를 확인하기 위한 반복문 속에 있는 조건문을 갖는다. 그림 9.1은 이에 대한 다이어그램이다. 제어 흐름을 도식화하고 간단한 모양의 노드와 엣지로 그래프를 단순화하여, 개수를 카운팅하고 순환 복잡도 방정식에 값을 넣는다. 그림 9.1에서 has_long_words의 그래프는 엣지 10개와 노드 8개를 가지므로 복잡도는 $M = E - N + 2 = 10 - 8 + 2 = 4$다.

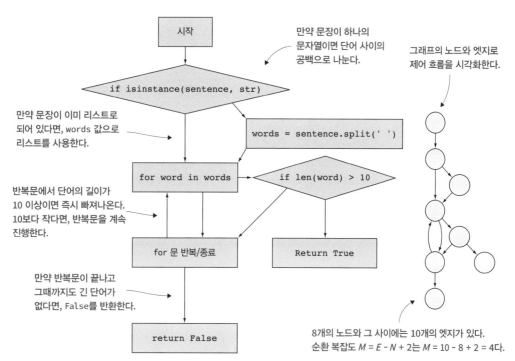

그림 9.1 순환 복잡도를 측정하기 위하여 제어 흐름을 도식화하기

주어진 함수나 메서드가 10 이하의 복잡도를 갖게 하는 것을 권장한다. 이것은 개발자가 한 번에 얼마나 많은 내용의 코드를 이해할 수 있는지를 대략 나타내는 것이기도 하다.

순환 복잡도는 코드의 건강 상태를 이해하는 데 도움을 주는 것뿐만 아니라 테스트에도 유용하다. 순환 복잡도는 함수나 메서드가 가진 실행 경로의 수를 측정한다는 것을 기억하자. 결과적으로 이것은 각 실행 경로를 테스트하기 위해 작성해야 하는 별개 테스트 케이스의 최소 개수이기도 하다. 이는 각각의 if, while 등이 서로 다른 전제 조건을 준비하여 어떤 경우에 무슨 일이 발생하는지를 테스트해야 한다는 사실에서 비롯된다.

완벽한 **테스트 커버리지**test coverage는 여러분의 코드가 실제로 동작한다는 것을 보장하진 않는다. 이것은 그저 테스트로 해당 부분의 코드가 실행되었음을 의미할 뿐이다. 하지만 관심 있는 실행 경로를 테스트하는 것은 대체로 좋은 생각이다. 테스트하지 않은 실행 부분은 대개 사람들이 '극단적인 케이스edge case'를 말할 때 언급하는 것으로, 보통 '우리가 생각하지 못한 것'을 의미하는 부정적인 의미를 가진 말이다. 네드 뱃첼더Ned Batchelder의 최고의 Coverage 패키지(*https://coverage.readthedocs.io*)는 테스트를 위한 브랜치 커버리지(옮긴이 브랜치 커버리지branch coverage는 if 문처럼 실행 흐름을 분리하는 부분이 수행되었는지를 확인하는 테스트 커버리지다) 매트릭스를 출력할 수 있다.

Bark에서 깃허브의 별표를 가져오기 위해 작성한 다음 코드를 다시 살펴보자. 제어 흐름을 도식화해 보고 순환 복잡도를 계산해 보자.

리스트 9.2 **Bark에서 깃허브의 별표를 가져오기 위한 코드**

```
def execute(self, data):
    bookmarks_imported = 0

    github_username = data['github_username']
    next_page_of_results =
  f'https://api.github.com/users/{github_username}/starred'

    while next_page_of_results:          ◀──  코드가 더 아래로 진행되면
        stars_response = requests.get(         다시 여기로 돌아오게 될 반복문
            next_page_of_results,
            headers={'Accept': 'application/vnd.github.v3.star+json'},
        )
        next_page_of_results = stars_response.links.get('next', {}).get('url')

        for repo_info in stars_response.json():   ◀──  코드가 더 아래로 진행되면
            repo = repo_info['repo']                    다시 여기로 돌아오게 될
                                                        또 다른 반복문
            if data['preserve_timestamps']:   ◀──  실행에 대한
                timestamp = datetime.strptime(        하나의 분기
                    repo_info['starred_at'],
                    '%Y-%m-%dT%H:%M:%SZ'
                )
            else:            ◀──  실행에 대한
                timestamp = None       다른 분기

            bookmarks_imported += 1
            AddBookmarkCommand().execute(
                self._extract_bookmark_info(repo),
```

```
                timestamp=timestamp,
            )
    return f'Imported {bookmarks_imported} bookmarks from starred repos!'
```

도식화도 해 보고 순환 복잡도도 계산했다면, 그림 9.2와 비교해 보자.

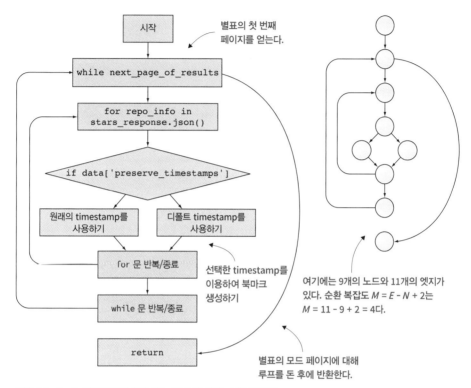

그림 9.2 **Bark 애플리케이션에 있는 함수에 대한 순환 복잡도**

다행히도, 여러분이 작성한 각 함수와 메서드에 대한 다이어그램을 그릴 필요는 없다. SonarQube(*www.sonarqube.org*)와 Radon(*https://radon.readthedocs.io*) 등 많은 도구가 측정할 것이다. 이러한 도구를 여러분의 코드 편집기에 통합시켜, 개발 중에 복잡한 코드를 분리하게 할 수 있다.

이제, 코드가 복잡해졌을 때 복잡해짐을 발견할 방법을 배웠으니, 복잡성을 깨뜨리는 연습을 해 보자.

9.2 복잡성 깨뜨리기

조금 안 좋은 소식이 있다. 그것은 바로 코드가 복잡하다는 것을 인식하는 것은 (그나마) 쉬운 부분이라는 것이다. 다음 과제는 특정 종류의 복잡도를 어떻게 처리하는지 이해하는 것이다. 이번 장의 나머지 부분에서는 필자가 파이썬을 사용하면서 접한 일반적인 복잡도 패턴을 설명하면서 해결 방법을 보여줄 것이다.

9.2.1 구성 추출하기

필자는 이 책에서 이미 본 예제로 시작할 것이다. 소프트웨어가 성장함에 따라 코드의 특정 부분은 새로운 요구 사항이 계속 적용되어야 한다.

결정을 잘 못하는 사용자에게 점심으로 무엇을 먹어야 하는지를 쿼리해 주는 웹서비스를 구축한다고 상상해 보자. 만약 사용자가 서비스의 /random 엔드포인트로 이동한다면, 그들은 pizza처럼 랜덤으로 선택된 음식을 받게 될 것이다. 최초의 함수는 사용자의 요청request을 인자로 받으며, 코드는 다음과 같다.

```
import random                      음식 목록(이것은 나중에
                                   데이터베이스에 들어갈 수 있다)
FOODS = [              ◀────
    'pizza',
    'burgers',
    'salad',
    'soup',                        이 함수는 사용자의 HTTP request를
]                                  받는다(현재는 사용되지 않는다).

                                          리스트에서 랜덤으로 선택된
def random_food(request):   ◀──           음식을 문자열로 반환한다
    return random.choice(FOODS)   ◀──
```

이 서비스가 대중화되면서(모든 사람이 결정을 못하는 상황이 되면서), 일부 사용자는 완전한 기능을 가진 애플리케이션을 원하며, 작업하기 쉬운 JSON 형식으로 응답response받고 싶어 한다. 여러분은 나머지 사용자에 대한 디폴트 동작을 변경하고 싶지 않아, 요청의 헤더에 Accept: application/json을 보내면 JSON으로 응답을 주겠다고 알려 주었다(HTTP 헤더가 아직 익숙하지 않더라도 너무 걱정하지 말자. request.headers는 헤더 이름과 헤더 값으로 된 딕셔너리라고 생각하자). 이런 것들을 고려하여 함수를 업데이트하면 다음과 같다.

```
import json
import random

...

def random_food(request):
    food = random.choice(FOODS)    ◄─── 랜덤으로 음식을 선택하고
                                        잠깐 사용하기 위하여 저장한다.

    if request.headers.get('Accept') == 'application/json':    ◄──────
        return json.dumps({'food': food})
                                            요청에 Accept: application/json
    else:                                   헤더가 있다면 {"food": "pizza"}와 같이
        return food    ◄──┐                          JSON으로 반환한다
                          │ 디폴트로는 "pizza"와 같이
                          │ 문자열을 계속 반환한다.
```

수정한 코드를 순환 복잡도 측면으로 살펴보자. 수정 전후의 복잡도는 무엇일까?

  1 수정 전에는 1, 수정 후에는 2

  2 수정 전에는 2, 수정 후에는 2

  3 수정 전에는 1, 수정 후에는 3

  4 수정 전에는 2, 수정 후에는 1

최초의 함수는 조건문이나 반복문이 없으므로 복잡도는 1이었다. 하지만 수정하면서 새로운
조건(사용자가 JSON을 요구하는 조건)이 하나 추가되어 복잡도는 1에서 2로 변경되었다(1번).

새로운 요구 사항을 처리하기 위해 복잡도가 1 증가하는 것은 그렇게 나쁜 출발은 아니다. 하
지만 요구 사항이 생길 때마다 복잡도가 비례해서 증가한다면 머지않아 복잡하게 꼬인 코드
를 처리하게 될 것이다.

```
...

def random_food(request):
    food = random.choice(FOODS)

    if request.headers.get('Accept') == 'application/json':
        return json.dumps({'food': food})
    elif request.headers.get('Accept') == 'application/xml':    ◄──  추가되는 각각의
        return f'<response><food>{food}</food></response>'           요구 사항은 새로운
    else:                                                            조건문이 되며
        return food                                                  복잡도를 증가시킨다.
```

이 문제를 해결하는 방법을 기억하는가? 힌트를 준다면, 조건문은 하나의 값(Accept 헤더의
값)을 다른 값(반환할 응답)에 매핑하고 있다는 것을 살펴보자. 어떤 데이터 구조가 적절할까?

1 리스트

2 튜플

3 딕셔너리

4 세트

파이썬의 딕셔너리(3번)는 값을 다른 값에 매핑하므로 이 코드를 리팩토링하는 데 적합하다. 헤더 값 구성에 따른 실행 흐름을 응답 형식으로 리모델링하고, 사용자 요청에 따라 올바른 실행 흐름을 선택하게 하면 작업이 단순해질 것이다.

사용자가 응답 형식을 요청하지 않거나 알 수 없는 형식을 요청하면 기본 동작을 폴백_{fallback}으로 사용하고, 헤더 값과 응답 형식을 딕셔너리로 추출해 보자. 여러분이 작업한 코드를 다음 코드와 비교해 보자.

리스트 9.3 **추출된 구성을 가진 엔드포인트**

```
...

def random_food(request):
    food = random.choice(FOODS)
                            ◄─────  이전의 if/elif
    formats = {                     조건에서 추출됨
        'application/json': json.dumps({'food': food}),
        'application/xml': f'<response><food>{food}</food></response>',
    }

    return formats.get(request.headers.get('Accept'), food)  ◄───
                                         가능하다면 요청된 응답 형식을 얻는다.
                                         그렇지 않다면 일반 문자열을 반환한다.
```

믿거나 말거나 이 새로운 코드는 순환 복잡도를 다시 1로 줄였다. 게다가 formats 딕셔너리에 항목을 계속 추가하더라도 추가되는 복잡도는 없다. 이것이 바로 필자가 4장에서 얘기했던 이득 중 하나다. 선형 알고리즘을 상수 알고리즘으로 전환했다.

필자의 경험상, 구성을 맵으로 추출하는 것은 가독성도 훨씬 높여준다. 모든 조건이 서로 비슷하다고 해도 여러 개의 if/elif 조건을 살펴보는 것은 피곤한 일이다. 딕셔너리의 키는 검색할 수 있어서 찾고자 하는 키를 알고 있다면 빠르게 찾을 수 있다.

이보다 더 잘할 수 있을까?

9.2.2 함수 추출하기

증가하던 순환 복잡도는 없어졌지만, random_food 함수에 있는 두 개의 다른 요소는 계속 증가하고 있다.

- 수행할 작업을 알고 있는 코드(응답 형식을 JSON, XML 등으로 지정)
- Accept 헤더 값을 기반으로 수행할 작업을 어떻게 결정할지를 알고 있는 코드

이것은 관심사 분리할 기회다. 이 책에서 여러 번 얘기했듯이, 여기의 일부 기능을 추출하는 것은 도움이 될 수 있다. formats 딕셔너리의 각 항목을 살펴보면 그 값은 food 변수의 함수다. 그림 9.3과 같이, 이들 값은 food 인자를 받아서 사용자에게 돌아갈 형식의 응답을 반환하는 함수가 될 수 있다.

분리된 응답 형식 함수를 사용하도록 여러분의 random_food 함수를 수정해 보자. 이제 딕셔너리는 형식을 해당 형식에 대한 응답을 반환할 수 있는 함수에 매핑할 것이며, random_food 함수는 food 값으로 호출될 것이다.

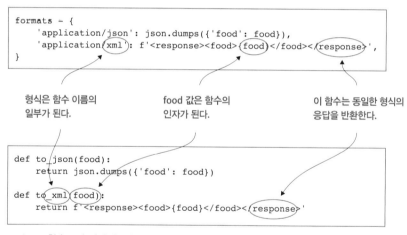

```
formats = {
    'application/json': json.dumps({'food': food}),
    'application/xml': f'<response><food>{food}</food></response>',
}
```

형식은 함수 이름의 일부가 된다. food 값은 함수의 인자가 된다. 이 함수는 동일한 형식의 응답을 반환한다.

```
def to_json(food):
    return json.dumps({'food': food})

def to_xml(food):
    return f'<response><food>{food}</food></response>'
```

그림 9.3 **함수로서 인라인 표현식을 추출하기**

만약 formats.get(...)를 호출한 후에 사용할 수 있는 함수가 없다면, 수정하지 않은 food 값을 반환하는 함수로 대체해야 한다. 이것은 람다로 작업할 수 있다. 다음 코드를 체크해 보자.

리스트 9.4 **응답 형식 함수를 가진 서비스 엔드포인트**

```
def to_json(food):                    ◀── 추출된 형식의 함수
    return json.dumps({'food': food})
```

```
def to_xml(food):
    return f'<response><food>{food}</food></response>'


def random_food(request):
    food = random.choice(FOODS)

    formats = {                             ◀── 이제 데이터 형식을 각 형식의
        'application/json': to_json,            함수에 매핑한다.
        'application/xml': to_xml,
    }

    format_function = formats.get(          ◀── 가능하다면 적절한 형식의
        request.headers.get('Accept'),          함수를 얻는다.
        lambda val: val                     ◀── 람다를 폴백(fallback)으로 사용하여
    )                                           수정되지 않은 food 값을 반환한다.
    return format_function(food)            ◀── 형식의 함수를 호출하고
                                                그에 대한 응답을 반환한다.
```

관심사를 완전히 분리하기 위해 이제 formats와 get_format_function 함수에서 올바른 함수를 얻는 비즈니스 로직을 추출한다. 이 함수는 사용자로부터 Accept 헤더 값을 받아서 올바른 형식의 함수를 반환한다. 여러분이 직접 해 보고 다음 코드와 비교해 보자.

리스트 9.5 **관심사를 두 개의 함수로 분리하기**

```
def get_format_function(accept=None):       ◀── 사용할 형식의
    formats = {                                 함수를 결정한다.
        'application/json': to_json,
        'application/xml': to_xml,
    }

    return formats.get(accept, lambda val: val)


def random_food(request):                   ◀── random_food는 이제 간단한
    food = random.choice(FOODS)                 세가지 작업을 한다.
    format_function = get_format_function(request.headers.get('Accept'))  ◀──
    return format_function(food)            이전에 혼합된 관심사는 이제
                                            함수 호출로 추상화되었다.
```

처음에는 함수가 하나였던 것과 비교하면 이제는 4개가 되었기 때문에, 이 코드가 더 복잡하다고 생각할 수 있다. 하지만 각 함수는 순환 복잡도 1이며, 가독성이 좋아졌으며, 관심사 분리가 잘 되었다.

또한 여러분의 손에는 **확장성**도 갖게 되었다. 새로운 응답 형식을 처리해야 한다면 다음과 같은 과정이 될 것이다.

1 원하는 응답 형식을 지정하는 새로운 함수를 추가한다.

2 필요한 Accept 헤더 값을 새로운 형식의 함수와 매핑한다.

3 끝.

새로운 코드와 업데이트된 구성으로 새로운 비즈니스 로직을 생성할 수 있다. 이것은 이상적인 결과다.

이제 함수에 대한 몇 가지 요령을 알았으니, 클래스를 살펴보자.

9.3 클래스 분해하기

클래스는 함수처럼 다루기 힘든 상태로 커질 수 있으며, 그 속도가 더 빠를 수 있다. 하지만 함수보다 클래스를 분해하는 것이 더 위험한 작업일 수 있다. 함수는 코드 블록처럼 느껴지지만 클래스는 완성된 제품처럼 느껴진다. 이것은 종종 필자를 억누르는 정신적 장애물이 되곤 한다.

클래스는 함수만큼 자주 분해해야 한다. 클래스는 또 다른 도구일 뿐이다. 클래스의 복잡도가 높아지기 시작하는 것을 발견했다면 그것은 관심사가 혼합되었기 때문이다. 독립된 객체로 느껴지는 관심사를 식별했다면, 그때가 바로 분해해야 할 시점이다.

9.3.1 초기화 복잡도

필자는 복잡한 초기화 작업을 가진 클래스를 종종 보았다. 좋든 나쁘든 이러한 클래스는 복잡한 데이터 구조를 처리하기 때문에 일반적으로 복잡하다. 다음과 같은 클래스를 본 적이 있는가?

리스트 9.6 **생산자에 복잡한 도메인 로직이 있는 클래스**

```
class Book:
    def __init__(self, data):                    전달된 데이터로부터
        self.title = data['title']      ◀────    일부 필드를 추출한다
        self.subtitle = data['subtitle']

                                                 비즈니스의 도메인 로직에서
        if self.title and self.subtitle:  ◀──    발생하는 복잡도
            self.display_title = f'{self.title}: {self.subtitle}'
        elif self.title:
            self.display_title = self.title
        else:
            self.display_title = 'Untitled'
```

처리하는 도메인 로직이 복잡한 경우, 코드가 이를 반영할 가능성이 높다. 이러한 경우, 유용한 추상화를 사용하는 것이 매우 중요하다.

필자는 코드를 분해하는 유용한 방법으로 함수와 메서드를 추출하는 것을 얘기해 왔다. 여기서 취할 수 있는 방법은 다음 코드와 같이 __init__ 메서드에서 호출하도록 display_title에 대한 로직을 set_display_title 메서드로 추출하는 것이다. Book 모듈을 생성하고 Book 클래스를 거기에 추가하여 display_title에 대한 세터setter 메서드를 추출하자.

리스트 9.7 **클래스 구성을 단순하게 하기 위해 세터 이용하기**

```
class Book:
    def __init__(self, data):
        self.title = data['title']
        self.subtitle = data['subtitle']
        self.set_display_title()       ◀──── 추출된 함수 호출하기

    def set_display_title(self):       ◀──── 추출된 함수는 display_title을
        if self.title and self.subtitle:        설정한다.
            self.display_title = f'{self.title}: {self.subtitle}'
        elif self.title:
            self.display_title = self.title
        else:
            self.display_title = 'Untitled'
```

__init__ 메서드는 정리되었지만 이러한 접근 방식에서 두 가지 문제가 발생한다.

- 게터getter와 세터는 클래스를 혼란스럽게 만들 수 있기 때문에 일반적으로 파이썬에서는 권장하지 않는다.
- 필요한 모든 속성을 __init__에서 직접 초기화하는 것이 좋지만, display_title은 다른 메서드에서 설정된다.

후자는 디폴트로 display_title을 'Untitled'로 설정하여 해결할 수 있지만, 이것은 오해의 소지가 생긴다. 코드를 읽는 사람이 주의 깊게 읽지 않는다면 표시되는 제목은 보통(또는 항상) 'Untitled'라고 생각할 수 있기 때문이다.

이러한 결점 없이 메서드 추출의 가독성을 확보할 방법이 하나 있다. 그것은 display_title에 대한 값을 반환하는 함수를 생성하는 것이다.

하지만 기다려라! Book을 사용하는 방법을 생각해 보면 다음과 같다.

```
...

book = Book(data)
return book.display_title
```

book.display_title을 반환하기 위해 두 번째 줄을 업데이트하지 않고 display_title 로직을 함수로 만들려면 어떻게 해야 할까? 다행히도 파이썬은 이런 경우를 위한 도구를 제공한다. @property 데코레이터는 클래스의 메서드가 속성으로 접근 가능할 수 있음을 나타내기 위해 사용된다.

이제, @property가 붙은 display_title 메서드를 생성하고, 적절한 제목을 반환하는 기존의 로직을 사용하자.

 self가 유일한 인자인 경우에만 메서드를 속성으로 사용할 수 있다. 왜냐하면 속성에 접근할 때는 인자를 전달할 수 없기 때문이다.

리스트 9.8 **클래스 구성을 단순하게 하기 위해 @property 이용하기**

```
class Book:
    def __init__(self, data):
        self.title = data['title']
        self.subtitle = data['subtitle']

    @property
    def display_title(self):          ◄──── 속성으로 참조될 수 있는 함수
        if self.title and self.subtitle:
            return f'{self.title}: {self.subtitle}'
        elif self.title:
            return self.title
        else:
            return 'Untitled'
```

@property를 사용하면, 여전히 book.display_title을 속성으로 참조할 수 있지만 모든 복잡도는 독립된 함수로 추상화된다. 이것은 __init__ 메서드의 복잡도를 줄일 뿐만 아니라 가독성을 좋게 해 준다. 필자는 @property를 자주 사용한다.

 속성이 메서드이기 때문에 반복적으로 속성에 접근한다는 것은 매번 메서드가 호출된다는 의미다. 보통은 문제가 되지 않지만, 복잡한 계산을 해야 하는 속성은 성능에 영향을 줄 수 있다.

메서드들을 하나의 전체 클래스로 추상화할 수 있는 경우에는 어떻게 해야 할까?

9.3.2 클래스를 추상화하고 호출 전달하기

9.2.2절의 random_food에서 get_format_function을 추출할 때도, 추출된 함수를 원래 위치에서 호출하였다. 클래스를 다룰 때, **이전 버전과 호환성**을 유지하려면 비슷한 작업이 필요하다. 이전 버전과의 호환성은 이전에 사용자가 사용한 구현체를 깨뜨리지 않고 소프트웨어를 발전시키는 것이다. 만약 함수의 인자 또는 클래스의 이름 등을 변경하면 사용자는 소프트웨어를 업데이트해야 계속 사용할 수 있게 된다. 이러한 문제를 피하고자 우체국의 우편물 전달 시스템에서 힌트를 얻을 수 있다.

새 주소로 이사하면 우체국에 말해서 새로운 주소로 우편물을 전달하도록 할 수 있다(그림 9.4 참고). 이전 주소로 우편물을 보낸 사람은 우체국에서 새로운 주소로 우편물을 보낼 것이므로 새 주소를 바로 알 필요가 없어진다. 이전 거주지 주소로 지정된 우편물을 받을 때마다 새로운 주소를 발신자에게 알려 주어 그들의 주소록을 업데이트하도록 하면 된다. 이전 주소로 발송된 우편물이 이젠 없다고 판단된다면 우체국에 연락하여 전달 서비스를 중지하면 된다.

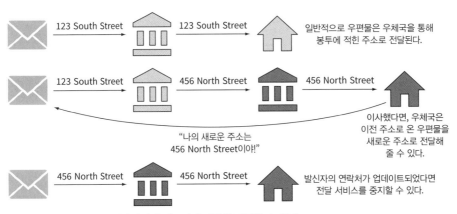

그림 9.4 새로운 주소로 이사하면 우체국이 우편물을 전달할 수 있다.

어떤 클래스를 다른 클래스에서 추출할 때, 변경 사항이 있어도 사용자가 즉시 업그레이드해야 하는 부담을 주지 않고 한동안 기존 기능을 계속 제공하고 싶을 것이다. 우편물 시스템처럼 계속해서 하나의 클래스는 호출을 받아서 다른 클래스로 전달할 수 있다. 이것을 **포워딩** forwarding이라고 한다.

Book 클래스가 저자의 정보를 추적하도록 발전했다고 가정하자. '어떤 책이 저자가 없지?'는 처음에는 자연스러워 보인다. 하지만 이 클래스가 기능을 더 많이 갖게 되면, 저자 정보는 별도의 관심사로 느껴지기 시작한다. 다음 코드에서 보듯이, 웹사이트에 표시되어야 할 저자의 이름뿐만 아니라 연구 논문 인용에 표시할 방법이 메서드로 존재한다.

리스트 9.9 **저자의 세부항목에 너무 많은 관심을 가진 Book 클래스**

```
class Book:
    def __init__(self, data):
        # ...

        self.author_data = data['author']        ◀─── 저자를 딕셔너리로
                                                       저장한다.

    @property
    def author_for_display(self):                ◀─── 저자를 표시한다.
        return f'{self.author_data["first_name"]},    예를 들어 "Dane Hillard"
➥ {self.author_data["last_name"]}'

    @property
    def author_for_citation(self):               ◀─── 인용문에 적합한 저자 이름을 얻는다.
        return f'{self.author_data["last_name"]},     예를 들어 "Hillard, D"
➥ {self.author_data["first_name"][0]}.'
```

다음과 같은 Book 클래스를 사용한다고 가정하자.

```
book = Book({
    'title': 'Brillo-iant',
    'subtitle': 'The pad that changed everything',
    'author': {
        'first_name': 'Rusty',
        'last_name': 'Potts',
    }
})


print(book.author_for_display)
print(book.author_for_citation)
```

book.author_for_display와 book.author_for_citation을 참조할 수 있다는 것은 훌륭했으며, 계속 유지하고 싶을 것이다. 하지만 속성인 author 딕셔너리를 참조하는 것이 이상해지기 시작했으며, 머지않아 저자에 대한 더 많은 내용을 작업하기를 바라게 될 것이다. 어떻게 진행해야 할까?

1 저자의 이름을 다른 방식으로 형식화하기 위해 AuthorFormatter 클래스를 추출한다.
2 저자에 대한 동작과 정보를 캡슐화하기 위해 Author 클래스를 추출한다.

저자 이름을 형식화하는 클래스(1번)가 가치 있어 보이지만 Author 클래스를 추출하는 것(2번)은 더 나은 관심사 분리를 제공한다. 클래스의 여러 메서드가 공통 접두사 또는 접미사를 공유하거나 특히, 클래스의 이름과 일치하지 않는 메서드를 공유한다면 새로운 클래스로 추출해야 하는 순간일 수 있다. 여기서 author_는 Author 클래스가 맞다는 표시다. 이제 여러분이

클래스를 추출해 볼 시간이다.

동일한 모듈 안이나 새로운 모듈로 임포트한 Author 클래스를 생성하자. 이 Author 클래스는 이전과 동일한 정보를 포함해야 하지만 더 체계적인 방식이어야 한다.

- __init__에서 author_data를 딕셔너리로 받아서 딕셔너리의 각 값(성, 이름 등)을 속성으로 저장한다.
- 저자 이름에 대한 올바른 형식의 문자열을 반환하는 두 가지 속성(for_display와 for_citation)을 갖는다.

Book이 사용자를 위한 작업을 계속하길 원하므로 Book의 기존 동작인 author_data와 author_for_display, author_for_citation을 유지해야 한다. author_data로 Author 인스턴스를 초기화하면, Book.author_for_display에서 Author.for_display로 호출을 **전달**_{forward}할 수 있다. 이런 방식으로 Book은 Author가 대부분 작업하도록 할 것이며 임시 시스템만으로 호출이 계속해서 동작하도록 할 것이다. 이 코드를 작성해 보고 다시 돌아와서 다음 코드와 비교해 보자.

리스트 9.10 **Book 클래스에서 Author 클래스 추출하기**

```
class Author:
    def __init__(self, author_data):           ◄──── 이전에 딕셔너리로만 저장한 것은
        self.first_name = author_data['first_name']    이제 구조화된 속성이 된다.
        self.last_name = author_data['last_name']

    @property
    def for_display(self):                      ◄──── Author의 속성은 원래보다
        return f'{self.first_name} {self.last_name}'    더 간단해졌다.

    @property
    def for_citation(self):
        return f'{self.last_name}, {self.first_name[0]}.'


class Book:
    def __init__(self, data):
        # ...
                                                      사용자가 더 필요하지 않을 때까지
                                                      author_data를 계속 저장한다.
        self.author_data = data['author']       ◄──
        self.author = Author(self.author_data)  ◄──── 포워딩 호출을 위해 Author의
                                                      인스턴스를 저장한다.
    @property
    def author_for_display(self):               ◄──── 포워딩을 가진 이전 로직을
        return self.author.for_display                Author 인스턴스로 바꾼다.
```

```
@property
def author_for_citation(self):
    return self.author.for_citation
```

코드 줄이 더 많이 생겼지만 각 코드 줄은 단순해졌음을 알겠는가? 그리고 클래스를 살펴보면 어떤 정보가 포함되었는지 쉽게 알 수 있다. 결국에는 Book에 있는 많은 코드도 제거될 것이며, 어느 시점에서 Book 클래스는 Author 클래스의 조합으로 저자 정보를 제공하게 될 것이다.

만약 여러분이 클래스를 분해할 때 사용자에게 친절히 안내하고 싶다면, 새로운 코드로 전환해야 한다는 메시지를 남길 수도 있다. 예를 들어, Book을 사용하는 사용자가 book.author_for_display에서 book.author.for_display로 옮기고 싶어 포워딩을 제거할 수 있다. 이런 경우, 파이썬은 warnings라는 메시지를 위한 내장 시스템을 가지고 있다.

경고의 타입 하나는 DeprecationWarning으로, 어떤 것을 더 사용할 수 없음을 알려 주는 데 사용한다. 이런 경고는 일반적으로 프로그램의 결과로 메시지를 출력하여 사용자로 하여금 수정하도록 알려 준다. **디프리케이션**deprecation 경고는 다음과 같이 생성될 수 있다.

```
import warnings

warnings.warn('Do not use this anymore!', DeprecationWarning)
```

DeprecationWarning을 추가하여 결국에는 해당 메서드를 삭제하여 고객의 코드를 자연스럽게 업그레이드하도록 할 수 있다[1]. 이제 Book 클래스에 저자와 관련한 속성들을 추가해 보자. 'Use book.author.for_display instead'와 같이 유용한 메시지를 전달할 수도 있다. 지금 코드를 실행하면 다음과 같은 메시지가 출력된다.

```
/path/to/book.py:24: DeprecationWarning: Use book.author.for_display instead
```

축하한다! 여러분은 점점 커져만 가는 클래스의 복잡도를 분해하여 새로운 클래스를 추출하였다. 이전 버전과 호환되는 방식으로 사용자에게 앞으로 추가되는 내용과 어떻게 고쳐야 하는지 힌트도 남겼다. 이로 인해 관심사 분리로 더욱 구조화되고, 가독성 좋아지며, 응집력이 강해졌다. 수고했다.

---

1 디프리케이션과 추출 요령을 자세히 알고 싶다면 Brett Slatkin의 "Refactoring Python: Why and how to restructure your code. PyCon 2016(*www.youtube.com/watch?v=D_6ybDcU5gc*)을 보자.

요약

- 코드 복잡도와 관심사 분리는 물리적인 크기를 기준으로 코드를 분해하는 것보다 더 좋은 척도다.

- 순환 복잡도는 코드를 통해 실행 경로의 개수를 측정한다.

- 구성과 함수, 메서드, 클래스를 자유롭게 추출하여 복잡도를 해결하자.

- 포워딩과 디프리케이션 경고를 사용하여 새로운 방식과 오래된 방식을 일시적으로 지원하자.

10

느슨한 결합 만들기

이 장에서 다루는 내용

- 강하게 결합된 코드의 징후 인식하기
- 결합도를 줄이는 전략
- 메시지 지향 프로그래밍

느슨한 결합은 각 부분의 코드를 변경해도 다른 곳에서 문제가 발생할 것이라는 걱정 없이 작업할 수 있게 한다. 여러분의 동료가 어떤 기능을 작업하는 동안에 여러분이 다른 기능을 작업할 수 있게 한다. 또한, 확장성과 같이 프로그램에 기대하는 다른 특성들의 기초가 된다. 느슨한 결합이 아니라면, 코드를 유지보수하는 작업이 어려워질 수 있다.

이번 장에서는 강한 결합의 단점과 그것을 해결하는 방법을 배울 것이다.

10.1 결합의 정의

효과적인 소프트웨어 개발에서 결합이라는 개념은 큰 역할을 하기 때문에, 그 의미를 확실하게 파악하는 것이 중요하다. 정확히 **결합**coupling이란 무엇인가? 코드의 서로 다른 영역 사이의 **결합 조직**connective tissue이다.

10.1.1 결합 조직

결합이 반드시 유형적인 것은 아니기 때문에 처음에는 까다로울 수 있다. 이것은 코드 전체에 흐르는 그물망 같은 것이다(그림 10.1 참고). 두 코드가 상호의존성이 높다면, 그때의 그물망은 단단하게 짜인 상태다. 그래서 둘 중 한 코드를 옮기려면 다른 코드도 같이 옮겨야 한다. 상호의존성이 낮거나 전혀 없는 영역 사이의 그물망은 유연하다. 단단하게 짜인 상태의 코드는 그물망의 느슨한 부분에 있는 코드를 매우 획기적으로 수정하여 주위에 있는 코드도 수정되도록 영향을 줘야 한다.

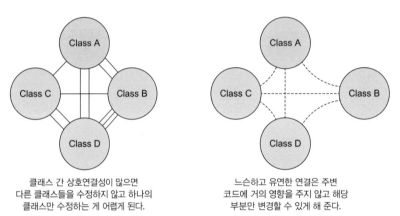

클래스 간 상호연결성이 많으면 다른 클래스들을 수정하지 않고 하나의 클래스만 수정하는 게 어렵게 된다.

느슨하고 유연한 연결은 주변 코드에 거의 영향을 주지 않고 해당 부분만 변경할 수 있게 해 준다.

그림 10.1 **결합도는 소프트웨어에서 서로 다른 코드 간 상호연결성을 측정한 것이다.**

필자는 모든 경우에 단단한 결합이 본질적으로 나쁘다는 것이 아니라 그물망 비유를 좋아한다. 오히려 단단한 결합과 느슨한 결합의 차이에 초점을 두게 하며, 코드의 최종 결과를 이해하는 데 도움이 된다. 단단한 결합은 일반적으로 더 많은 작업을 의미한다. 또한, 결합은 양자택일보다 연속체라는 의미를 함축하고 있다.

결합도는 연속체를 가지고 측정되지만, 일반적인 방법이 있다. 이를 인식하고 여러분이 보기에 적합하도록 소프트웨어의 결합도를 줄일 수 있다. 하지만 필자는 먼저 단단한 결합과 느슨한 결합에 대한 더 세밀한 정의를 짚고 넘어가고자 한다.

10.1.2 단단한 결합

두 코드(모듈, 클래스 등)가 서로 연결되었을 경우, 코드 간 결합이 단단하다(밀접하다)고 간주한다. 그런데 상호연결은 어떤 모양일까? 코드에서 몇 가지 사항들은 상호연결을 생성한다.

- 다른 객체를 속성으로 저장하는 클래스

- 클래스의 메서드가 다른 모듈의 함수를 호출하는 클래스

- 다른 객체의 메서드를 사용하여 절차적인 작업을 많이 수행하는 함수 또는 메서드

클래스나 메서드, 또는 함수가 다른 모듈이나 클래스에 대해 많은 것을 알고 있어야 하는 경우는 단단한 결합이다. 다음 코드를 살펴보자. display_book_info 함수는 Book 인스턴스가 가진 다른 모든 정보를 알아야 한다.

리스트 10.1 **객체에 단단히 연결된 함수**

```
class Book:
    def __init__(self, title, subtitle, author):    ◄── 책은 몇 가지 정보를
        self.title = title                              속성으로 저장한다.
        self.subtitle = subtitle
        self.author = author

def display_book_info(book):                                    이 함수는 모든 책의
    print(f'{book.title}: {book.subtitle} by {book.author}')  ◄── 속성을 알고 있다.
```

Book 클래스와 display_book_info 함수가 같은 모듈에 있다면, 이 코드는 히용될 수 있다. 이것은 관련된 정보를 기반으로 동작하며 한 곳에 모두 모여 있다. 하지만 코드가 점점 커질수록 다른 모듈의 클래스에서 동작하는 display_book_info와 비슷한 함수들을 발견할 수도 있다.

단단한 결합이 본질적으로 나쁜 것은 아니다. 가끔 그것은 여러분에게 무언가를 말하려고 한다. display_book_info는 Book의 정보만으로 동작하며 책과 관련한 작업을 수행하므로 display_book_info 함수와 Book 클래스는 높은 응집력high cohesion을 가진다. 이 함수는 Book과 매우 단단하게 결합되어 있으므로 다음 코드와 같이 클래스의 메서드로 Book 안으로 이동하는 것이 좋다.

리스트 10.2 **응집력을 증가시켜 결합도 낮추기**

```
class Book:
    def __init__(self, title, subtitle, author):
        self.title = title
        self.subtitle = subtitle          함수가 메서드로 옮겨지고
        self.author = author              필요한 하나의 인자는 self
                                          (이것은 여전히 Book이다)다.
                                                           책에 대한 모든 참조체를
    def display_info(self):    ◄──                          self로 수정한다.
        print(f'{self.title}: {self.subtitle} by {self.author}')  ◄──
```

일반적으로 단단한 결합은 두 개의 분리된 관심사 사이에 존재할 경우 문제가 된다. 일부 단단한 결합은 잘 구조화되지 않은 높은 응집도의 신호다.

예전에, 리스트 10.3과 유사한 코드를 보았거나 작성했을 수 있다. 사용자가 쿼리를 할 수 있는 검색 인덱스가 있다고 상상해 보자. search 모듈은 인덱스를 가지고 일관된 결과를 만들기 위해 쿼리를 정리하는 기능을 제공한다. 사용자로부터 쿼리를 받아서 그것을 정리하고, 정리된 버전을 출력하는 메인 프로시저를 작성한다.

리스트 10.3 **클래스의 세부 사항과 단단하게 연결된 작업**

```python
import re


def remove_spaces(query):          ◄─── 'George Washington '을
    query = query.strip()               'George Washington'으로 바꾼다.
    query = re.sub(r'\s+', ' ', query)
    return query


def normalize(query):              ◄─── 'Universitätsstraße'("University Street")를
    query = query.casefold()            'universitätsstrasse'로 바꾼다.
    return query


if __name__ == '__main__':
    search_query = input('Enter your search query: ')    ◄─── 사용자로부터 쿼리를 받는다.
    search_query = remove_spaces(search_query)    ◄─── 공백을 제거하고 대소문자를 정규화한다.
    search_query = normalize(search_query)
    print(f'Running a search for "{search_query}"')    ◄─── 정리된 쿼리를 출력한다.
```

메인 프로시저는 search 모듈과 단단하게 결합되어 있는가?

1 아니오, 메인 프로시저는 스스로 그 작업을 쉽게 할 수 있기 때문이다.

2 예, search 모듈 내부의 일부 함수를 호출하기 때문이다.

3 예, 쿼리를 정리하는 작업을 수정할 경우 이 작업을 변경해야 하기 때문이다.

모듈을 변경하면 모듈을 사용하는 코드를 수정해야 하는지에 따라 결합도를 확인할 수 있다(3번). 메인 프로시저가 정리 기능을 수행하지만, 코드에 존재하는 결합도를 검토하는 것이 중요하다. 1번은 가설일 뿐이며 도움이 되지 않는다. 모듈에서 일부 함수를 호출하는 것은(2번) 결합되어 있다는 신호이지만, 더 중요한 것은 search 모듈을 변경하면 메인 프로시저를 얼마나 변경해야 하는가다.

사용자가 쿼리의 일부만 변경해서는 일관된 결과를 얻을 수 없다고 해 보자. 그래서 조사해 봤더니, 일부 사용자는 쿼리를 잘 구별하려고 따옴표로 쿼리를 묶어서 사용했는데 검색 인덱스는 따옴표를 문자 그대로 인식해서 따옴표가 포함된 레코드만 일치하게 되었다는 것을 알았다. 그래서 쿼리를 실행하기 전에 따옴표를 제거하기로 했다.

현재 작성한 방식에 따라, 다음 리스트처럼 search 모듈에 새로운 함수를 추가하고 쿼리를 정리하는 모든 위치를 업데이트하여 새로운 함수를 호출하도록 해야 한다. 이 부분들은 search 모듈과 단단하게 결합되었다.

리스트 10.4 **바깥쪽에 영향을 미치는 단단한 결합**

```
def remove_quotes(query):
    query = re.sub(r'"', '', query)          ◀── 따옴표를 제거하는
    return query                                  새로운 함수


if __name__ == '__main__':
    ...
    search_query = remove_quotes(search_query)  ◀── 쿼리를 정규화하는 모든 곳에서
    ...                                              이 새로운 함수를 호출한다.
```

느슨한 결합이 무엇이며 이런 상황에서 어떻게 도움이 되는지 이해하기 위해 다음 절을 읽어 보자.

10.1.3 느슨한 결합

느슨한 결합loose coupling은 두 코드가 상호작용하여 다른 코드의 세부 사항에 크게 의존하지 않고 작업을 수행하는 능력이다. 이것은 종종 공유된 추상화를 사용하여 달성된다. 여러분은 앞 장들에서 인터페이스를 배웠고, Bark에서 공유된 추상화를 사용하여 커맨드 패턴을 만들었다.

느슨하게 결합된 코드는 인터페이스를 구현하고 사용한다. 극단적인 경우에는 상호 간 통신을 위한 인터페이스만 사용한다. 파이썬의 동적 타이핑은 이 부분을 약간 완화할 수 있지만 여기서 여러분에게 강조하고 싶은 철학이 있다.

만약 객체 자체에 초점을 두지 않고 그림 10.2와 같이 각 객체가 서로에게 보내는 메시지의 관점으로 코드 간 통신을 생각한다면, 더 깔끔한 추상화와 강력한 응집력을 찾아낼 수 있을 것이다. 여기서 메시지란 무엇인가? 메시지는 여러분이 객체에 질문하거나 작업을 지시하는 것이다.

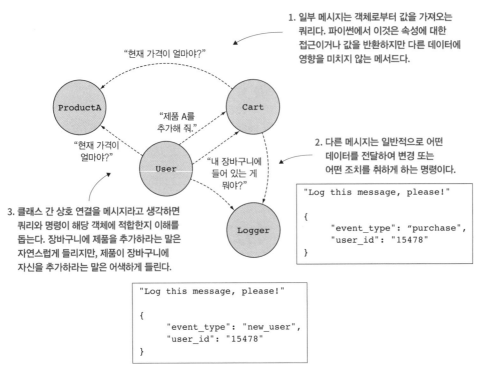

1. 일부 메시지는 객체로부터 값을 가져오는 쿼리다. 파이썬에서 이것은 속성에 대한 접근이거나 값을 반환하지만 다른 데이터에 영향을 미치지 않는 메서드다.

"현재 가격이 얼마야?"

"제품 A를 추가해 줘."

2. 다른 메시지는 일반적으로 어떤 데이터를 전달하여 변경 또는 어떤 조치를 취하게 하는 명령이다.

"현재 가격이 얼마야?"

"내 장바구니에 들어 있는 게 뭐야?"

```
"Log this message, please!"

{
    "event_type": "purchase",
    "user_id": "15478"
}
```

3. 클래스 간 상호 연결을 메시지라고 생각하면 쿼리와 명령이 해당 객체에 적합한지 이해를 돕는다. 장바구니에 제품을 추가하라는 말은 자연스럽게 들리지만, 제품이 장바구니에 자신을 추가하라는 말은 어색하게 들린다.

```
"Log this message, please!"

{
    "event_type": "new_user",
    "user_id": "15478"
}
```

그림 10.2 클래스가 주고받는 메시지로 클래스 간 상호 연결을 상상해 보기

다음 리스트에서 쿼리를 정리하는 메인 프로시저를 다시 살펴보자. 새로운 쿼리를 얻기 위해 함수를 호출하여 쿼리를 각 단계에 따라 변환한다. 다시 말하면 이것은 여러분이 보내는 메시지다.

리스트 10.5 모듈에서 함수 호출하기

```
if __name__ == '__main__':
    search_query = input('Enter your search query: ')
    search_query = remove_spaces(search_query)
    search_query = remove_quotes(search_query)
    search_query = normalize(search_query)
    print(f'Running a search for "{search_query}"')
```

공백을 제거하기 위해 search 모듈에 얘기한다.

따옴표를 제거하기 위해 search 모듈에 얘기한다.

대소문자를 정규화하기 위해 search 모듈에 얘기한다.

이 코드는 쿼리를 정리하는 작업을 수행한다. 그런데 이러한 메시지가 여러분에게 어떤 느낌을 주는가? search 모듈에서 다양한 함수를 호출하는 것은 반드시 따라야 할 명령처럼 느껴지는가? 만약 필자가 이 코드를 봤다면, '나는 쿼리를 정리하고 싶을 뿐이야. 어떻든 상관없어.'라고 스스로에게 말했을 것이다. 각 함수를 호출하는 과정이 장황하다. 특히 코드 전체에서 쿼리를 정리하는 경우에는 더욱 그러하다.

메시지의 관점, 즉 여러분이 보내려는 메시지의 관점으로 생각해 보자. 더 깔끔한 방법은 '여기 쿼리가 있어. 정리해 줘.'라는 단일 메시지를 전송하는 것이다. 어떤 방법을 사용해야 이렇게 할 수 있을까?

1 쿼리를 정리하는 함수들을 따옴표와 공백을 제거하고 대소문자를 정규화하는 단일 함수로 합친다.

2 기존의 함수 호출들을 어느 곳에서든 호출할 수 있는 다른 함수로 감싼다.

3 쿼리 정리 로직을 캡슐화하기 위해 클래스를 사용한다.

이것들 모두 가능하다. 관심사 분리는 일반적으로 좋은 생각이기 때문에 1번은 최선이 아닐 수 있다. 여러 관심사를 하나의 함수로 결합하기 때문이다. 기존의 함수를 다른 함수로 감싸는 것(2번)은 관심사 분리를 지키면서 정리 작업에 대한 진입점을 하나로 제공하기 때문에 좋다. 쿼리 정리 로직을 클래스로 캡슐화하는 것(3번)은 나중에 정리 로직 간 정보를 유지해야 하는 경우에 의미가 있다.

search 모듈을 리팩토링하여 모든 정리 작업을 수행하여 정리된 쿼리를 반환하는 clean_query(query) 함수를 만들자. 여러분이 작성한 코드와 다음 리스트를 비교해 보자.

리스트 10.6 공유된 인터페이스를 단순화하기

```
import re


def _remove_spaces(query):        ◀──  이 작업은 기본적으로 정리에 대한
    query = query.strip()              상세 내용이므로 private으로 만든다.
    query = re.sub(r'\s+', ' ', query)
    return query


def _normalize(query):
    query = query.casefold()
    return query


def _remove_quotes(query):
    query = re.sub(r'"', '', query)
    return query


def clean_query(query):           ◀──  단일 진입점은 원래의 쿼리를 받아서
    query = _remove_spaces(query)      정리하고 반환한다.
    query = _remove_quotes(query)
    query = _normalize(query)
```

```
    return query


if __name__ == '__main__':
    search_query = input('Enter your search query: ')
    search_query = clean_query(search_query)
    print(f'Running a search for "{search_query}"')
```

이 함수를 사용하는 코드는 이제 단일 함수만 호출하면 되므로 결합도를 줄여 준다.

이제 쿼리를 정리하는 또 다른 방법을 생각한다면 다음과 같은 과정을 거칠 것이다.

1 쿼리에 대해 새로운 변환을 수행하는 함수를 생성한다.
2 clean_query 내에 새로운 함수를 호출한다.
3 쿼리를 정리하는 모든 작업이 올바르게 되었다고 확인한다.

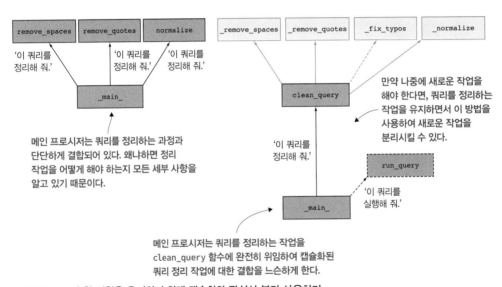

그림 10.3 느슨한 결합을 유지하기 위해 캡슐화와 관심사 분리 사용하기

느슨한 결합, 관심사 분리, 캡슐화가 모두 함께 동작한다. 외부와의 신중한 인터페이스로 행동을 분리하고 캡슐화하는 것은 우리가 원하는 느슨한 결합을 할 수 있게 해 준다.

10.2 결합도 인식하기

지금까지 단단한 결합과 느슨한 결합에 대한 예제를 보았지만, 결합도는 몇 가지 특별한 형태를 취한다. 이러한 형태에 이름을 부여하고 각 형태의 표시를 인지하면 단단한 결합을 조기에 완화시켜 장기적으로 생산성을 높일 수 있다.

10.2.1 기능에 대한 욕심

쿼리를 정리하는 코드의 초기 버전에서는 코드를 정리하기 위해 search 모듈의 여러 함수를 호출해야 했다. 어떤 코드가 다른 영역에 있는 주된 기능을 사용하여 여러 작업을 수행할 경우, 그 코드는 **기능에 대한 욕심**feature envy이 있다고 말한다. 여러분의 메인 프로시저가 search 모듈의 모든 기능을 명시적으로 사용하는 것을 보니, 메인 프로시저는 search 모듈이 되고 싶어 하는 것처럼 느껴진다. 이것은 그림 10.4와 같이 클래스에서도 나타난다.

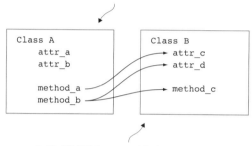

Class A는 대부분의 작업을 수행하기 위하여 Class B에 크게 의존하므로 Class A는 Class B의 기능에 대한 욕심이 있다.

기능에 대한 욕심은 Class A의 일부 메서드를 Class B로 이동하여 결합도를 줄이거나 두 클래스가 응집력이 있을 경우에는 두 클래스를 결합하는 기회임을 나타낸다.

그림 10.4 **다른 클래스의 기능에 대한 욕심**

기능에 대한 욕심은 쿼리를 정리하는 로직을 수정한 것(소스에서 단일 진입점으로 만든 것)과 같은 방식으로 해결할 수 있다. 이전 예제에서는 search 모듈에 clean_query 함수를 생성하였다. search 모듈은 쿼리를 정리하는 로직이 있는 곳이므로 search 모듈이 바로 clean_query 함수가 있어야 할 곳이다. 다른 코드는 clean_query 함수에서 무슨 일이 일어나는지 신경 쓰지 않아도 올바르게 정리된 쿼리가 반환될 것이라는 신뢰를 가지고 clean_query를 계속 사용할 수 있다. search 모듈은 검색과 관련된 작업을 담당하게 되므로 다른 코드는 더 이상 기능에 대한 욕심을 갖지 않게 된다.

기능에 대한 욕심을 제거하기 위해 리팩토링하면, 어느 정도 통제권을 포기하는 것처럼 느껴질 것이다. 리팩토링하기 전에는 코드를 통해 정보가 어떻게 흐르는지 정확하게 알 수 있지만, 나중에는 정보의 흐름이 추상화 아래로 숨겨지는 경우가 많다. 이것은 상호작용하는 코드에 대해 어느 정도 신뢰를 두어야 한다. 때로는 불편하겠지만, 철저한 테스트 코드 작성을 통해 기능에 대한 자신감을 유지할 수 있다.

10.2.2 산탄총 수술

7장에서 산탄총 수술을 배웠다. 산탄총 수술은 단단한 결합의 결과로 발생하곤 한다. 클래스나 모듈을 한 번 수정하면 다른 코드가 계속 동작하도록 광범위하게 수정해야 한다. 어떤 동작을 업데이트할 때마다 코드 전체를 수정하는 것은 번거로운 일이다.

기능에 대한 욕심을 해결하고, 관심사를 분리하며, 훌륭한 캡슐화와 추상화를 하여, 해야 할 산탄총 수술의 양을 최소화할 수 있다. 여러분이 하려는 변경에 대해 이해하기 위하여 다른 함수나 메서드, 또는 모듈로 이동하는 자신을 발견할 때마다, 코드 영역 간에 단단한 결합이 있는지를 자문해 보자. 그런 다음, 메서드를 더 적합한 클래스로 옮기고 함수를 더 적합한 모듈로 옮기는 등의 작업을 할 수 있는지 살펴보자. 모든 것은 각각의 자리가 있다.

10.2.3 새는 추상화

우리가 배운 추상화의 목적은 특정 작업의 세부 사항을 숨기는 것이다. 사용하는 곳에서는 해당 동작을 실행하고 그 결과를 받지만 그 안에서 무슨 일이 일어나는지 신경 쓰지 않는다. 여기서 만약 기능에 대한 욕심이 생기는 것을 인지하기 시작했다면 그것은 **새는 추상화**leaky abstraction 때문일 것이다.

새는 추상화란 세부 사항을 충분히 숨기지 않은 추상화다. 추상화는 어떤 것을 수행하는 간단한 방법을 제공한다고 주장하지만, 궁극적으로는 추상화를 사용할 때 그 아래에 무엇이 있는지에 대한 지식을 갖도록 요구한다. 이것은 종종 기능에 대한 욕심으로 나타나지만, 잠시 후에 보겠지만 그 차이가 미묘할 수도 있다.

HTTP 요청(requests)을 위한 파이썬 패키지를 상상해 보자. 여러분의 목적이 순수하게 어떤 URL에 대해 GET 요청을 하고 응답을 받는 것이라면 requests.get('https://www.google.com')처럼 GET 동작에 대한 추상화를 사용하는 것이 가장 좋다.

이 추상화는 대부분 잘 동작하지만, 인터넷 연결이 끊어지면 어떻게 될까? 구글 서버가 내려갔을 경우는? 잠시 상황이 이상하여 GET 요청이 이뤄지지 않을 때는? 이런 경우, requests는 일반적으로 해당 문제를 가리키는 예외를 발생한다(그림 10.5 참고). 이것은 에러 처리에 유용하다. 하지만 호출하는 코드가 발생 가능한 에러를 조금이라도 알아야만 어떤 일이 발생했는지, 어떻게 처리해야 하는지를 알 수 있다. 여러 곳에서 requests에 대한 에러를 처리하게 되면, 그것과의 결합도가 생긴다. 왜냐하면 여러분의 코드는 요청 패키지에 특화된 발생 가능한 결과들을 기대하기 때문이다.

일반적으로 누수가 발생하는 것은 추상화에 대한 절충점이 있기 때문이다. 일반적으로 말해서 코드의 개념을 더욱 추상화할수록 **사용자화**customization를 덜 제공하게 된다. 추상화는 본질적으로 세부 사항에 대한 접근을 제거하기 위한 것이기 때문이다. 세부 사항에 대한 접근이 적을수록 세부 사항을 수정하는 방법이 줄어든다. 개발자인 우리는 요구 사항에 더 적합하도록 일을 조정하고자 하기 때문에 때로는 숨기려는 세부 사항에 대해 더 하위 수준의 접근을 제공하기도 한다.

높은 수준의 추상화에서 낮은 수준의 세부 사항에 대한 접근을 제공한다는 것을 발견한다면, 결합이 되어 있을 수도 있다. 느슨한 결합은 특정 하위 수준의 세부 사항보단 인터페이스(공유된 추상화)에 의존한다는 것을 기억하자. 여러분의 코드에서 느슨한 결합을 달성하기 위해 사용할 수 있는 전략을 알아보자.

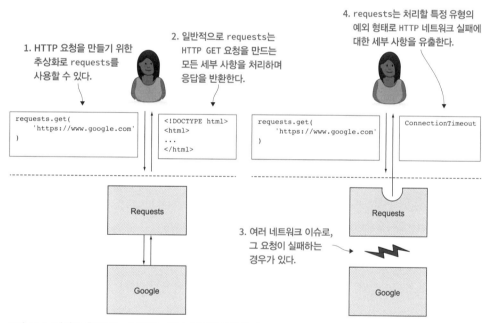

그림 10.5 **때때로 추상화는 숨기려는 세부 사항을 유출한다.**

10.3 Bark에서의 결합

여러분은 원하는 모든 관심사를 분리하며 동작을 캡슐화할 수 있지만, 이러한 관심사는 필연적으로 상호작용이 요구된다. 결합은 소프트웨어 개발에 필요한 부분이다. 하지만 단단한 결합이어야 하는 것은 아니다. 이제 우리는 단단한 결합의 징후에 익숙해졌으니, 코드가 동작하는 상태를 유지하면서 결합도를 낮추는 기술을 살펴볼 것이다. 어떤 것은 여러분에게 익숙할 수 있으며, Bark 애플리케이션에 어떻게 적용되는지 보게 될 것이다.

그림 10.6에서 다시 보여주듯, Bark에는 다층 아키텍처를 사용하였음을 기억하자. 각 층tier은 분리된 관심사를 가진다.

- 표현 계층은 사용자에게 정보를 보여주며 사용자로부터 정보를 얻는다.
- 비즈니스 로직 계층은 애플리케이션의 "뇌(사용 가능한 작업과 관련된 로직)"를 포함한다.
- 영속 계층은 애플리케이션에 대한 데이터를 저장하며 나중에 재사용한다.

커맨드 패턴을 사용하여 표현 계층과 비즈니스 로직 계층을 연결했다. 메뉴의 각 옵션은 비즈니스 로직의 해당 명령(그 명령의 execute 메서드)을 실행한다. 공유된 execute 추상화를 가진 명령들은 느슨한 결합의 좋은 예다.

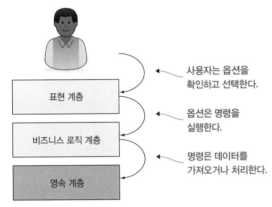

그림 10.6 관심사를 다층 아키텍처로 분리하기

표현 계층은 연결된 명령에 대해 거의 알지 못하며, 명령은 기대한 데이터를 받았다면 왜 실행되는지 신경 쓰지 않는다. 이것은 각 계층이 새로운 요구 사항에 독립적으로 대응하게 해 준다.

이제 비즈니스 로직 계층이 영속 계층과 어떻게 상호작용하는지 생각해 보자. 리스트 10.7에서 보듯, 여러분이 만든 AddBookmarkCommand를 기억하자. 이 명령은 다음 작업을 한다.

1. 선택 사항인 타임스탬프와 함께 북마크를 데이터로 받는다.
2. 필요한 경우, 타임스탬프를 생성한다.
3. 북마크를 저장하라고 영속 계층에 알려 준다.
4. 추가 작업이 성공했음을 나타내는 메시지를 반환한다.

```
class AddBookmarkCommand(Command):
    def execute(self, data, timestamp=None):          ◀── 북마크 데이터를 받는다.
        data['date_added'] = timestamp or datetime.utcnow().isoformat()  ◀── 필요한 경우 타임스탬프를
        db.add('bookmarks', data)      ◀── 북마크 데이터를                          생성한다.
        return 'Bookmark added!'       ◀── 저장한다.

                    성공 메시지를 반환한다.
```

만약 필자가 여기에 단단한 결합이 있다고 한다면 어떻게 할 것인가? 전체 클래스는 5줄이다. 아마도 여러분은 이렇게 반문할 것이다. '5줄짜리 코드에 결합이 있을 수 있나?' 결론적으로, execute 메서드의 마지막 2줄은 단단한 결합의 징후를 보여준다.

마지막 2줄 중 db.add를 호출하는 첫 번째 줄은 영속 계층이 아닌 데이터베이스 자체와의 단단한 결합을 보여준다. 나중에 북마크를 데이터베이스가 아닌 다른 곳(예를 들어 JSON 파일)에 저장하려고 한다면, db.add는 더 이상 적합하지 않게 된다. 또한, 기능에 대한 욕심도 일부 생긴다. 대부분의 명령은 DatabaseManager의 작업 중 하나를 직접 사용하고 있기 때문이다.

마지막 2줄 중 결합을 나타내는 두 번째 줄은 return 구문이다. 이것의 현재 목적은 무엇인가? 이것은 추가 작업이 성공했음을 나타내는 메시지를 반환한다. 이 메시지는 누구를 위한 것인가? 사용자. 비즈니스 로직 계층에서 표현 계층의 정보를 처리하고 있다. 이것이 바로 '새는 추상화'의 예다. 표현 계층은 사용자에게 표시되는 내용을 담당해야 한다. 여러분이 작성한 일부 명령은 이와 같은 구조로 되어 있으며, 곧 수정할 것이다.

또 다른 명령인 CreateBookmarksTableCommand는 더 단단히 결합하고 있다. 이름에 있는 Table은 데이터베이스와 영속 계층 기능이 존재함을 암시하며, 이 명령은 애플리케이션이 시작할 때 표현 계층에서 참조되고 있다. 이 명령은 여러분이 매우 신중하게 구축한 모든 추상화 계층에 걸쳐 있다! 너무 걱정하지 말자. 이 역시 곧 정리할 것이다.

이러한 결합이 실제 상황에서 어떻게 문제를 일으키는지, 어떻게 처리해야 하는지 알아보자.

10.4 결합 해결하기

이제 Bark 모바일 애플리케이션을 사용해야 한다고 상상해 보자(또한, 모바일 폰에서 파이썬이 실행된다고 상상하자!). 그림 10.7과 같이, 기존의 커맨드라인 인터페이스를 유지하면서 모바일 폰에서의 사용자 경험을 최적화하기 위해 Bark의 코드를 최대한 많이 재사용하고 싶어 할 것이다.

새로운 요구 사항을 해결하고자 할 때, 단단하게 결합된 코드 영역이 노출되곤 한다. 새로운 유스케이스use case는 기존의 동작을 바꾸고 유연하지 않은 코드를 찾아내야 한다. Bark에서는 무엇을 찾을 수 있을까?

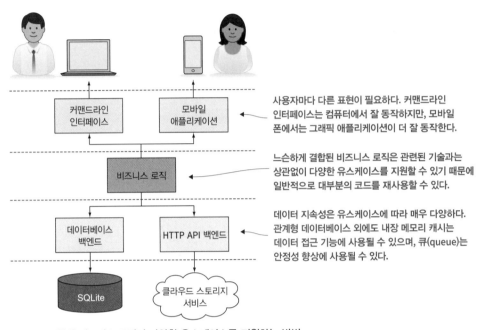

사용자마다 다른 표현이 필요하다. 커맨드라인 인터페이스는 컴퓨터에서 잘 동작하지만, 모바일 폰에서는 그래픽 애플리케이션이 더 잘 동작한다.

느슨하게 결합된 비즈니스 로직은 관련된 기술과는 상관없이 다양한 유스케이스를 지원할 수 있기 때문에 일반적으로 대부분의 코드를 재사용할 수 있다.

데이터 지속성은 유스케이스에 따라 매우 다양하다. 관계형 데이터베이스 외에도 내장 메모리 캐시는 데이터 접근 기능에 사용될 수 있으며, 큐(queue)는 안정성 향상에 사용될 수 있다.

그림 10.7 **핵심 비즈니스 로직이 다양한 유스케이스를 지원하는 방법**

10.4.1 사용자 메시징

모바일 앱은 시각적 요소와 촉각적 요소에 초점을 맞추는 경향이 있으므로 작업의 성공을 가리키기 위해 메시지 외에도 아이콘을 사용하고 싶을 것이다. 앞에서 우리는 Bark의 메시지가 비즈니스 로직 계층과 결합되어 있음을 보았다. 이러한 제한을 해결하려면, 메시징에 대한 제어권을 표현 계층으로 완전히 보내야 한다. 각 명령에 표시되는 메시지에 대한 명확한 정보 없이도 명령과 표현 계층 간 상호작용을 어떻게 유지할 수 있을까?

일부 명령의 결과는 성공 메시지이지만, 다른 명령은 북마크들의 목록과 같은 결과다. 이것은 모든 명령이 작업 상태와 결과 모두를 나타내는 튜플을 반환하도록 하여, '작업 성공'과 '결과'의 개념으로 나누어 표현 계층에서 처리하게 할 수 있다.

여러분이 구축한 명령들은 모두 성공적으로 실행되므로 각 명령에 대한 상태는 True다. 만약 명령이 실패했다면 False를 반환한다. 현재 결과를 반환하는 명령들은 이전과 동일한 결과를 계속 사용할 수 있으며, 결과가 없는 명령들은 None을 사용할 수 있다.

각 명령이 status, result 튜플을 반환하도록 업데이트하자. 새로운 반환 동작을 표현하기 위해 표현 계층의 Option 클래스도 업데이트해야 한다. 표현 계층을 구축하는 데 적합한 방법은 무엇일까?

1 실행된 명령에 따라 여러 성공 메시지를 출력하도록 Option을 수정한다.

2 명령이 성공했을 때 사용할 특정 메시지를 가진 Option 인스턴스를 각각 구성한다.

3 표현하려는 메시지 종류에 대해 Option의 서브클래스를 만든다.

1번은 잘 동작하겠지만 표시해야 할 메시지를 결정하는 조건식이 추가될 것이다. 3번 역시 동작하겠지만 상속은 드물게 사용되어야 한다. 이러한 서브클래스 생성이 옳다고 하기에는 충분히 특화된 동작이 존재하는지 확실하지 않다. 2번은 추가로 노력을 많이 하지 않아도 적절한 사용자 정의(커스터마이징)를 제공한다. 메시지를 리팩토링해도 Bark는 여전히 동일하게 동작해야 한다. 이것은 개발을 쉽게 하기 위해서만 리팩토링하고 있다.

여러분이 직접 만들어 보고 다음 코드를 참고하거나 이번 장의 전체 소스 코드(*https://github.com/daneah/practices-of-the-python-pro*)를 확인하자.

리스트 10.8 **인터페이스로 추상화의 계층을 분리하기**

AddBookmarkCommand는
성공했지만 결과를 반환하지 않는다.

```
class AddBookmarkCommand(Command):
    def execute(self, data, timestamp=None):
        data['date_added'] = timestamp or datetime.utcnow().isoformat()
        db.add('bookmarks', data)
        return True, None
```

반환 값은 True 상태와
None 결과다.

```
class ListBookmarksCommand(Command):
    def __init__(self, order_by='date_added'):
        self.order_by = order_by

    def execute(self, data=None):
        return True, db.select('bookmarks', order_by=self.order_by).fetchall()
```

ListBookmarksCommand는
성공하고 북마크 목록을 반환한다.

반환 값은 True 상태와
북마크 목록 결과다.

리스트 10.9 **표현 계층에서 상태와 결과 이용하기**

```
def format_bookmark(bookmark):
    return '\t'.join(
        str(field) if field else ''
        for field in bookmark
    )
```

```python
class Option:
    def __init__(self, name, command, prep_call=None,
➡ success_message='{result}'):
        self.name = name
        self.command = command
        self.prep_call = prep_call
        self.success_message = success_message

    def choose(self):
        data = self.prep_call() if self.prep_call else None
        success, result = self.command.execute(data)

        formatted_result = ''

        if isinstance(result, list):
            for bookmark in result:
                formatted_result += '\n' + format_bookmark(bookmark)
        else:
            formatted_result = result

        if success:
            print(self.success_message.format(result=formatted_result))

    def __str__(self):
        return self.name

def loop():
    ...

    options = OrderedDict({
        'A': Option(
            'Add a bookmark',
            commands.AddBookmarkCommand(),
            prep_call=get_new_bookmark_data,
            success_message='Bookmark added!',
        ),
        'B': Option(
            'List bookmarks by date',
            commands.ListBookmarksCommand(),
        ),
        'T': Option(
            'List bookmarks by title',
            commands.ListBookmarksCommand(order_by='title'),
        ),
        'E': Option(
            'Edit a bookmark',
            commands.EditBookmarkCommand(),
            prep_call=get_new_bookmark_info,
            success_message='Bookmark updated!'
        ),
        'D': Option(
            'Delete a bookmark',
            commands.DeleteBookmarkCommand(),
            prep_call=get_bookmark_id_for_deletion,
```

결과를 반환하는 명령에 대한
디폴트 메시지는 결과 그 자체다.

나중에 사용하기 위해
이 옵션에 대해 구성된
성공 메시지를 저장한다.

실행 결과와
상태를 받는다.

필요한 경우, 표시할 결과의
형태를 만든다.

필요한 경우, 형식화된 결과를 삽입하여
성공 메시지를 출력한다.

결과가 없는 옵션은 정적
성공 메시지를 지정할 수 있다.

결과만 출력해야 하는 옵션은
메시지를 지정할 필요가 없다.

```
                success_message='Bookmark deleted!',
        ),
        'G': Option(
            'Import GitHub stars',
            commands.ImportGitHubStarsCommand(),
            prep_call=get_github_import_options,
            success_message='Imported {result} bookmarks from starred repos!',    ◄┐
        ),                                          결과와 사용자 정의 메시지를 갖는 옵션은
        'Q': Option(                                     두 가지 모두를 합칠 수 있다.
            'Quit',
            commands.QuitCommand()
        ),
    })
```

축하한다! 비즈니스 로직과 표현 계층을 분리하였다. 이제 하드코딩된 특정 메시지 대신에 상
태와 결과의 개념을 이용하여 상호작용한다. 미래에 새로운 모바일용 Bark를 개발하게 된다
면 상태와 결과에 따라 모바일 폰에 표시할 아이콘과 메시지를 결정할 수 있다.

10.4.2 북마크 지속성

모바일 사용자는 항상 이동 중이기 때문에 어디서든 사용자의 북마크에 접근할 수 있어야 한
다. 데이터베이스는 API 뒤의 클라우드에서 동작하고 있어야 사용자의 디바이스에서 북마크
를 볼 수 있다.

여러분이 봤듯이, 명령 코드 중 일부는 로컬 데이터베이스 작업과 관련 있다. 따라서 여러분
은 데이터베이스 모듈을 새로운 API와 동작하는 새로운 영속 계층으로 교체해야 한다. 이 시
점까지 여러분은 공유된 추상화가 결합도를 줄이는 좋은 방법이라는 것을 기억해야 한다. 큰
작업처럼 들리겠지만, 로컬 데이터베이스와 API가 어떻게 비슷하고 어떻게 다른지를 살펴보
는 것은 추상화를 개념화하여 두 가지 모두 처리하게 할 것이다(그림 10.8 참고).

데이터베이스	API
레코드 객체로 표현되는 데이터	레코드 객체로 표현되는 데이터
SQL로 CRUD 작업 (INSERT, SELECT, UPDATE, DELETE)	HTTP로 CRUD 작업 (POST, GET, PUT, DELETE)
데이터베이스 파일과 테이블에 필요한 구성	API의 도메인과 URL에 필요한 구성

그림 10.8 **데이터베이스와 API는 몇 가지 공통점을 공유한다.**

일부 세부 사항은 다르겠지만, 데이터베이스와 API 영속 계층 모두는 비슷한 관심사들을 처리해야 한다. 이런 곳이 추상화가 빛나는 곳이다. 표현 계층에서 분리하기 위해 상태와 결과를 반환하는 execute 인터페이스로 각 명령을 축소한 것처럼, 영속 계층을 더욱 일반적인 CRUD 작업으로 줄여서 명령으로부터 분리할 수 있다. 그렇게 하면, 여러분이 원하는 새로운 영속 계층에서 동일한 추상화를 사용할 수 있다.

10.4.3 Try it out

지금까지 여러분은 DatabaseManager에서 명령을 분리하기 위한 도구와 지식을 배웠다.

추상 기본 클래스인 PersistenceLayer를 사용하여 인터페이스를 정의하고, 여러분의 명령과 DatabaseManager 클래스 사이에 BookmarkDatabase 영속 계층을 생성하자(그림 10.9 참고).

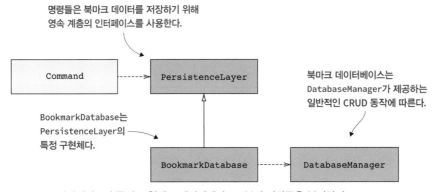

그림 10.9 **인터페이스와 특정 구현체로 데이터베이스로부터 명령들을 분리하기**

새로운 지속 모듈에 이러한 클래스들을 생성하자. DatabaseManager를 직접 사용하는 대신 새로운 지속 모듈을 사용하도록 명령들도 리팩토링해야 한다. 데이터베이스 또는 API 고유의 메서드 이름 대신에, 새로운 인터페이스는 거의 모든 영속 계층에 적용할 수 있는 메서드를 제공해야 한다.

- 초기 구성을 위한 __init__
- 새로운 북마크를 생성하기 위한 create(data)
- 모든 북마크를 나열하기 위한 list(order_by)
- 북마크를 업데이트하기 위한 edit(bookmark_id, data)
- 북마크를 삭제하기 위한 delete(bookmark_id)

CreateBookmarksTableCommand의 로직은 실제로 북마크 데이터베이스 영속 계층에 대한 초기 구성이므로 이것을 BookmarksDatabase.__init__으로 옮길 수 있다. DatabaseManager의 인스턴스화도 거기가 적합하다. 그런 다음 BookmarksDatabase에서 PersistenceLayer 추상화의 각 메서드에 대한 구현체를 작성한다. 원래 명령에서 데이터베이스 중심의 메서드 호출(예를 들어, db.add)은 해당 메서드로 이동하여 BookmarksDatabase에서 메서드를 호출하는 명령을 제거한다. 다음 코드와 이번 장에 대한 전체 소스 코드를 참고하여 여러분이 직접 해 보기 바란다.

리스트 10.10 **지속 인터페이스와 구현체**

```
from abc import ABC, abstractmethod

from database import DatabaseManager

class PersistenceLayer(ABC):        ◀── 영속 계층 인터페이스를
    @abstractmethod                       정의하는 추상 기본 클래스
    def create(self, data):         ◀── 각 메서드는 지속성을 위한
        raise NotImplementedError('Persistence layers must implement a
➥ create method')                       CRUD와 유사한 작업에 해당한다.

    @abstractmethod
    def list(self, order_by=None):
        raise NotImplementedError('Persistence layers must implement a
➥ list method')

    @abstractmethod
    def edit(self, bookmark_id, bookmark_data):
        raise NotImplementedError('Persistence layers must implement an
➥ edit method')

    @abstractmethod
    def delete(self, bookmark_id):
        raise NotImplementedError('Persistence layers must implement a
➥ delete method')

class BookmarkDatabase(PersistenceLayer):    ◀── 데이터베이스를 사용하는
    def __init__(self):                           특정 영속 계층 구현체
        self.table_name = 'bookmarks'
        self.db = DatabaseManager('bookmarks.db')    ◀── DatabaseManager로
                                                          데이터페이스 생성을 처리한다.
        self.db.create_table(self.table_name, {
            'id': 'integer primary key autoincrement',
            'title': 'text not null',
            'url': 'text not null',
            'notes': 'text',
            'date_added': 'text not null',
```

```
        })
                                          ┌──── 인터페이스의 각 동작에 대한
    def create(self, bookmark_data):    ◄──┘     데이터베이스별 구현
        self.db.add(self.table_name, bookmark_data)

    def list(self, order_by=None):
        return self.db.select(self.table_name, order_by=order_by).fetchall()

    def edit(self, bookmark_id, bookmark_data):
        self.db.update(self.table_name, {'id': bookmark_id}, bookmark_data)

    def delete(self, bookmark_id):
        self.db.delete(self.table_name, {'id': bookmark_id})
```

이제 여러분은 영속 계층에 대한 인터페이스와 북마크를 저장하기 위해 DatabaseManager를 어떻게 사용하는지 알고 있는 그 인터페이스의 구현체를 갖추었으니, DatabaseManager 대신에 PersistenceLayer를 사용하도록 명령들을 업데이트할 준비가 된 것이다. commands 모듈에서 DatabaseManager의 db 인스턴스를 BookmarkDatabase의 인스턴스인 persistence로 교체하자. 그런 다음, DatabaseManager 메서드(예를 들어, db.select)를 호출하는 부분들을 PersistenceLayer의 메서드(예를 들어, persistence.list)를 호출하는 것으로 바꾸자. 다음 코드를 참고하여 여러분이 작성한 코드를 확인해 보자.

리스트 10.11 추상화를 사용하도록 비즈니스 로직 업데이트하기

```
from persistence import BookmarkDatabase  ◄──┐  DatabaseManager 대신
                                               │  BookmarksDatabase를 임포트한다.
persistence = BookmarkDatabase()  ◄──┐
                                     │  영속 계층을 준비한다
                                     │  (이것은 나중에 교체될 수 있다).
class AddBookmarkCommand(Command):
    def execute(self, data, timestamp=None):
        data['date_added'] = timestamp or datetime.utcnow().isoformat()
        persistence.create(data)  ◄──┐  persistence.create는
        return True, None              └  db.add를 대신한다.


class ListBookmarksCommand(Command):
    def __init__(self, order_by='date_added'):
        self.order_by = order_by
                                               ┌── persistence.list는
                                               │   db.select를 대신한다.
    def execute(self, data=None):
        return True, persistence.list(order_by=self.order_by)  ◄──┘


class DeleteBookmarkCommand(Command):
    def execute(self, data):                ┌── persistence.delete는
        persistence.delete(data)  ◄─────────┘    db.delete를 대신한다.
        return True, None
```

```
class EditBookmarkCommand(Command):
    def execute(self, data):
        persistence.edit(data['id'], data['update'])    ◄────  persistence.edit는
        return True, None                                       db.update를 대신한다.
```

이제 Bark는 깃허브의 별표된 데이터를 가져오는 것과 같은 새로운 유스케이스에 대한 확장성을 가졌다. 독립적으로 나뉜 표현 계층, 비즈니스 로직, 영속 계층에 대해 추론할 수 있도록 관심사들도 잘 분리되었다. 새로운 유스케이스를 구현하려면 이제는 이들 계층의 코드를 바꾸면 가능할 수 있게 되었다.

예를 들어, BookmarksDatabase를 HTTP API를 통해 클라우드로 북마크 데이터를 보내는 BookmarksStorageService로 바꿀 수 있다. 또한, 테스트 기간 중에는 테스트를 위해 메모리에만 북마크를 저장하는 DummyBookmarksDatabase로 바꿀 수도 있다. 느슨한 결합은 많은 것을 가능하게 해 준다! 필자는 이러한 것들을 여러분이 직접 살펴보길 희망한다.

여러분이 Bark 애플리케이션에 적용한 여러 개념은 실제 프로젝트에 쉽게 적용할 수 있다. 이 책에서 배운 것을 여러분의 프로젝트에 적용한다면, 유지보수성이 좋아질 뿐만 아니라 여러분이 만든 코드를 다른 사람이 쉽게 이해하거나 사용하도록 할 것이다. 여러분이 소프트웨어를 구축해 감에 이것들이 얼마나 가치 있는지 다 표현할 수 없을 정도다.

이 책의 마지막 파트에서는 지금까지 배운 내용을 정리해 보고 앞으로 여러분이 살펴보길 바라는 것을 설명하겠다. 다음 파트에서 만나자!

요약

- 관심사를 분리하고, 데이터와 동작을 캡슐화한 다음에 느슨한 결합을 위한 공용 추상화를 생성한다.
- 다른 클래스의 세부 내용을 많이 알고 사용하는 클래스는 그 클래스에 포함되어야 한다.
- 단단한 결합은 더 강한 결합으로 다시 캡슐화하여 해결될 수 있지만, 양쪽 모두가 공유할 수 있는 새로운 추상화를 만들어 사용하는 것이 더 좋을 때가 많다. 예를 들어, 메뉴와 명령이 특정 메시지에 의존하는 대신, 상태와 결과를 반환하는 명령에 의존하게 만드는 것이다.

IV

다음으로는?

지금까지 다룬 내용이 여러분에게 도움이 되었겠지만, 한정된 페이지라는 제약이 있었다. 물론 제한된 범위 내에서 최대한 많은 내용을 다루려고 하였다. 이번 파트에서는 앞으로 여러분이 배워야 할 것을 설명한다. 또한, 최고의 소프트웨어를 만들기 위한 여러분의 여정을 도와줄 몇 가지 개념들을 간략히 소개할 것이다. 이러한 학습 제안은 주제별로 구성했으므로 각 주제에 대해 높은 수준의 내용을 배우거나 한 주제에 대해 깊게 파고들 수 있을 것이다.

PART IV

What's next?

11

향상과 진보

이 장에서 다루는 내용

- 소프트웨어 개발 경력에서 다음 단계 선택하기
- 지속적인 학습을 위한 계획 만들기

믿거나 말거나 우리는 이 책의 마지막 장에 도착했다. 재미있지 않았는가? 이 책에서 심도 있는 소프트웨어 설계에 대한 여러 측면을 배웠지만, 여전히 알아봐야 할 더 넓은 세상이 있다. 다음으로 배워야 할 것이 무엇인지를 파악하는 것은 어려운 일일 수 있다. 만약 어떤 방향을 잡아야 하는지 모르겠다면, 이번 장으로 주제와 전략을 잡아보자.

11.1 지금은?

여러분이 개발 경험을 쌓으면서 많은 것을 배우게 될 것이다. 또한, 여러분이 배우고 싶은 것이 생겼지만 시간이 없거나 그것을 다룰 경험이 부족할 수도 있다. 여러분이 전혀 모르는 것이 항상 존재할 것이고 그런 것이 무한히 있을 수 있다. 아마 이러한 것들은 여러분에게 아직 다가오지 않았거나 표현할 단어가 없는 개념일 것이다.

도널드 럼즈펠드Donald Rumsfeld는 간결하게, 그리고 유머러스하게 다음과 같이 썼다.

우리는 알고 있다는 것을 알고 있다. 또한, 알지 못하는 것이 있다는 것도 알고 있다. 다시 말해서 우리가 모르는 것이 있다는 것을 알고 있다. 하지만 우리가 알지 못하는 것이 있다는 것조차 알지 못하기도 한다. 즉, 우리가 모른다는 것을 모르기도 한다.

— 도널드 럼즈펠드

어떤 주제를 완벽하게 안다고 해서 유능한 엔지니어가 되는 것은 아니다. 그것보단 찾아야 하는 것이 무엇인지 올바르게 아는 것과 사용할 수 있는 리소스가 무엇인지 아는 것이 효과적으로 작업할 수 있게 해 준다. 요약하면, 풍부한 지식이 경험보다 더 가치가 있다.

개발자로서 성장함에 따라 관심 있는 블로그 포스트와 도구, 주제들이 쌓일 것이다. 또한, 여러분이 개발하는 소프트웨어에 필요하지 않은 새로운 것들도 배우게 될 것이다. 이러한 새로운 주제 중 일부를 깊게 알아보고자 마음먹었을 때, 학습 계획을 세우는 것이 도움이 될 것이다.

11.1.1 계획 세우기

위키피디아에서 어떤 내용을 보다가 링크를 타고 깊게 들어가 본 적이 있는가? 어떤 주제에 대해 읽기 시작했는데, 정신을 차려 보니 새벽이 되었고 수십 개의 탭이 브라우저에 열려 있던 적이 있는가? 관심 있는 내용에 대한 링크를 클릭하다 보면 특정 방향으로 깊게 들어갈 때가 있다. 시간을 낭비한 것처럼 느낄지 모르겠지만, 이것은 정보를 발견하기 위한 효과적인 전략으로 밝혀졌다.

> **철학 게임**
>
> 위키피디아에서 반대 방향(상위)으로 이동할 수도 있다. 거의 모든 주제의 내용에서 첫 번째 문단의 첫 번째(또는 두 번째) 링크를 클릭하다 보면 'Philosophy' 페이지에 도착하게 된다. 이것은 첫 번째 링크가 일반적으로 가장 광범위하거나 보편적인 링크 중 하나이기 때문이다. 시도해 보라.
>
> - Beige > French > Romance language > Vulgar Latin > non-standard > language variety > sociolinguistics > society > group > social sciences > academic disciplines > knowledge > facts > reality > imaginary > object > philosophy
> - Python (programming language) > interpreted > programming language > formal language > mathematics > quantity > multitude > number > mathematical object > abstract object > philosophy
>
> (옮긴이 이 내용은 위키피디아 영어 버전에 해당하는 내용이다. 대부분의 주제에 대한 상위 개념을 따라가다 보면 철학(Philosophy)에 다다르게 된다. 한국어 버전에서는 이렇게 되지 않는데, 그 이유는 영어 버전의 모든 위키피디아 내용(주제)이 번역되지 않기도 하고 요약해서 번역된 것이 많기 때문이다. 또한, 영어와 한국어의 문장 구조가 달라 한국어 버전의 위키피디아에서는 첫 번째 링크가 상위 개념을 가리키지 않는 경우도 있기 때문이다.)

마인드맵mind map은 시각적으로 탐색할 수 있는 계층구조로 정보를 구성한다. 마인드맵을 이용하여 여러분이 배우고자 관심을 두는 총괄적인 개념을 중앙 노드node로 하여 시작한다. 그런 다음, 각 하위 주제나 관련된 개념을 나타내는 노드로 확장해 간다. 예를 들어 'Beige'에 대한 페이지에서 'Cosmic latte'에 대한 링크를 클릭하는 게 도움이 되지 않을 수 있는 것처럼 관련된 것으로 노드를 확장한다. 여러분이 배우고자 하는 것들을 마인드맵을 이용하여 나열해 보면, 여러분이 배워야 할 영역에 대해 아주 훌륭한 그림을 얻게 될 것이다.

만약 여러분이 자연어 처리를 배우려고 마인드맵을 그린다면 그림 11.1과 같이 그릴 수 있다. 어떤 방향으로 가다 보면 최상위에 표제어 추출lemmatization이나 마르코프 체인Markov chains과 같은 구체적으로 관련된 주제로 분기된다. 이들 중 일부는 들어봤지만 거의 알지 못할 수 있다. 그래도 마인드맵에 적어 두어야 한다. 어떤 주제가 어느 쪽에 속하는지 모르더라도 그 주제를 더 많이 배우게 되면 방향을 알아낼 것이다.

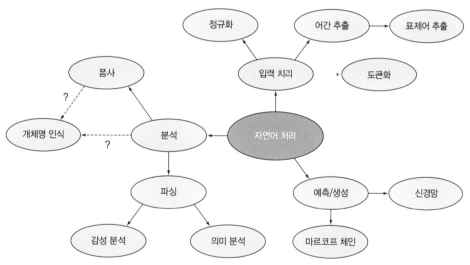

그림 11.1 **자연어 처리 학습을 위한 마인드맵**

이러한 시각적 표현은 주제 간 관계를 강조하여 여러분이 학습한 내용을 유지하는 데 도움이 된다. 또한, 이것은 전통적인 의미로 일종의 지도 역할을 한다. 주제들은 지도에서의 지역이 되므로 이미 발견된 영역과 탐험하지 않은 영역을 확인할 수 있다. 이것은 더 많은 것을 배울 수 있게 해 준다.

전체 지도를 그릴 수 있는 주제에 대한 경험이 충분하지 않다고 해도 걱정하지 마라. 간단하게 작성한다고 해도 충분히 효과적일 것이다. 핵심은 여러분이 이미 배운 것과 배워야 할 것을 상기시키는 데 참조할 수 있는 것을 갖는다는 점이다. 다음으로 배울 것에 대해 도식화했다면 학습할 준비가 된 것이다.

11.1.2 계획 실행하기

학습 주제를 매핑하였다면(또는 나열했다면), 이용할 수 있는 리소스를 찾아보자. 책이 될 수도 있고, 온라인 코스, 또는 그 주제에 대해 경험이 있는 친구나 동료일 수 있다. 여러분의 학습 스타일도 파악하자. 어떤 사람은 책으로만 공부하지만, 어떤 사람은 직접 코드를 작성하고 실제 결과를 확인해야 하기도 한다. 여러분의 창의력을 발휘해 보자.

마인드맵은 비선형으로 탐색할 수 있기 때문에 효과적일 수 있다. 만약 여러분이 용어와 개념에 익숙하다면, 그림 11.2와 같이 중심이 되는 노드에서 한 단계 상위의 것들을 먼저 알아볼 것이다. 이렇게 하면 학습하려는 실체에 가까워질 것이며 다음으로 무엇을 배워야 하는지 기반을 마련하는 데 도움이 될 것이다.

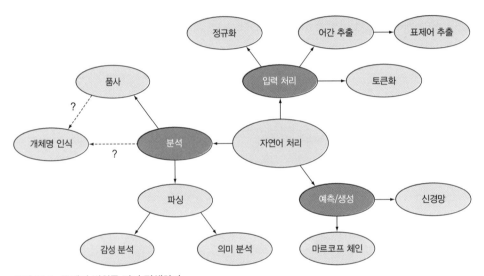

그림 11.2 **주제의 범위를 먼저 탐색하기**

방향을 잡았다면, 그림 11.3과 같이 조금 더 깊이 들어가서 더욱 관심이 가는 주제를 선택할 수 있다. 여러분을 자극하는 무언가에 대한 새로운 정보는 활기를 불어넣을 것이다.

 큰 그림의 나머지 부분에 대해 충분한 정보 없이 하나의 주제에 너무 깊이 들어가는 것은 빠지기 쉬운 함정이다. 따라서 균형을 유지하도록 노력하자. 한 지점에 너무 많이 집중하다 보면 머지않아 학습을 방해하는 부정확하거나 불완전한 이해로 이어질 수 있다.

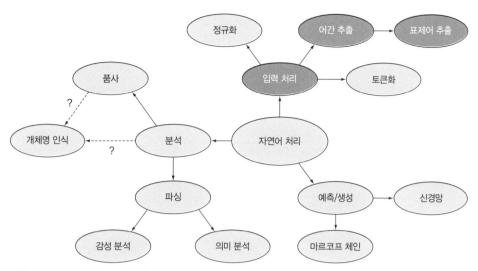

그림 11.3 **단일 주제에 대한 심층 탐구**

성공적인 학습을 위해서는 반복적인 접근이 필요하다. 주제에 대한 경험이 많을수록 마인드 맵(또는 목록)에 더 많은 항목을 추가할 수 있다. 학습을 진행하면서 항목을 추가하는 것도 괜찮지만, 새로운 주제에 대해 확장하기 전에 학습할 주제에 익숙해져야 한다. 안 그러면 너무 얇게 학습하게 될 수 있다.

여러분의 학습 진행 상황을 추적하여 모든 것이 정리되도록 하자.

11.1.3 진행 사항 추적하기

학습은 주관적이므로 대부분에 대해 '다 배웠다'라고 말할 수 있을 것이라는 기대는 하지 마라. 어떤 주제에 대해 배우는 데는 몇 가지 뚜렷한 상태가 있다.

1 **배우고 싶어함 또는 배워야 함** — 배우려는 주제들의 목록은 있지만 아직 시작하지 않은 상태다.

2 **적극적으로 배우기** — 주제에 대한 일부 리소스를 찾아 살펴보고 더 자세히 배운다.

3 **익숙함** — 해당 주제에 대해 전반적으로 이해하며 적용하는 방법에 대한 아이디어를 갖는다.

4 **편안함** — 이 주제에 대해 몇 차례 적용해 봤으며 처리해 보았다.

5 **능숙함** — 일부 뉘앙스를 충분히 알 만큼 관련 개념을 적용했으며, 새로운 종류의 문제가 발생했을 때 어떤 리소스를 사용할 수 있는지 알고 있다.

다수의 전문 기술들은 이러한 상태를 더 세분화하지만, 앞의 각 단계는 여러분의 행동에 눈에 띄는 변화를 보여준다. 여러분이 어느 위치에 있는지 알고 있다면 시간을 투자하려는 주제가 무엇인지를 더 잘 이해할 수 있다. 여러분이 거의 접하지 않거나 성취하려는 일과 관련이 없는 주제에는 '전문가 수준'에 도달하고 싶지 않을 수도 있다. 그림 11.4와 같이 우선순위를 명시적으로 적어 놓는다면 여러분의 학습 계획을 최신 상태로 유지할 것이다.

아마도 학습 과정의 각 단계에서 주제와 관련한 것들을 알게 될 것이다. 그것들이 여러분의 마인드맵에 노드로 추가하기에는 너무 작은 규모의 내용일 수 있겠지만, 노드로 적어 두는 것이 도움이 될 것이다. 이러한 메모(노드)를 사용하여 학습할 주제에 대해 어느 수준인지를 측정할 수 있으며, 더 많은 학습이 필요한 개념에는 다시 찾아보라는 표시가 될 수 있다.

마인드맵 소프트웨어

마인드맵 소프트웨어는 여러분의 생각과 그들의 관계를 시각적으로 표현할 수 있게 한다. 가장 간단한 마인드맵은 텍스트가 선으로 연결된 노드다. Lucidchart(*www.lucidchart.com*)와 같은 상용 도구와 MindMup(*www.mindmup.com*)처럼 고급 기능을 가진 도구도 있지만, draw.io(*https://draw.io*)와 같이 처음 시작할 때 필요한 것을 제공하는 도구도 있다. 마인드맵에 익숙해질 때까지 간단하고 무료인 것을 사용해 보자.

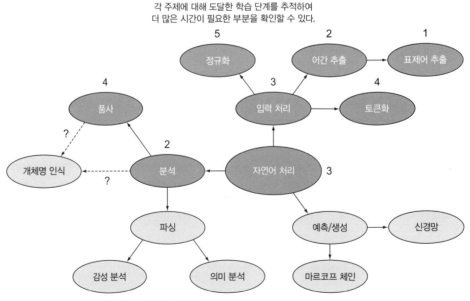

그림 11.4 **각 주제에 대한 학습 과정을 추적하기**

필자는 학교와 직장에서 오랜 시간 어려움을 겪으며 매우 많이 반복한 후에야 내용을 습득하게 되었다. 주제들을 매핑하고 효과가 입증된 학습 과정 추적은 이 책에서 다룬 많은 내용을 배우는 데 큰 도움이 되었다. 만약 여러분이 학습 내용을 추적해 보지 않았다면 한번 시도해 보기 바란다.

새로운 아이디어를 탐구하고 학습할 수 있는 체계를 마음에 두고, 이 책을 마친 후에 다음으로 무엇을 배울 것인지, 무엇을 권장하는지 알아보자.

11.2 디자인 패턴

지난 수십 년간 개발자들은 동일한 문제를 여러 번 해결해 왔다. 이러한 모든 솔루션을 살펴보니 특정 패턴이 등장했다. 이러한 패턴 중 일부는 느슨한 결합과 확장성을 제공하지만 다른 패턴은 그렇지 않다.

이러한 소프트웨어 **디자인 패턴**design patterns은 검증된 솔루션이며, 각 패턴에 대해 이름을 지정하면 더 구체적으로 얘기할 수 있게 해 준다. **유비쿼터스 언어**ubiquitous language, 다시 말해 팀 전체가 이해해야 하는 개념에 대한 공유된 난어shared vocabulary는 팀이 추구하는 결과를 달성하는 데 큰 도움이 된다.

우리는 Bark 애플리케이션에서 명령을 생성할 때 디자인 패턴을 사용했다. **커맨드 패턴**command pattern이라는 이름의 이 패턴은 Bark와 같은 애플리케이션에 자주 사용되며 액션 자체에서 액션을 요청하는 코드를 분리하기 위해 자주 사용된다. 커맨드 패턴은 패턴을 사용하는 상황과는 상관없이 몇 가지 공통된 부분이 항상 존재한다.

1 **수신자**Receiver — 데이터베이스에서 데이터를 유지하거나 API 호출과 같은 동작을 취하는 요소.

2 **명령**Command — 수신자가 작업을 수행하는 데 필요한 정보를 가진 요소.

3 **호출자**Invoker — 수신자에게 알림을 주는 명령을 실행하는 요소.

4 **클라이언트**Client — 작업을 수행하기 위해 호출자, 명령, 수신자를 구성하는 요소.

Bark에서는 다음과 같았다.

1 **PersistenceLayer 클래스는 수신자다.** 이것은 데이터를 데이터베이스(PersistenceLayer)에 저장하거나 검색하기 위한 정보를 받는다.

2 Command 클래스는 명령이다. 이것은 영속 계층과 통신하는 데 필요한 정보를 저장한다.

3 Option 인스턴스는 호출자다. 이것은 사용자가 메뉴에서 옵션을 선택할 때 발생하는 명령을 실행한다.

4 Client 모듈이 클라이언트다. 이것은 사용자의 메뉴 선택으로 원하는 작업을 수행할 적절한 명령과 옵션을 연결한다.

이러한 클래스들에 대한 **통합 모델링 언어**_{Unified Modeling Language, UML}는 그림 11.5와 같다[1]. UML 다이어그램은 프로그램의 엔티티 간 관계를 나타내는 일반적인 방법이다. 이 책에서는 이에 대해 익숙하지 않은 독자에게 또 다른 학습 곡선을 추가할 수 있기 때문에 의도적으로 가볍게 다루었다. 디자인 패턴을 배우다 보면, UML 다이어그램이 자주 나타난다는 것을 알게 된다. 패턴 자체가 이해해야 할 중요한 요소임을 기억하자. 만약 UML 다이어그램이 여러분에게 익숙하지 않다면, 디자인 패턴에 대한 내용에 집중하자.

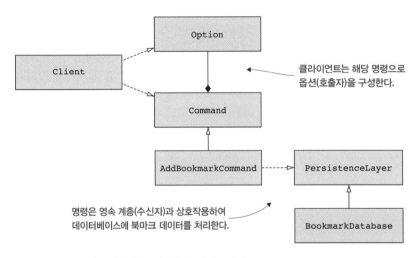

그림 11.5 Bark 애플리케이션에서 사용한 커맨드 패턴

11.2.1 파이썬에서 불안정한 디자인 패턴

이 책을 통하여 파이썬에서 특정 디자인 패턴을 사용하여 얻을 수 있는 이점을 보았다. 커맨드 패턴은 Bark 애플리케이션의 추상화 계층을 분리하여 유연한 영속 계층, 비즈니스 로직 계층, 표현 계층을 얻게 해 주었다. 여러분이 배울 다른 많은 패턴도 각자의 가치를 제공할 것이다.

---

1 UML에 대한 자세한 내용은 위키피디아의 '통합 모델링 언어'(*https://ko.wikipedia.org/wiki/통합_모델링_언어*)를 참고하자.

어떤 디자인 패턴을 배우고 파이썬에 적용할지를 이해하려면, 개발되고 사용 중인 많은 디자인 패턴을 이해하는 게 중요하다. 일부 디자인 패턴을 이끄는 중요한 요소 하나는 언어, 즉 그 디자인 패턴을 만든 언어다. 다수의 디자인 패턴은 정적 타이핑 언어인 자바에서 나왔다. 자바와 같은 언어는 **정적 타이핑**static typing이기 때문에 클래스의 인스턴스를 생성하는 방법이 의도적으로 제한되어 있다. 결과적으로 수많은 디자인 패턴을 창조한 언어가 되었다. 파이썬의 **동적 타이핑**dynamic typing은 이러한 많은 제한으로부터 자유롭기 때문에, 파이썬에는 그렇게 많은 패턴들이 필요하지 않다.

결국 이 책에서 다룬 많은 주제처럼 디자인 패턴 역시 여러분의 작업을 완료하는 데 도움을 주는 도구다. 만약 어떤 문제에 접근하기 위해 디자인 패턴을 사용하려 하는데 너무 억지스럽게 느껴진다면, 특정 패턴을 사용하지 않고 진행해도 괜찮다. 작업하는 도중에 더 좋은 패턴이 나올 수 있기 때문이다.

디자인 패턴을 자세히 배울 수 있는 교과서와 같은 것은 《GoF의 디자인 패턴》[2]이다. 온라인 소프트웨어 개발 커뮤니티 역시 관련 주제에 대해 많은 토론이 있으며, 특정 패턴의 사용 여부와 사용 시기를 더 잘 이해하는 데 도움이 되는 유용한 사례들이 있기도 하다.

11.2.2 우선 알아야 할 용어들

다음 용어들을 시작으로 디자인 패턴을 배워보자.

- 디자인 패턴들
  - 생성 디자인 패턴
  - 팩토리 패턴
  - 행위 디자인 패턴
  - 커맨드 패턴
  - 구조 디자인 패턴
  - 어댑터 패턴

---

2 에릭 감마(Erich Gamma), 리처드 헬름(Richard Helm), 랄프 존슨(Ralph Johnson), 존 블라시디스(John Vlissides)가 공저한 책으로, 원제는 《Design Patterns: Elements of Reusable Object-Oriented Software》(Addison-Wesley Professional, 1995)다.

11.3 분산 시스템

최신 웹 애플리케이션 개발에서는 HTTP 트래픽을 처리하는 서버와 데이터를 유지하는 데이터베이스, 자주 액세스하는 데이터를 저장하는 캐시 등이 필요할 수 있다. 이러한 요소들이 **시스템**을 구성한다. 전체 시스템을 구성하는 상호 연결된 조각들의 그룹이다. 그림 11.6을 보면, 이러한 시스템의 조각들은 별도의 기기와 독립된 데이터 센터이며, 때로는 다른 대륙에 위치하는 경우가 많다. 이러한 **분산 시스템**은 개발자가 이해하고 해결해야 할 값과, 복잡도, 그리고 위험성의 범위를 증가시킨다.

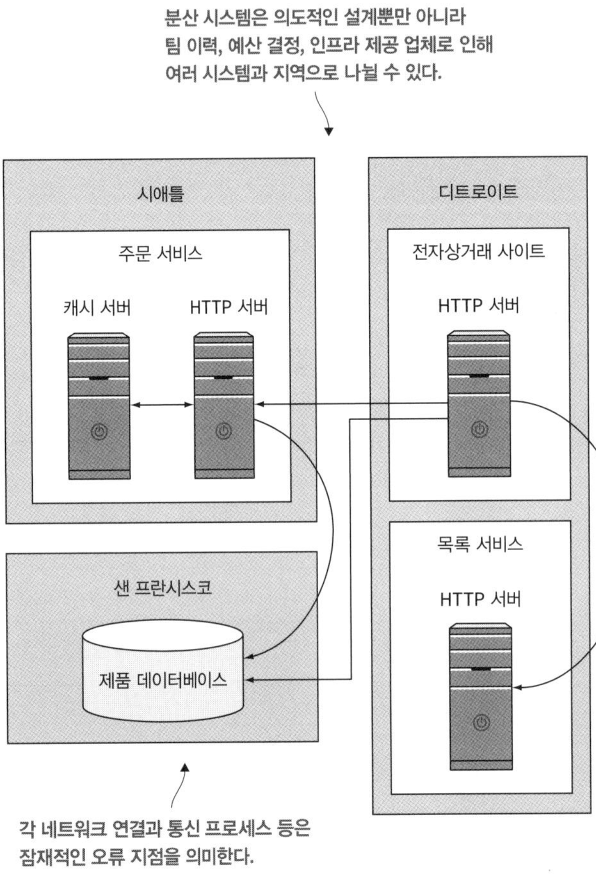

그림 11.6 **여러 곳으로 분산된 시스템**

분산 시스템이 보여주는 흥미로운 복잡성 중 일부는 실패하는 방식이다.

11.3.1 분산 시스템에서의 실패 모드

단일 시스템에서도 프로그램이 예기치 않게 중단될 수 있다. 실행될 것이라고 기대하는 다른 프로그램들도 이런 상황을 처리하지 않았다면 중단될 것이다.

애플리케이션의 일부를 새로운 다른 위치에 배치하기 위해 잘라내면 새롭고 진귀한 실패 모드가 발생한다. 각각의 모든 애플리케이션이 잘 동작하더라도 그들 간의 네트워크 연결이 실패할 수도 있다. 대부분 애플리케이션은 데이터베이스에 접근할 수 있지만 하나의 애플리케이션만 그러지 못할 수 있다. 분산 시스템 기술은 이러한 장애를 극복하고 복구하려 노력한다.

필자는 분산 시스템이 실패할 수 있는 경우를 고려하는 것이 기능 테스트를 생각하는 것과 유사하다는 것을 발견했다. 5장에서 우리는 가능한 많은 취약점을 나열하는 방법으로 창의적인 탐색 테스트를 배웠다. 분산 시스템은 더 많은 부분이 동작하기 때문에 더 큰 규모의 사고 방식을 요구한다.

11.3.2 애플리케이션 상태 해결하기

분산 시스템에서의 큰 질문은 충돌을 일으키는 시스템의 일부를 어떻게 처리하는가다. 분산 시스템이 제공하는 데이터 없이 작업을 수행하는 작업이라면 시스템의 일부가 없어도 괜찮을 수 있다. 시스템의 다른 어떤 부분은 데이터가 필요하지만 시간에 민감한 것이 아니어서 중단된 요청은 복구될 때까지 저장되거나 지연될 수 있다. 나머지 부분은 운영에 있어서 매우 중요하여 필요한 시스템이 없다면 중단될 것이다. 여기가 **문제가 되는 지점**이다.

분산 시스템은 **단일 장애점**single point of failure을 최소화하도록 설계되어, 특정 동작이나 정보 없이 수행할 수 있는 **우아한 성능 저하**graceful degradation를 선호한다. Kubernetes(*https://kubernetes.io/*)와 같은 도구들은 **궁극적 일관성**eventual consistency을 통하여 실패 처리 방법을 강화한다. 이것은 시스템에 대해 원하는 상태를 정의하여 시스템이 정의된 상태에 도달할 수 있도록 보장한다. 우아한 성능 저하와 궁극적 일관성을 연결하면 시스템이 다운되는 빈도가 적은 유연한 시스템이 되게 한다.

분산 시스템이 새로운 것은 아니지만, 도구와 개념에 있어서 최근에 많은 발전이 있었다. Kubernetes와 주변 시스템은 작은 시스템에 확실히 적용될 수 있지만 크고 복잡한 시스템에서 빛을 발한다. 아마도 여러분은 전문화된 도구들을 사용하기에 앞서 개념과 기술을 먼저 배우고 간단한 분산 시스템을 구축하여 연습해 보고 싶을 것이다.

11.3.3 우선 알아야 할 용어들

다음 용어들을 시작으로 분산 시스템을 배워 보자.

- 분산 시스템
    - 장애 허용 시스템Fault tolerance
    - 궁극적 일관성Eventual consistency
    - 원하는 상태Desired state
    - 병행성Concurrency
    - 메시지 큐Message queueing

11.4 파이썬 파고들기

너무 당연해 보이겠지만, 계속 성장시켜야 할 영역 중 하나가 파이썬이다. 이 책은 소프트웨어 설계에 대한 개념을 전달하기 위한 예제를 파이썬으로 작성했지만, 파이썬 언어의 특징과 구문 그리고 강력함에 대해 배울 내용이 아직 많이 남아 있다.

11.4.1 파이썬 코드 스타일

파이썬으로 많이 작업하다 보면 여러분이 좋아하는 코드 형식이 생길 것이다. 여러분은 그 스타일이 나중에 읽기 쉽기 때문에 그 스타일로 코드를 작성할 것이다. 하지만 누군가 자기만의 코딩 스타일을 가진 사람이 여러분의 코드를 읽게 된다면, 여러분의 코드를 이해하기 힘들 수 있다. Python Enhancement Proposal for a Python style guide(PEP 8)는 파이썬 코드 형식에 대한 표준 스타일을 제안하므로 고민하는 데 시간을 소비하지 않아도 된다[3]. Black(*https://github.com/psf/black*)과 같은 도구는 이러한 제안을 한 단계 더 발전시켜 모든 코드에 결정적이며 의견이 많은 형식을 부여한다. 따라서 여러분이 해결하려는 소프트웨어 설계와 비즈니스 요구 사항과 같이 더 큰 문제를 생각할 시간 여유를 준다.

11.4.2 언어의 특징은 패턴이다

디자인 패턴은 전통적으로 객체와 객체 간 상호작용에 대한 논의다. 하지만 특정 개념이 파이썬 구문으로 표현되는 방식에는 일반적인 패턴이 있다. 파이썬에서는 특정 방식으로 자주 수

---

3   파이썬 웹사이트(*www.python.org/dev/peps/pep-0008/*)에서 'PEP 8—Style Guide for Python Code'에 대한 내용을 찾을 수 있다.

행되는 것은 우아하며 짧고 명확하며 읽을 수 있기 때문에 '파이썬답다Pythonic'고 부른다. 이러한 패턴은 코드를 이해하려는 사람에게 디자인 패턴만큼이나 중요할 수 있다.

파이썬의 일부 패턴은 키와 값을 매핑하기 위해 dict를 사용하는 것처럼 상황을 가진 데이터 타입을 사용한다. 일부 패턴은 코드를 짧고 명확하게 하려고 리스트 또는 삼항 연산자를 사용하여 여러 줄로 된 코드를 간단하게 줄인다. 무엇을 이용할 수 있는지, 각 패턴을 언제 사용해야 하는지를 아는 것은 중요하다. 또한, 그것들을 사용하지 말아야 할 때를 아는 것도 중요하다.

Zen of Python은 파이썬 코드를 작성하는 데 도움이 되는 좋은 일반적인 원칙을 제공한다.

```
>>> import this
The Zen of Python, by Tim Peters

Beautiful is better than ugly.
Explicit is better than implicit.
Simple is better than complex.
Complex is better than complicated.
Flat is better than nested.
Sparse is better than dense.
Readability counts.
Special cases aren't special enough to break the rules.
Although practicality beats purity.
Errors should never pass silently.
Unless explicitly silenced.
In the face of ambiguity, refuse the temptation to guess.
There should be one--and preferably only one--obvious way to do it.
Although that way may not be obvious at first unless you're Dutch.
Now is better than never.
Although never is often better than *right* now.
If the implementation is hard to explain, it's a bad idea.
If the implementation is easy to explain, it may be a good idea.
Namespaces are one honking great idea--let's do more of those!
```

이 가이드라인을 가벼운 루브릭(옮긴이 rubric, 학습자가 과제를 수행할 때 나타내는 반응을 평가하는 기준의 집합이다(출처: 위키피디아))으로 본다면, 잘못된 방식으로 되거나 재미있다고 느낀 코드를 비판적으로 바라볼 수 있게 될 것이다. 약간 이상한 구문을 보고, 무엇을 하려는 것인지 이해하고, 웹에서 파이썬으로 '그것을 하는 최선의 방법(옮긴이 원문에는 'best way to do X in Python'라고 되어 있으며, 영어로 검색할 때를 의미한다)'을 검색하면 몇 가지 대안이 되는 아이디어를 만들 수 있다. 필자가 팁과 요령을 배우기 위해 사용하는 또 다른 방법은 트위터에서 유명한 파이썬 사용자들(예를 들어 파이썬 코어 개발자들)을 팔로우하는 것이다. 이 방법으로 정보를 찾을 수 있을 것이다.

파이썬 언어에 대한 종합적인 가이드는 대릴 함스Daryl Harms와 케네스 맥도날드Kenneth McDonald 가 쓴 《The Quick Python Book》(Manning, 1999)과 케네스 레이츠Kenneth Reitz와 타샤 슐로서 Tanya Schlusser가 쓴 《파이썬을 여행하는 히치하이커를 위한 안내서》(인사이트, 2017), 데이비드 아셔David Ascher와 알렉스 마르텔리Alex Martelli가 쓴 《Python Cookbook》(한빛미디어, 2002)이 파 이썬에 몰입할 수 있도록 도와줄 것이다.

11.4.3 우선 알아야 할 용어들

다음 용어들을 시작으로 파이썬다운 코드의 예제, 패턴, 가이드라인을 배워 보자.

- 파이썬다운 코드
  - '어떤 것'을 하기 위한 파이썬다운 방법
- 관용적인 파이썬Idiomatic Python
- 파이썬 안티 패턴Python anti-patterns
- 파이썬 린터Python linters

11.5 여러분이 배운 것들

필자는 여러분이 이 책을 고르게 된 동기가 무엇인지 또는 여러분의 경력이 얼마나 되는지 예 측할 수 없다. 그래도 여기까지 읽었다면 여러분이 지금 있는 곳을 잘 설명할 수 있다. 여러분 은 스스로에게 비평적이기 때문에 여기서 마지막으로 배운 모든 것을 요약하는 것이 중요하 다. 여러분 앞에 모든 것을 늘어놓기 전에 몇 가지 사항을 명심하자.

- 소프트웨어 개발은 하나가 아니다. 결국에 소프트웨어로 통합되는 수많은 행위다.
- 이러한 모든 행위의 균형을 맞추는 것은 지속적인 도전과제가 될 것이며, 일부는 향상시 키는 데 중점을 두는 일이 될 것이다.
- 이 중에 어느 것도 정확한 과학은 아니다. 어떤 것이 '진정한 방법'이라고 주장하는 것은 어느 정도 감안해서 듣자.
- 이 책에서 배운 원칙들은 대부분의 언어와 프레임워크, 문제에 적용할 수 있다. 파이썬 이 훌륭하지만 여러분 스스로를 그 안에 가두지 말자.

11.5.1 저기 그리고 다시: 개발자 이야기

여러분은 1장에서 소프트웨어 설계에 대한 개념부터 시작했다. 소프트웨어가 의도적이며 신중한 과정일 수 있음을 이해하면 다음 장으로 넘어갈 기초를 갖춘 것이다. 여러분은 종종 프로젝트 종료일 등으로 인해 초기 설계 시간을 확보하지 못할 때가 있다. 하지만 여러분이 구축한 소프트웨어를 신중하게 살펴볼 수 있도록 가능한 자주 핵심을 찾으려고 노력하자. 결과를 내는 것이 가장 중요한 목표이지만, 설계는 가능한 원활하게 결과를 달성할 수 있도록 도와줄 것이다.

2장은 관심사 분리에 대한 기초를 소개하였다. 대부분 최신 프로그래밍 언어들은 여러 이유로 함수, 메서드, 클래스, 모듈을 사용하도록 권장한다. 소프트웨어를 구성 요소로 분류하면 인지 부하를 줄이는 데 도움을 주며 코드의 유지보수성을 향상시켜 준다. 관심사는 코드의 가장 낮은 수준에서부터 소프트웨어의 광범위한 아키텍처에 이르기까지 분리될 수 있다.

관심사 분리를 위한 파이썬의 구조를 구축하고, 3장에서 추상화와 캡슐화를 위해 어떻게 사용하는지 배웠다. 여러분 자신과 다른 개발자가 특정 업무를 자세히 알고 싶지 않다면 그 업무의 사소한 부분에서 해방시키는 것은 환영할 만한 안도감을 주게 된다. 중요한 세부 사항을 소프트웨어의 다른 영역에만 노출하는 것은 통합 지점과 고객의 코드가 깨질 가능성이 줄어든다.

더 구체적인 영역으로 이동하여, 4장에서는 성능에 대한 설계를 배웠다. 파이썬이 제공하는 일부의 데이터 구조와 그것들을 어떤 상황에서 사용하는 것이 유용한지 보았다. 또한, 소프트웨어의 성능을 정량적으로 측정하기 위한 도구도 배웠다. 측정은 무엇이 가장 빠른지 추측하는 것보다 명확하다.

4장에서 프로그램이 효율적인지 테스트하는 방법을 설명하였듯이, 5장에서는 프로그램이 올바른지 테스트하는 것에 초점을 두었다. 기능 테스트는 구축하려는 것을 제대로 구축하고 있는지 확인해 준다. 여러분은 기능 테스트를 구축하는 방법과 파이썬 도구를 이용하여 테스트를 작성하는 방법을 배웠다. 기능 테스트 패턴은 프로그래밍 언어나 프레임워크에서 매우 비슷하기 때문에 많은 정보를 얻을 수 있다.

설계에 대한 기초를 토대로, Bark 애플리케이션을 구축하는 실질적인 여정을 진행했다. 이 여행을 통해 여러 마일스톤에 도달하였다.

- 분리된 표현 계층, 비즈니스 로직 계층, 영속 계층을 지원하기 위해 다층 아키텍처를 구축했다.

- Bark를 확장하여 새로운 기능을 더 쉽게 추가한 다음, 깃허브의 별표된 북마크를 가져오는 새로운 기능을 추가했다.
- 인터페이스와 커맨드 패턴을 사용하여 기능을 추가하거나 변경하는 데 필요한 작업을 더 줄였다.
- Bark의 서로 다른 영역 간 연결을 느슨하게 하여, 모바일 또는 웹 앱 만들기와 같은 새로운 가능성을 열었다.

북마크 도구가 화려하진 않지만 구축 과정에서 화려한 기술들을 배웠다. 배운 내용을 여러분의 실제 작업에 적용하면 책에서 배운 것과 비슷한 효과를 얻게 될 것이다. 새롭게 배운 개념을 Bark에도 적용하면 연습이 될 것이다. 기능을 추가하거나 기존의 코드를 개선하거나 또는 테스트를 작성할 수 있을 것이다. 한계는 없다!

11.5.2 마치며

여러분은 이 책에서 졸업하게 되었다. 이 모든 내용을 여러분에게 전할 수 있어서 필자 역시 기쁘다. 더 크고 좋은 소프트웨어를 만드는 여러분의 여정 이야기를 들을 수 있기 바란다. 끝까지 읽은 것을 축하하고, 장애물을 통해 배우며, 진심으로 발전하기 바란다.

즐거운 코딩이 되길!

요약

- 학습은 수동적인 과정이 아니다. 자신에 맞는 계획을 세우고, 그것을 적어 놓거나 매핑하고, 진행 상황을 추적하자. 이를 통해 동기 부여와 호기심을 유지하여 더 많은 아이디어나 다음 단계를 만들게 될 것이다.
- 일반적인 패턴과 문제에 대한 접근 방식을 식별하자. 동일한 문제가 발생하면 몇 가지 다른 접근 방식을 먼저 시도하여 가장 원활하게 동작하는 방법이 무엇인지 찾자. 패턴은 도구다. 작업을 방해하는 게 아니라 향상시키는 역할을 해야 한다.
- 여러분의 프로그래밍 언어에 대해 편안해지자. 한 번에 선택할 필요는 없지만 호기심을 가지고 여러분의 생각을 코드로 표현하는 데 더 관용적인 방법이 있는지 찾자.
- 이 책의 시작부터 지금까지 먼 길을 왔으니, 시간을 내어 코드에 반영하고 휴식을 갖자.

파이썬 설치하기

이번 부록에서 다루는 내용

- 사용 가능한 파이썬의 버전이 무엇인지, 어떤 버전을 사용할 것인지 알아보기
- 컴퓨터에 파이썬 설치하기

파이썬은 대부분의 시스템에서 소스로 컴파일할 수 있는 이식성이 뛰어난 소프트웨어다. 다행히도 여러분의 시스템에는 이미 구축되어 있을 것이다. 이번 부록은 파이썬을 설정하는 데 도움을 줄 것이며, 이 책의 모든 예제 코드를 커맨드라인에서 실행할 수 있을 것이다.

 컴퓨터에 파이썬 3 버전이 이미 설치되어 있다면 운이 좋은 것이다. 더 할 것이 없다. 읽던 곳으로 돌아가서 책의 코드를 따라 하자.

 만약 파이썬 3 버전을 설치했다면 코드를 실행할 때 python3 명령을 사용해야 할 것이다. python은 여러 운영체제에 파이썬을 설치(A.2절 참고)하는 예약어다.

A.1 어떤 버전의 파이썬을 사용해야 하나?

첫 번째 파이썬 2.7 버전은 2010년에 출시되었으며, 이 책을 쓰는 시점에서 macOS에는 파이썬 2.7 버전의 후속 버전인 파이썬 2.7.10을 제공한다. 파이썬 2.7은 2020년 1월 1일부터 공식적인 지원을 하지 않는다.

파이썬 2에 익숙하며 파이썬 3로 업그레이드하는 것이 걱정될 수 있다. 하지만 걱정하지 않아도 된다. 파이썬 3로 업그레이드한다고 해도 수정해야 할 코드는 적다. 새로운 프로젝트를 시작한다면, 파이썬 3를 사용하기를 권장한다. 이렇게 하면 더 오래도록 지속하는 코드를 작성할 수 있다.

 파이썬 2에서 파이썬 3로 업그레이드하는 데 도움이 되는 도구가 있다. 파이썬은 __future__ 모듈을 제공한다. 이 모듈을 사용하면 파이썬 2로 백포팅(backporting)된 최신 파이썬 3 기능을 사용할 수 있다. 이렇게 업그레이드하면 구문이 이미 올바르므로 future 임포트를 제거할 수 있다. 또한, Six(2 곱하기 3) 패키지(*https://six.readthedocs.io/*)는 두 버전을 모두 동작하도록 도와준다.

A.2 '시스템' 파이썬

많은 운영체제에 이미 파이썬이 설치되었을 수 있다. 왜냐하면 시스템 자체 작업에 파이썬이 필요하기 때문이다. 이러한 파이썬 인스톨을 '시스템' 파이썬이라고 한다. 예를 들어 macOS에는 파이썬 2.7이 설치되어 있으며, 바로 사용할 수 있다.

시스템 파이썬을 사용하는 것은 패키지를 설치해야 할 경우에 까다로워진다. 왜냐하면 패키지들이 이 글로벌 버전의 파이썬에 설치되기 때문이다. 만약 운영체제에 필요한 것을 대체하는 패키지를 설치하거나 서로 다른 버전의 패키지를 사용하는 여러 프로젝트를 진행하는 중이라면, 나쁜 일이 생길 수 있다. 필자는 시스템 파이썬을 피하기를 강력히 권한다.

A.3 다른 버전의 파이썬 설치하기

여러분 자신을 위한 파이썬 버전을 아직 설치하지 않았다면, 두 가지 방법이 있다. 무엇을 선택하든 기능적으로는 동일하기 때문에 여러분의 워크플로우에 가장 적합한 것을 선택하느냐 아니면 여러분 자신에게 맞는 것을 선택하느냐에 따라 달라질 뿐이다.

중요한 것은 비교적 최신 버전의 파이썬을 사용해야 한다는 것이다. 필자는 파이썬 3.6 이상을 권장하지만 이 책을 쓰는 지금 파이썬 3.8이 이미 출시되었다. 특별한 요구 사항이 없다면 최신 버전을 설치하자.

A.3.1 공식 파이썬 다운로드하기

파이썬의 공식 웹사이트(*www.python.org/downloads*)에서 파이썬을 직접 다운로드할 수 있다. 이 웹사이트는 여러분의 운영체제 타입을 감지하고 그림 A.1과 같이 커다란 Download Python

버튼을 표시할 것이다. 만약 이 웹사이트가 여러분의 운영체제를 감지하지 못하였거나 무언가 잘못되었다면, 다양한 운영체제에 대한 다이렉트 링크가 있다.

이 다운로드는 여러분의 시스템에 설치되는 대부분의 다른 애플리케이션들처럼 동작해야 한다. macOS에서 다운로드한 파일을 열면 그림 A.2와 같이 설치 마법사가 나타날 것이다. 설치 마법사에서 어떤 옵션을 선택하느냐는 여러분에게 달렸지만 디폴트로 설정된 것을 따르는 게 일반적이다.

그림 A.1 커다란 노란색 버튼은 최신 파이썬을 갖게 해 주며, 아래에 있는 링크는 하위 버전이나 다른 운영체제를 위한 버전을 찾을 수 있게 해 준다.

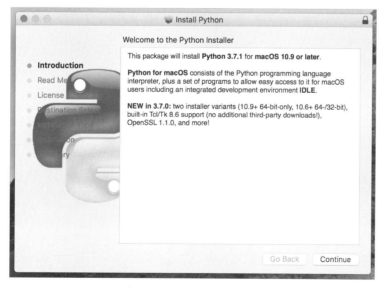

그림 A.2 필자는 그냥 '계속(Continue)'을 클릭한다.

A.3.2 Anaconda를 사용하여 다운로드하기

만약 여러분이 과학 컴퓨팅 커뮤니티에 속해 있다면 Anaconda(*www.anaconda.com*)가 익숙할 것이다. Anaconda는 파이썬을 포함하는 도구 모음이다. 이 책을 쓰는 지금, Anaconda는 파이썬 2 또는 파이썬 3과 함께 설치될 수 있다. 여러분의 시스템에 설치된 파이썬 버전을 확인하여 파이썬 3 버전인 확인하자.

Anaconda의 conda 명령을 이용하여, 예를 들어 conda install python = 3.8.5 이런 식으로 하면 대부분의 파이썬 버전을 설치할 수 있다. 여러분의 시스템에 대한 설치 과정을 이해하려면 공식 문서를 읽어 보기 바란다.

A.4 설치 검증하기

설치 과정을 마쳤으면 터미널(macOS의 Terminal 앱)을 열자. 위치가 어디든 python 명령(또는 python3)을 실행해 보자. 만약 파이썬을 성공적으로 설치했다면 파이썬 REPL 프롬프트가 어딘가에 python 3이라 표시하며 반겨줄 것이다.

```
$ python3
Python 3.7.3 (default, Jun 17 2019, 14:09:05)
[Clang 10.0.1 (clang-1001.0.46.4)] on darwin
Type "help", "copyright", "credits" or "license" for more information.
>>>
```

여러분이 좋아하는 코드 스니펫을 입력하면 어떻게 되는지 확인하자.

```
>>> print('Hello, world!')
Hello, world!
```

이제 여러분은 세계를 정복할 준비가 되었다!